최면과 최면치료

설기문 지음

학지사

머리말

최근 우리 사회에서는 최면에 대한 관심이 부쩍 늘어났다. 특히 TV를 비롯한 신문, 잡지 등에서 최면을 취급하는 빈도수가 늘어나면서 자연히 일반인들의 관심이 증가된 것 같다. 우리 나라에 최면이 소개된 것이 1960년대 초라는 사실을 감안한다면, 국내의 최면 역사는 40년이 채 안 된다. 최면의 역사가 오래된 구미 선진국에서는 특히 의학이나 심리학 분야에서 최면을 폭넓게 활용하고 있는 실정을 감안할 때, 우리 나라에서는 아직 제대로 정착되었다고 보기 어려운 것 같다. 그것은 아마도 외국에서와 마찬가지로, 최면을 쇼나 마술의 차원으로 또는 미신처럼 인식하여 학문적으로나 과학적으로 접근하지 못했기 때문일 것이다. 이제는 우리 학계에서도 최면과 최면치료에 대해서 보다 진지하게 접근하여 활용할 수 있는 방안을 모색해 볼 필요가 있다.

게슈탈트 심리치료 전문가인 스티븐스가 일찍이 갈파했듯이, 우리는 모두 최면에 걸려 있는지도 모른다. 정해진 시간에 식사를 하거나 출퇴근을 하는 것과 같은 일상적인 반응이나 행동들은 조건형성되고 학습된 행동이지만, 결국 무의식적 프로그래밍에 따른 자동화된 최면적인 반응이라고도 할 수 있다. 이렇게 볼 때 최면이란 결코 멀리 있거나 생소한 어떤 것이 아니라, 늘 우리와 함께 하는 것이라고 할 수 있다.

그 동안 우리 나라에도 최면과 관련한 책들이 저서나 번역서의 형태로 제법 많이 출판되었다. 그러나 대개는 처세술이나 교양 차원 또는 자기최면을 위한 수준에 머물렀고, 심리학적 치료적 전문성을 살린 책이 드물었다. 최면치료는 기존의 다른 어떤 상담이나 치료보다

시간과 비용을 절약할 수 있고 효과적이다. 그럼에도 불구하고 정통적인 교과서에서는 최면에 대해서 거의 다루지 않아 최면을 공부한 사람으로서 아쉬움을 느껴 왔다. 일반적으로 심리학이나 관련 분야의 전공자들은 프로이트가 초기에는 최면을 사용했으나 정신분석학을 창시하는 과정에서 최면을 포기했다는 사실을 잘 알고 있다. 하지만 프로이트가 최면에 능숙하지 못하였다는 사실뿐만 아니라, 학습심리학자로 유명한 헐이나 미국심리학회(APA)의 회장을 역임했던 힐가드와 같은 저명한 심리학자들이 뛰어난 세계적 최면연구자요 전문가였다는 사실을 아는 사람이 드물듯이, 최면의 진정한 가치나 임상적 효용성을 제대로 아는 사람도 드물기에 이 책을 내놓는 저자의 책임이 크게 느껴진다.

개인적인 이야기지만, 저자는 일찍부터 최면을 비롯하여 인간의 무의식이나 정신적인 능력을 활용하는 면과 상담 및 심리치료 차원에서 최면을 활용하는 것에 관심을 갖고 있었다. 뿐만 아니라 상담심리를 공부하던 대학원 시절이나 상담 교수와 상담심리 전문가로서 활동하는 동안에도 기존의 이론과 기법으로는 접근하기 어려운 의식 차원의 밑바닥에 있는 무의식이나 잠재의식의 세계에 대해 공부해 보고 싶은 욕구도 많았다. 하지만 국내에서는 그러한 부분들을 제대로 배우고 훈련받을 수 있는 기회가 없었다.

그러다가 캐나다에서 1년 동안 객원교수로 생활하면서 간접최면법에 해당하는 NLP 과정을 이수했고, 미국에서 최면치료 과정을 수료하고 자격증을 취득할 수 있었다. 그 후 많은 내담자들과 상담을 하는 동안에 최면치료의 효과를 경험하면서 자연스럽게 국내에 최면과 최면치료를 보급하는 문제에 대해서도 관심을 갖게 되었고, 최근 몇 년 동안 전국의 여러 곳에서 최면 워크숍을 개최하면서 최면을 보급해 왔다. 이 과정에서 최면과 최면치료에 대해서 교양 차원에서 관심을 갖고 있는 일반인들뿐만 아니라, 이를 제대로 이해하지 못하고 다소 편향된 시각으로 저자를 바라보는 심리학 관련 전공자들에게 학문적인 입장에서 이 분야를 소개할 참고서의 필요성을 늘 느껴왔다. 책을 쓰는 것이 쉬운 일이 아니기에 미루기만 하다가 다행히 이번에 학지사에서 출판의 기회를 허락해 주어 숙제를 하는 마음으로 이 책을 내놓는다.

이 책은 최면에 관한 저자의 두 번째 책이다. 첫번째 책인 『최면과 전생퇴행』(정신세계사, 1988)이 일반인을 대상으로 전생치료와 관련한 최면의 세계를 주로 소개하는 것이었다면, 이 책은 학술적인 차원에서 그 내용을 좀더 보완하면서 최면치료 자체를 소개하는 데 더 많은 무게를 두고자 하였다. 이 책에서는 일부 기존 저서와 중복되는 부분도 있지만, 전체적으로는 보다 구체적이고도 상세한 설명과 함께 학술적인 자료들을 보충하였으며, 무엇보다도 최면치료의 과정과 기법들을 상세히 소개하였기에 두 권의 책이 나름대로 차별성이 있을 것으로 생각한다.

이 책은 최면과 최면치료에 대한 기초적인 사항들을 소개하고자 하는 의도로 쓰여진 입문서로, 일차적으로 심리학, 상담 및 심리치료, 또는 관련 분야의 전공자나 전문가들을 대상으로 하였다. 이 과정에서 가능하면 심리학적 입장에서 전문성을 살리고자 하였지만 교양 차원에서도 도움이 되도록 비교적 쉽게 쓰고자 노력하였다. 그러나

이 책이 과연 전문성과 교양성을 제대로 살렸을지에 대해서는 독자들의 평가와 판단에 맡길 수밖에 없을 것 같다. 사실 괜찮은 책 한 권을 내보겠다고 마음먹고 책을 쓰기 시작했지만, 마무리하는 마당에 되돌아보니 의욕만 앞섰던지 아쉽고 미진하게 느껴지는 부분들이 많다. 이러한 부분들은 앞으로 기회가 닿는 대로 보완할 생각이다.

솔직히 저자의 공부가 아직은 많이 모자라기에 공부하는 마음으로 이 책을 썼다고 해야 할 것 같다. 그럼에도 불구하고 아무쪼록 이 한 권의 책이 최면의 세계에 대해서 관심을 갖고 개인의 성장과 발전을 바라는 일반인들뿐만 아니라 최면치료를 공부하고자 하는 관련 전공자들에게 좋은 안내자 역할을 하게 되기를 바라는 마음이다. 특히 동 학자들의 많은 참여를 통하여 심리학과 상담 및 심리치료 분야에서 최면과 최면치료가 제대로 정착하고 발전할 수 있는 계기가 되기를 바란다.

2000년 8월

설기문

차 례

제1장 최면의 기초

제2장 최면에 대한 일반적인 의문과 사실

제3장 마음의 세계

제4장 최면과 최면치료의 역사

제5장 최면 유도의 실제

제6장 최면치료의 의의

제7장 최면치료의 과정과 기법

제8장 자기최면과 기타 최면 기법

1

최면의 기초

제1장 최면의 기초

이 장에서는 일반인뿐만 아니라 심리학과 의학 및 관련 전문 분야의 사람들조차 최면에 대해서 잘못 알고 있는 부분이 너무 많다는 점을 전제하면서, 최면에 대한 올바른 이해를 돕기 위한 내용을 다루었다. 뒤의 장들에서 최면과 최면치료에 대한 올바른 개념과 사실적인 내용들을 구체적으로 소개하겠지만, 여기서는 서론 차원에서 최면에 대한 일반적인 오해를 불식시키기 위한 기초적인 내용들을 다루었다.

1. 최면에 대한 이해

최면은 우리의 일상 생활과 밀접한 관련이 있다. 우리가 무심코 사용하는 말이나 반응하는 행동들 속에는 그러한 최면적 요소가 많이 있다. '○○제품은 ○○회사의 ○○상표가 좋다, ○○ 날에는 ○○ 옷을 입거나 ○○ 음식을 먹는 것이 좋다, ○○꿈을 꾸었으니 ○○ 할 것이다'와 같이 믿고 행동하는 것이 최면적 요소가 반영된 예라고 할 수 있다. 또한 어떤 사람은 때때로 "나는 이제 끝장이야"라고 하면서 스스로 좌절할 때가 있는데 이는 바로 최면적 자기언어(self-talk)라고도 할 수 있다. 이와 같은 일상적인 믿음이나 행동들은 거의가 자동화된 사고와 반응의 결과로서 모두 최면적인 차원에서 이해할 수 있다. 이처럼 우리는 자신이 의식하지 못하는 가운데 최면적인 삶을 살고 있다. 이를 두고 게슈탈트 치료 분야의 전문가인 스티븐스(Stevens, 1975)는 "우리는 모두 최면에 걸려 있다"(p.247)고 말했다.

그러나 최면 자체에 대해서나 최면의 가치와 효용성에 대해서 제대로 이해하는 사람은 드물다. 오히려 잘못된 오해나 선입견, 고정관념 때문에 최면이나 최면치료가 제대로 인정받지 못하고 있는 실정이다.

특히 TV를 비롯한 대중 매체에서 오락 및 호기심 충족의 차원에서 다루어지는 최면 현상만을 주로 보는 일반인들은 최면에 대한 선입견을 갖고 있어 거의 예외 없이 최면에 대해 오해를 하고 있다. 대중매체들은 짧은 시간이나 제한된 지면 내에서 일반인들의 호기심을 자극하고 오락적 흥미를 제공하기 위하여 최면의 신비성을 부각시키고 극적인 상황 연출에 초점을 맞춘다. 이 과정에서 최면의 정확한 본질이 제대로 그려지거나 소개되는 데는 많은 어려움이 따르게 마련이다. 그리고 최면이 왜곡된 모습으로 그려짐으로써 일반인들이 최면 자체에 대해서 제대로 이해하지 못하는 경우도 많이 생기게 되었다. 또한 과거에는 주로 종교적 영능력자나 주술사 및 무속인과 같이 학문과는 거리가 먼 영역에서 활동하는 사람들이 최면을 사용하였기에 다소 '이상'하거나 '무섭기까지' 한 것으로 인식되기도 했다.

이상과 같은 이유로 최면에 대한 오해와 잘못된 선입견은 의외로 광범위하게 자리잡고 있어서 현실적으로 최면을 소개하고 최면치료를 실시하는 데 많은 어려움이 따르는 실정이다. 다시 말해서 최면의 진정한 가치나 치료적 효과, 자기성장적 효용성을 식자층과 심리학 전공영역에서조차도 제대로 인식하지 못하고 있다는 것이다. 그래서 이 장에서는 무엇보다도 최면에 대한 오해를 바로잡는 것부터 시작하고자 한다. 왜냐하면 최면에 대한 이해가 제대로 되어 있지 않으면 최면치료의 논리를 이해할 수 없을 뿐만 아니라 최면치료를 경험한 사람들도 치료효과를 얻기가 어렵기 때문이다. 따라서 최면 관련 책이나 워크숍 및 세미나에서는 최면에 대한 사람들의 일반적인 오해와 선입견과 같은 내용들을 비중 있게 다루면서 정확한 인식을 심어 주는 데 일차적인 초점을 두게 된다. 이는 그만큼 최면에 대한 일반인들의 오해가 많다는 사실을 역설적으로 반영하는 현상이라고 생각한다.

최면에 대한 잘못된 선입견이나 오해의 문제는 뒤의 여러 장에서 좀 더 구체적으로 살펴보겠지만 여기서는 심리학 분야에서조차도 최면에 대한 이해가 부족하다는 점을 먼저 전제하고 독자들이 최면에 대해서 제대로 이해할 수 있는 계기를 마련하고자 한다. 대부분의 심리학, 심리치료, 상담 교과서는 프로이트(Sigmund Freud)가 처음에는 최면공부를 하고 또 최면치료도 했었지만 나중에는 그만두고 대신에 정신분석학을 창시했다고 설명하고 있다. 그래서 사람들은 프로이트가 최면을 그만두었다는 점과 관련하여, 프로이트가 최면을 그만두었으니 그것은 별로 가치가 없는 것인가 보다라고 지레 짐작하거나 믿어버리는 선입관 또는 고정관념을 갖게 된다. 사실 필자도 최면훈련을 받기 전에는 그러하였다.

최면은 그 자체의 독특한 속성 때문에 미신 또는 비과학적인 것으로 비추어짐으로써 학문으로서는 가치가 없는 것으로 오해되어 온 것이 사실이다. 그러나 프로이트가 최면을 그만둔 것은 최면 자체의 한계 때문이 아니라 그의 개인적인 능력 탓이었다는 사실을 아는 사람은 별로 없다. 뿐만 아니라 분석심리학의 창시자인 융(Carl G. Jung)도 한때는 훌륭한 최면치료자였으며, 최면전문가 중에는 저명한 심리학자가 다수 속해 있다는 사실을 아는 사람 또한 별로 없다.

심리학자 중의 대표적인 최면전문가는 학습의 욕구감소 이론(drive reduction theory) 또는 체계적 행동이론(systematic behavior theory)을 창시한 헐(Clark L. Hull : 1884-1952)과 학습심리 분야의 대표적인 교과서에 해당하는 『학습이론』(Theories of Learning : 현재는 Bower & Hilgard 공저로 출간되고 있음)을 1948년 처음으로 저술했던 심리학자 힐가드(Ernest R. Hilgard : 1904-)를 꼽을 수 있는데, 이들은 많은 최면 관련 논문과 저서를 남겼다. 이들은 뒤에서 다시 구체적으로 살펴보기로 하고, 여기서는 먼저 과학으로서의 최면의 성격에 대해서 살펴보고자 한다.

(1) 과학으로서의 최면

오늘날 최면은 과학으로 당당히 자리매김하고 있다. 그래서 구미 선진국에서는 정규 의과대학 등에서 다른 의학 치료기법과 마찬가지로 타당한 치료법으로 가르쳐지고 있을 뿐만 아니라 과학적 실험 연구가 다양하게 이루어지고 있으며 관련 학회의 활동 또한 활발하게 이루어지고 있다. 의학계와 심리학계의 최면에 대한 연구는 특히 1960년대를 전후하여 미국과 유럽 등에서 크게 이루어졌다. 최면은 영국에서는 1955년, 미국에서는 1958년에 의학계로부터 치료적 가치를 각각 인정받았고, 1960년에 와서는 심리학계에서도 받아들여지게 되었다. 그러나 그 이전인 1950년대를 전후한 시기에 미국에서는 최면 관련 전문학회 및 단체가 발족하여 전문적인 최면연구를 위한 분위기가 조성되었다.

최면 자체의 역사를 따지자면 약 5,000여 년 이전인 고대 이집트, 그리스 시대까지 거슬러 올라갈 수 있다. 그리고 현대적인 의미의 최면의 역사는 약 200여 년 전인 18세기에 메스머(Franz Anton Mesmer)로부터 시작되었다고 할 수 있으며, 19세기에 최면에 대한 과학적 실험의 역사가 시작되었다고 볼 때 최면의 역사는 결코 짧지 않다. 한편 1930년대에는 심리학자 헐이 엄격한 통제하에서 최면실험을 이룸으로써 과학으로서의 최면은 보다 굳건한 토대를 구축할 수 있었다. 20세기 이전까지 유럽 지역에서 번창하던 최면의 역사는 프로이트에 의해 쇠퇴하는 곡절을 겪었다. 이후 두 번에 걸친 세계대전의 영향으로 최면은 다시 부흥기를 맞아 오늘날 다양한 분야에서 학문적으로 연구될 뿐만 아니라 실질적으로 치료적 목적과 삶의 질을 높이는 방향에서 크게 활용되고 있다.

최면의 과학성 및 역사적 발전 배경과 관련한 내용들은 뒤의 제5장에서 보다 구체적으로 설명할 것이기 때문에 여기에서는 더 이상의 언급은 생략하기로 하겠다.

미국과 유럽의 선진국에서 활발하게 이루어진 최면에 대한 연구 및 활용의 역사와는 관계없이, 우리 나라의 최면에 대한 인식도는 매우 낮으며 연구의 역사 또한 일천하다. 물론 선진국에서도 최면에 대한 잘못된 선입견과 오해가 없는 것은 아니지만 대체적으로는 과학성과

학문적 가치를 인정하고 있다.

그러나 우리 나라의 심리학 분야에서는 아직까지 최면이 과학에 바탕을 둔 정통 학문 분야로 인정받지 못하고 있고, 사이비 심리학(pseudopsychology)이라는 시각에서 소외되고 있는 형편이다(최상진, 1997). 그것은 최면이 흔히 심령술, 점성술, 관상, 초능력 등과 함께 미스테리한 현상으로 다루어짐으로써(리더스 다이제스트 편집부, 1994; 최상진, 1997) 과학적인 근거가 없는 미신적인 것이라는 선입견이 작용한 탓으로 보인다.

사실, 최면과 최면치료는 과학과 이성적 차원에서 제대로 설명하거나 검증하기 어려운 무의식적 현상을 취급하므로 부분적으로 과학성의 차원에서 논란의 여지가 있는 것도 사실이다. 그래서 오직 객관성과 합리성을 생명으로 하는 과학적 잣대로만 볼 때 최면에는 수용하기 힘든 초과학적인 측면이 있을 수 있다. 이 때문에 일반적인 심리학 교과서에는 최면과 관련한 주제를 아예 다루지 않거나 관련된 연구도 별로 취급하지 않는 것 같다.

그러나 우리의 삶과 인간의 실존적 삶의 경험을 통해 볼 때 오직 과학적 방법만이 인간을 잘 이해하고 설명하고 예측할 수 있는 것은 아닐 수도 있음에 주목할 필요가 있다. 아울러 과학적 방법이 경험을 바탕으로 이루어진 학문이기는 하지만, 궁극적으로 인간의 본질을 파악하기 위해서는 직관을 사용할 필요가 있다는 논리(최상진, 1997)를 받아들인다면 최면도 심리학의 훌륭한 연구대상이 될 수 있을 것이다.

최면이 과학적 검증의 대상이 되지 않았던 것은 아니라는 사실은 이미 앞에서 살펴보았다. 오히려 최면도 엄격한 과학적 연구대상이 되어왔을 뿐만 아니라 실제로 최면 현상을 규명하기 위하여 통제된 실험을 실시하여 타당한 결과를 보고한 연구사례들이 무수히 많은 실정이다.

이상과 같이 본다면 결국 우리는 더 이상 최면은 이상한 마술과 같은 것이라는 시각에서 벗어나서 인간의 삶의 질에 기여할 수 있는 당당한 심리학의 주제로서, 그리고 타당한 치료기법으로 제대로 연구되고 활용될 필요가 있음을 인식할 필요가 있다. 그래서 최면에 대한 보다 심도 깊은 연구와 실제적인 적용을 위한 관심과 노력을 기울일 수 있어야 할 것이다.

(2) 프로이트와 최면

이제 과학적 연구대상으로서의 최면에 대해서 좀더 살펴보고자 한다. 앞에서 언급한 바와 같이 프로이트가 최면에 대해서 별로 매력을 느끼지 못하여 최면을 그만두었다는 식으로 표현되는 심리학 관련 책의 내용과는 달리, 대부분의 최면 관련 서적들에서는 프로이트가 최면에 능숙하지 못했으며 그 자신이 의사로서 최면을 통해 치료적 효과를 크게 거두지 못했다고 설명하고 있다. 즉 프로이트는 최면 자체의 문제보다는 최면치료자로서의 자신의 능력 문제 때문에 최면을 그만두었다는 것이다. 이러한 프로이트의 능력 문제는 그의 임상경력을 검토해 볼 때 잘 나타나는데, 특히 "프로이트는 형편없는 최면사"(poor hypnotist)였으며(Lecron, 1964, p.71; Morgan & O'Neill, 1986, p.87; Pulos, 1990, p.12) "최면 유도에 능숙하지 못했다"(unskilled) (Shealy, 1996, p.112)고 한 최면전문가들의 평가에 특징적으로 잘 드러나고 있다.

여기서 필자는 결코 프로이트의 가치를 낮추어 보거나 학자 및 임상가로서의 능력을 무시하려는 것은 아니다. 다만 최면과 관련하여 그가 일부 오해를 한 부분도 있었고, 최면치료사로서는 다소 부적합하거나 크게 성공을 거두지 못했다는 점을 말하고자 하는 것이다. 그가 최면에 대해서 오해를 한 내용은 다름 아니라 성공적인 치료를 위해서는 깊은 트랜스 상태가 필수적이라는 점이었다. 그래서 그는 모든 환자를 깊은 트랜스 상태로 유도하려고 노력하였으나 그것이 뜻대로 되지 않자 실망하였고, 그것이 결국에는 최면을 그만두게 된 계기의 하나로 작용했던 것 같다.

그러나 오늘날 임상현장에서 최면치료를 활용하는 대부분의 치료자들은 프로이트의 믿음이 사실과 다르다는 점을 잘 안다. 다시 말해

프로이트

서 최면치료의 효과는 트랜스 상태의 깊이와는 별로 상관 없이 이루어질 수 있다. 그러므로 비록 얕은 최면을 경험한 내담자도 치료효과를 거둘 수 있는 것이다. 프로이트는 바로 이 점을 오해했던 것으로 알려졌다.

주지하다시피 프로이트는 프랑스의 신경생리학자인 샤르코(Jean Martin Charcot)로부터 최면을 배웠고, 또 선배 겸 동료였던 오스트리아의 정신과 의사인 브로이어(Josef Breuer)와 함께 최면연구 및 치료를 시도했다. 이 과정에서 카타르시스(catharsis)라고 일컫는 정화법의 치료적 가치 및 무의식의 존재와 그것의 병리학적 중요성에 대해서 인식하게 되었다.

그러나 1895년에 브로이어와 공동으로 발표한 「히스테리 연구」(Studies on Hysteria)를 끝으로 그와의 관계를 단절하고 정신분석학의 시대를 열었다. 이 과정에서 그는 최면이 일부 증상을 완화하는 효과는 있으나 완전한 치료효과는 없으며, 많은 환자들이 다른 증상을 갖고 되돌아오는 현상을 보였고, 어떤 신경증 환자들은 깊은 최면에 걸리지 않는다는 것들을 경험하게 되었다(Schultz, 1981).

한편 이상과 같은 사실과는 별도로 프로이트는 실제로 10명의 환자 중에서 한 명 꼴로밖에는 최면 유도를 할 수 없었던 자신의 최면 능력에 회의를 느꼈다. 반면에 당대의 다른 전문가들은 최면을 통해 많은 성과를 거두었다. 결국 프로이트는 자신의 최면 능력에 대해서도 실망을 하게 되었다.

이러한 복합적인 이유들로 인해 그는 최면에 대한 매력을 잃어 가다가 결국에는 최면에서 완전히 손을 떼고 대신에 자유연상과 꿈의 해석으로 연구와 치료의 방향을 바꾸었던 것이다. 이로써 최면은 정신분석치료의 물결에 밀려 거의 50년 동안 대중의 관심권에서 멀어짐으로써 지하로 파묻히는 결과가 초래되었다(Pulos, 1990).

(3) 최면심리학의 선구자들

최면은 프로이트가 정신분석학을 창시한 이후에 표면적으로 크게 드러나지는 않았고 대중적으로도 큰 관심을 받지는 못했을지 모르지만, 학문적인 연구대상으로는 꾸준한 관심을 받고 있었다. 그러한 예로서 최면은 전문 심리학자들에 의해 연구되었다는 점을 꼽을 수 있다. 앞에서 잠깐 언급했듯이 프로이트 이후에 대표적으로 헐과 힐가드가 최면연구를 하였다.

미국 예일 대학교의 실험 및 학습심리학자였으며 학습의 욕구감소 이론의 창시자로 알려져 있는 헐은 1930년대 초에 최면에 대한 체계적인 연구를 시작하였다. 그는 10년간 최면과 피암시성(suggestibility) 연구에 헌신하여 총 32편의 논문과 대표적인 최면 관련 전문서인 『최면과 피암시성』(Hypnosis and Suggestibility, 1933)을 저술하였다(Schultz, 1981). 그는 이 시기에 최면의 본질을 파악하기 위하여 엄격하게 통제된 최면실험을 시도하였는데, 이 과정에서 최면과학의 정립에 크게 기여하였다. 특히 그의 실험정신은 최면 분야에서 표준화되고 객관적인 실험절차에 의한 최면실험 전통의 기초를 다졌다.

헐은 간접적 최면, 즉 에릭슨 최면(Ericksonian hypnosis)의 창시자인 에릭슨(Milton Erickson)의 심리학 박사과정 지도교수로서도 알려져 있다. 에릭슨은 정신의학자이자 정신과 의사로서 최면의학 분야에 있어 당대 최고의 세계적인 권위자였는데 헐의 지도하에 심리학을 공부하고 박사학위를 받음으로써 심리학과 정신의학 분야에서 최면 및 심리치료와 관련하여 명성을 떨치게 되었다.

한편 헐 이후에 최면을 연구한 또 다른 유명한 심리학자로서 힐가드를 꼽을 수 있는데, 그는 1949년에 미국심리학회(APA)의 회장을 역임하였고 스탠포드 대학교 심리학과 교수로서 학습심리와 교육 분야에서 탁월한 업적을 쌓았다. 그는 1957년에 최면연구를 위한 실험실을 만들어 이때부터 20여 년간 같은 대학교의 정신과 의사이자 교수였던 부인 조세핀(Josephine Hilgard)과 함께 최면연구에 몰두하여 수백 편

심리학자 헐

힐가드 부부

의 최면 관련 논문과 다수의 저서를 발표하였다(Baker, 1990). 그의 대표적인 저서로는 『최면감수성』(Hypnotic Susceptibility, 1965), 『분리된 의식세계』(Divided Consciousness : Multiple Controls in Human Thought and Action, 1971)가 있고, 조세핀과의 공저로는 『고통 경감을 위한 최면』(Hypnosis in the Relief of Pain : 1975)이 있다. 그리고 조세핀이 단독으로 저술한 책으로는 『성격과 최면』(Personality and Hypnosis : A Study of Imaginative Involvement, 1970)이 있다.

이상에서 살펴보았듯이, 심리학과 교육학 분야에서 잘 알려진 헐 및 힐가드와 같은 심리학자들이 최면에 대해 공부했고 전문적인 최면연구가들이었다는 내용들은 아쉽게도 일반 심리학이나 학습심리 서적 어느 곳에서도 발견하기 어렵다. 바로 이러한 점들이 제대로 알려진다면 일반인들이나 심리학 전공자들이 최면에 대해 편견을 갖지 않고 보다 열린 마음으로 접근하기가 쉬울 것이라고 생각된다.

(4) 대체의학으로서의 최면치료

일반적인 심리치료와 구별되는 최면치료가 갖는 보편적인 성격과 가치는 단순한 치료의 측면을 뛰어넘어 한마디로 말한다면 몸-마음-

영의 온전한 건강을 추구하는 데 있다고 할 수 있다. 이 개념은 총체적이고 전일적(全一的)인 건강의 개념으로서 결국 '참하나 건강'을 말한다. 이는 다시 말해서 몸과 마음은 별개가 아니라 하나이며, 영 또한 몸-마음과 연결된 하나이기에 결국 진정한 하나인 참하나를 말하는 것이라고 할 수 있다. 그러므로 건강의 개념도 참하나의 차원에서 이해되고 다루어져야 함을 말해 주고 있다. 이러한 건강을 영어에서는 holistic health라고 하는데 우리 나라에서는 총체적 건강, 전일적 건강이라는 의미로 사용되고 있으며 참하나 건강이라고도 할 수 있을 것이다. 그리고 이러한 차원에서 이루어지는 치료와 상담을 참하나 치료와 상담(holistic therapy & counseling)이라고 한다.

최면과 최면치료는 참하나적 건강과 치료의 차원에서 이해될 수 있다. 왜냐하면 최면의 세계 속에서는 마음의 작용은 직접적으로 신체적 조건으로 연결되며 영향을 미치기 때문이다. 따라서 신체적 건강상태는 심리적인 원인에 의해서 직접적으로 영향을 받는다. 최면치료는 결국 마음의 세계, 보다 구체적으로 표현하자면 무의식의 세계를 직접 다룸으로써 심리적인 질환뿐만 아니라 신체적 질병까지도 치료를 하는 것이다. 이는 앞에서 말한 참하나의 원리와 직결된다.

전통적으로 서양의학에서는 심신이원론(心身二元論)의 입장에서 몸과 마음을 별개로 보았기에 치료도 별개의 차원에서 이루어졌다. 그러나 동양의학에서는 심신일원론(心身一元論)의 입장에서 몸과 마음을 하나라고 생각하고 또 치료도 그런 차원에서 하였다. 오늘날 동서양을 막론하고 건강의 관심이 그 어느 때보다 커져 가면서 전통적 서양의학에 대한 대안으로 대안의학 또는 대체의학(alternative medicine)이 발달하고 있는데 여기서도 심신일원론이 지지되고 있다. 그러므로 동양의학이나 대체의학은 공통적으로 참하나의 차원에서 이루어지며 건강도 참하나 건강의 차원에서 다루어지고 있다.

어느 여성잡지(여성중앙, 1998)는 "병원이 포기한 병을 고친다"라는 제목으로 세계와 국내의 유명 대체의학 치료법을 종합적으로 소개한 바 있다. 물론 이 잡지가 위와 같은 제목으로 대체의학을 소개하고 있는 것은 오늘날 대체의학의 대중적인 관심 정도를 반영한다고 할 수 있다. 대체의학은 서양의학의 한계를 뛰어넘어 병원에서는 진단이나 치료도 잘 되지 않는 각종 현대병이나 난치병뿐만 아니라 불치병으로 알려진 질환들까지도 치료하고자 하는 것이며, 실제로 그것은 상당한 정도의 성과를 보이고 있는 건강에 대한 대안적인 접근이자 치료이며 의학이라고 할 수 있다.

실제로 최근에 발표되고 있는 각종 자료들을 보면 오늘날 대체의학이 어느 정도 급속도로 발전하고 보급되고 있는지를 짐작할 수 있다. 예를 들어, 건국대학교 의과대학이 암환자를 대상으로 한 국내 최초의 대체의학 경험 여부에 대한 조사에서는 환자의 80%가, 그리고 동아대학교 의료원의 조사에 의하면 환자의 61%가 한 번 이상 대체의학을 경험한 것으로 나타났으며, 미국의 환자들도 약 1/3 정도가 대체의학을 경험한 것으로 보고되고 있다.

원래 서양의학은 심신이원론과 기계론적인 우주관에 기초하여 질병을 신체로 나타나는 증상만 가지고 파악하기 때문에, 치료는 증상을 제거하는 것이라는 입장에서 주로 이루어져 왔다. 그래서 치료는 기본적으로 신체에 직접 처치를 가하는 물리적인 차원에서 주로 이루어지는 것이다. 이에 비해 대체의학에서는 증상이란 단지 몸뿐만 아니라 마음의 조화와 균형이 무너짐으로써 건강이 파괴되었음을 나타내 주는 하나의 표시에 불과하다고 보기 때문에 기본적으로 신체의 균형을 회복시켜 주고자 하는 접근이라고 할 수 있다. 이를 위해서 인체가 원래부터 갖고 있는 자연치유력을 회복시키고자 하는데, 이 과정에서 다양한 물리적인 방법도 활용되지만 무엇보다도 마음을 다스리는 것을 중요하게 여기는 것이다.

대체의학에 포함될 수 있는 방법으로는 침술을 포함하는 동양의학, 척추질환 치료를 위한 카이로프락틱(chiropractic)이라고 불리는 척추교정요법, 식이요법, 마사지 요법, 동종요법 등의 물리적인 방법뿐만 아니라 참선, 요가, 단전호흡, 기공과 같은 방법과 명상을 통한 마음을 다스리게 하는 방법 등 다양하다. 이러한 대체의학의 범주 속에 최면치료가 포함되는 것은 물론이다(Jacobs, 1996; Shealy, 1996). 실제로 캐나다의 의학계가 일반인들을 대상으로 실시한 대체의학에 관한 조사에 의하면, 침술 및 척추교정요법과 함께 최면을 가장 유용한 것으로 인식하고 있는 것으로 나타났다(Verhoef & Sutherland, 1995). 이 사실을 통해 볼 때도 서구에서 대체의학의 하나로서 인정되고 있는 최면의 가치를 짐작할 수 있을 것이다.

(5) 최면의 종류

최면은 여러 가지 종류로 분류될 수 있다. 어떤 기준으로 분류하느냐에 따라 크게 다음과 같이 구분된다. 우선, 최면을 목적에 따라 구분하면 무대최면과 임상최면으로 구분할 수 있다. 여기서 임상최면이란 치료를 목적으로 하는 것으로서 다시 전통적 최면과 에릭슨 최면으로 구분할 수 있다. 한편 최면의 대상자가 누구냐에 따라 타인최면과 자기최면으로 구분할 수 있다. 이들 최면의 종류를 하나씩 구체적으로 살펴보도록 하자.

① 무대최면

무대최면(stage hypnosis)은 일명 쇼최면(show hypnosis)이라고도 하며 흥행을 목적으로 한다는 특징이 있다. 일반적으로 사람들이 가장 쉽게 접하게 되는 것이 바로 이 무대최면이다. 이것은 최면사가 무대 위에서 마술이나 쇼와 같은 형태로 최면의 신비함을 보여 주는 것으로 호기심을 충족시키고 흥행을 목적으로 하여 흥미 위주로 실시하는 것이 보통이다.

무대최면의 장점은 일반인들에게 최면의 세계를 쉽게 소개할 수 있다는 점과 아울러 정신세계 또는 잠재의식 세계의 무한한 가능성을 보여 줌으로써 최면을 통한 정신력으로 무엇이든 할 수 있다는 비전을 심어 줄 수 있다는 점이다. 다시 말해서 보다 많은 사람들에게 정신력의 무한한 가능성을 보다 쉽게 알려 줄 수 있다는 것이다.

이런 장점에도 불구하고 무대최면은 일반인들에게 제한된 시간에 제한된 무대공연의 형식으로 이루어짐으로써 최면의 진정한 본질을 제대로 알려주는 데 어려움이 있을 뿐만 아니라, 오히려 최면에 대한 잘못된 선입견이나 오해를 유발하게 할 가능성이 크다는 데 문제가 있다. 실제로 대부분의 사람들이 최면에 대해서 알거나 접하게 되는 유일한 통로가 바로 이 무대최면인데, 그들이 갖고 있는 최면에 대한 인식이 거의 잘못되어 있는 것을 보면 무대최면의 한계를 잘 짐작할 수 있다.

우리나라 TV에 방영된 무대최면의 모습

② 전통적 최면

앞에서도 언급한 바와 같이 임상최면(clinical hypnosis)이란 치료를 목적으로 하는 최면을 말한다. 그러니까 이것은 심리적 문제나 신체적 질병과 같은 것을 상담하고 치료할 목적으로 이루어지는 최면을 지칭한다. 그래서 흔히들 최면치료라고도 부르게 된다.

임상최면이라고 했을 때 대부분의 사람들은 전통적 최면 또는 고전적 최면을 생각하게 된다. 전통적 최면이란 일반인들이 생각하는 최면의 전형으로, 내담자가 눈을 감은 상태에서 치료자가 직접적으로 최면을 거는 형태이다. 그래서 지시적이고 명령적인 특징이 있다. 이 경우에 내담자는 치료자로부터 유도받는 대로 마음으로 따라하고 무의식을 떠올리게 되는 것이다. 전통적인 모든 최면이 바로 이러한 치료자 위주의 지시적인 방법을 사용하기 때문에 고전적 최면이라고도 하며, 이 책도 주로 전통적 최면의 입장에서 쓰여졌다.

에릭슨

③ 에릭슨 최면

임상최면에는 전통적 최면과는 별도로 에릭슨 최면(Ericksonian hypnosis)이 있다. 이것은 간접적이고 비지시적인 최면법으로서, 뒤에서 별도로 소개할 NLP의 원리와 결합되면서 일명 'NLP 최면'이라고도 불린다. 이것은 미국의 정신과 의사이자 심리학자인 에릭슨(Milton Erickson: 1902-1982)이 개발하였다. 에릭슨은 당대 세계 최고의 최면치료 전문가로 이름을 떨치면서 그만의 독특한 최면법을 사용하여 치료적 효과를 크게 거둘 수 있었다. 에릭슨이 즐겨 사용한 최면의 방법은 전통적 방법과는 크게 달랐고 후세에 큰 영향을 미쳤기에 그의 이름을 딴 최면법이 최면사에 새로운 이름으로 자리를 잡게 되었다.

에릭슨 최면은 내담자 위주로 이루어진다는 특징을 갖고 있다. 즉 치료자는 내담자가 갖고 있는 기본적인 자원이나 상태를 근거로 대화를 하는데, 내담자는 그 대화에 응하면서 자연적으로 트랜스 상태로 유도되는 일종의 '자연적 최면법'이다.

아울러 이것은 처음부터 눈을 감고 일방적으로 최면사의 지시를 듣는 것으로 시작되는 전통적 최면법과는 달리, 내담자로 하여금 치료자가 주도하는 일상의 대화나 의사소통 과정에 자연스럽게 몰입하도록 함으로써 트랜스 상태로 유도하는 방식으로 이루어지기 때문에 비지시적, 간접적 최면법이라고 불린다. 에릭슨 최면에서는 효과적인 최면적 의사소통(hypnotic communication)을 중시한다. 에릭슨 최면과 관련한 내용은 제4장 NLP에 관한 부분에서 다시 구체적으로 설명될 것이니 참고하기 바란다.

④ 타인최면

타인최면(hetero-hypnosis)이란 문자 그대로 타인에게 실시하는 최면을 총칭하는 말이다. 최면사나 최면치료자가 내담자나 환자를 대상

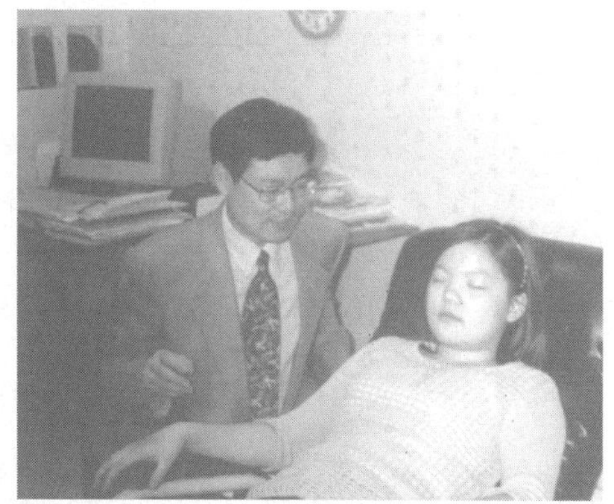

타인최면의 모습

으로 실시하는 모든 최면은 타인최면이다. 굳이 치료 차원이 아니라 하더라도 다른 사람에게 실시하는 모든 최면을 타인최면이라고 할 수 있는데, 일반적으로 최면이라고 하면 거의 모두가 타인최면을 의미한다고 할 수 있다. 이것은 기본적으로 타인에게 치료나 긍정적 변화를 촉진하기 위하여 실시된다. 그러므로 타인최면의 효과를 위해서는 유능한 치료사가 필요하다.

⑤ 자기최면

자기최면(self-hypnosis)은 문자 그대로 최면기법을 자기 스스로에게 적용하여 최면의 효과를 얻고자 하는 것이다. 그러므로 누구든 최면의 원리와 기법을 배운다면 자기최면을 실시할 수 있을 것이다. 자기최면에서는 타인의 도움 없이 스스로에게 최면을 적용하기 때문에 여러 가지로 편리하다. 자기최면은 시간과 장소에 구애를 받지 않고 실시할 수 있으며 스스로 자기 수준에 맞게 적용할 수 있으므로 누구나 손쉽게 활용할 수 있다는 장점을 가지고 있다. 반면에 이것은 스스로 실시함으로써 일정한 한계를 벗어날 수 없으며, 전문적인 활용이나 치료적 처치가 어려울 수 있다는 어려움도 내포하고 있다. 자기최면에 관한 내용은 제8장에서 다시 구체적으로 설명될 것이니 참고하기 바란다.

(6) 최면과 유사한 치료기법

꼭 최면이란 이름은 붙이지 않지만 기존의 심리치료나 정신의학 분야에는 최면과 유사한 치료기법들을 많이 사용해 오고 있다. 이들에 대해서 살펴보자.

① 단기치료

공포증, 불안증, 우울증, 또는 선택의 갈등과 같은 고통들은 그 원인을 찾아 치료하는 방식도 좋지만 단 몇 회기 정도의 짧은 기간 동안 상담적 대화를 통하여 문제를 극복하거나 문제해결에 대한 방법을 익힘으로써 다음에 부딪칠 똑같은 문제상황을 보다 효과적으로 극복하도록 도와 줄 수 있다.

단기치료의 형태는 다양하며 행동수정, RET를 비롯한 인지치료적 방법, 단기 역동치료(short-term dynamic psychotherapy), 최면치료(therapeutic hypnosis) 등의 방법이 있다. 특히 최면치료에는 전통적 최면치료와 에릭슨 최면치료(Ericksonian hypnotaherapy)의 방법이 있다.

② 명상

명상은 일종의 자기최면으로 생각할 수 있다(Lefton, 1979). 또한 명상은 정확하게 최면도 아니며 잠자는 것도 아니고 그렇다고 일상적인 사고와 존재의 상태도 아니면서 강렬한 집중, 외부로부터 유입되는 자극의 제한, 깊은 이완 때문에 일어나는 외부 세계와 분리된 초연한 경험이라고 할 수 있다. 명상상태에서는 깊은 이완과 함께 심적인 평화와 안정감을 경험하며, 개인에 따라 영적인 깨달음을 얻고 최면상태와 유사한 초월적인 경험을 하기도 한다.

명상의 종류는 다양하지만, 어떠한 명상이든 깊은 집중과 신체적 이완을 요구한다는 공통점과 특징이 있다. 바로 이러한 점 때문에 명상은 최면과 비교되기도 하며, 신체적 이완을 통해 집중하고 또 신체를 통제하는 법을 배우고 경험하기 때문에 바이오피드백과 비교되기도 한다.

한편 의사인 벤슨(Herbert Benson)은 혈압을 저하시키기 위한 행동적 기법을 개발하던 중에 초월명상(Transcendental Meditation: TM)을 연구하게 되었다. 초월명상의 단순성에 매료된 벤슨은 명상 동안에 수면 중의 변화와는 다른 생리적 변화가 일어나는 것을 관찰하였고, 그러한 변화를 '이완반응'(relaxation response)이라고 불렀다. 명상 동안에 산소소모량, 호흡률, 심장박동률, 혈압이 떨어지고, 수면반응과 달리 알파파가 증가하는 것을 발견하였다. 알파파는 완전한 이완상태에서 방출되는 뇌파이다. 흥미로운 것은 소수의 사람들 중에는 그러한 알파파를 방출하는 데 어려움이 있다는 사실이다. 다시 말해서 그들은 이완상태에 들어가지 못한다는 말이다. 또한 만약 이완상태에서 철자를 쓰는 것과 같은 인지적 과제를 수행해 보라는 지시를 받으면 알파파는 감소하거나 사라지는 현상을 보인다고 한다.

벤슨을 비롯한 전문가들은 이완반응이 일으키는 생리적 변화와 같은 현상을 유도할 수 있는 다양한 기법이 있음을 발견하였는데, 자기최면, 점진적 이완법, 자율훈련, 참선, 요가와 같은 것이다.

1938년 제이콥스(Edmond Jacobs)가 개발한 점진적 이완법은 불안을 극복하기 위한 방법으로 사용되었다. 환자는 주요 근육 부위를 긴장시켰다가 이완하면서 이 과정에서 일어나는 신체적 느낌의 차이에 집중함으로써 이완하기를 배우게 된다. 이 과정에서 어느 부위의 신체가 긴장하고 있는지를 확인함으로써 그 부위에 이완상태를 집중시킬 수 있다.

자율훈련은 1959년에 슐츠(Johannes Schultz)와 루트(Wolfgang Luthe)가 개발한 것으로, 환자에게 자신의 신체 내에서 이완감을 발달시키도록 상상력을 사용하게끔 하는 것이다. 이렇게 하기 위해서는 환자로 하여금 처음에는 팔다리에 나른함을 느끼도록 하고 다음에는 따뜻함을 느끼도록 한다. 이완 상황에서 환자는 상상력을 발휘하여 신체의 느낌을 느끼게 된다.

③ 바이오피드백

바이오피드백(biofeedback)이란 어떤 사람에게 그 자신의 심장의 운동, 체온, 뇌파, 근육의 긴장 등과 같은 생리적 과정이나 조건에 대하여 현재 진행되고 있는 정보를 측정하고 그것을 모니터와 같은 기계적인 장치를 통해 즉각적으로 알려 줌으로써 자신의 생리적 조건을 스스로 통제할 수 있도록 하는 시스템이다. 이러한 바이오피드백의 기본 전제는, 인간이 불수의적이라고 생각되는 생물학적 · 생리적 과정과 변화에 대한 정보를 정확하게 제공받는다면 그런 생리적 과정과 활동을 조절하는 것을 학습할 수 있다고 하는 것이다. 따라서 적절한 조건화와 훈련기법을 통해 인간은 자동적이며 수의적 통제가 불가능하다고 간주되었던 생리적, 신체적 과정들을 통제하는 것을 학습하게 된다(최미례, 1997).

사실 1960년대 후반까지 대부분의 과학자들은 생리적 기능을 수의적으로 통제하는 것이 불가능하다고 여겼다. 그러나 특히 밀러(Miller, 1985)가 깊이 연구한 바이오피드백은 오늘날 생리적 기능의 저하로 인한 두통, 위궤양, 고혈압과 같은 심인성 질환을 비롯하여 다양한 장애들을 치료하는 데 활용되고 있다.

바이오피드백이 활용되는 구체적인 예를 들어보면, 어떤 피험자는 심장박동률의 정도와 변화 양상에 대한 피드백을 제공하는 모니터를 봄으로써 심장박동률을 감소시키는 것을 학습할 수 있다. 즉 박동률이 감소할 때마다 성공에 대한 보상을 받고 박동률을 감소시킬 수 있는 이전의 행동을 반복하게 되는데, 이러한 행동은 또 다른 보상으로 연결되기 때문에 결과적으로 심장박동률은 더욱 감소하게 된다. 결국 피험자의 심장박동을 감소시키는 반응은 더욱 빈번해지게 된다(김현택 외, 1996).

④ 심상기법

오늘날 시각화(visualization), 유도된 심상(guided imagery), 이완, 자율훈련, 자기암시, 자기언어(self-talk) 등은 모두 일종의 최면이다. 심리치료를 위한 방법들 중에서 특히 심상을 활용하는 기법들이 많이 있는데 이것들은 최면의 차원에서 이해될 수 있다. 아인슈타인은 상상력은 지식보다 더 중요하다고 하였다(Pulos, 1990). 그리고 아리스토텔레스는 영혼은 결코 그림 없이는 생각하지 않는다고 하였다(Sheehan, 1995). 이 말들은 상상력을 활용하는 심상(mental imagery) 기법 또는 시각화(visualization)기법 등의 중요성과 함께 교육적인 효과뿐만 아니라 치료적인 효과에 대해서 말해 주는 것이라고 할 수 있다. 심상기법은 심신의 이완상태에서 잠재의식을 활용하는 최면적 방법이라고 할 수 있는데, 지금까지 여러 분야에서 관련 프로그램이 개발되고 활발하게 활용되어 왔다(Gawain, 1982, 1995).

푸트(Foote, 1996)는 유도된 심상치료(guided-imagery therapy)를 소개하면서, 이것은 내담자의 내적 상상력을 통하여 정서적 갈등을 밝히고 해결하는 심리치료적 방법이라고 하였다. 이 과정에서 치료자는 내담자로 하여금 환상, 꿈, 명상, 그림 및 기타 상상을 창조하도록 유도하는 데 있어서 적극성을 발휘해야 한다고 했다. 그는 이 기법을 활용하여 치료적 성과를 거둔 선구자로 프로이트, 융, 에릭슨, 그리고 초월적인 심리치료법에 해당하는 정신통합치료법(psychosysthesis)을 창시한 이탈리아 출신의 정신과 의사인 아사기오리(Robert Assagioli)를 꼽았다.

아사기오리는 자신이 창시한 정신통합치료법에서 기존의 무의식은 저차원의 유전적이고 생물학적인 충동의 원천이기 때문에 인간의 고차원적인 의식세계를 설명할 수 없다고 하면서 초의식(superconscious)의 개념을 제시하고, 이는 이타적인 사랑, 직관이나 영감과 같은 것의 근원이 된다고 하였다.

대표적인 예로 1950년대 중반부터 소련은 세계적으로 신체적 정신적 수행능력을 높이기 위해서 활용되는 심상기법을 포함하여 초심리학 분야의 연구를 주도했다. 특히 심상기법은 구체적으로 심령적 자기규제(psychic self-regulation: PSR)라고 불리면서 발달되었다. 여기서 PSR이란 유기체가 스스로의 심령(정신)적 활동에 의하여 자신의 행동이나 반응에 대하여 행하는 의도적인 규제라고 정의할 수 있다. 구 소련의 연구자들은 정신훈련(mental training)과 정신연습(mental rehearsal)은 육체적 훈련이나 연습만큼이나 중요하다는 사실을 알았기 때문에 PSR 훈련을 통해 우주비행사, 볼쇼이 발레단, 체육인, 배우, 학생, 근로자들이 보다 나은 성과를 올릴 수 있도록 돕는 노력을 해 왔다(Pulos, 1990).

한편 심상은 초심리학(parapsychology)의 주된 연구대상이자 텔레파시와 같은 초감각적인 현상을 말하는 사이(psi) 현상과 관계가 있다. 이러한 사실은 라인(L. E. Rhine)이 수집한 1953년에서 1981년 사이에 이루어진 15,000여 건의 사이 현상에 대한 보고서를 통해 대부분의 사이 현상이 심상과 관련 있다는 점이 밝혀졌다.

또한 암시학(suggestology)의 창시자로 암시법을 활용하는 새로운 학습법인 슈퍼러닝(superlearning)을 개발한 불가리아의 로자노프(Georgi Lozanov) 박사도 사이 현상은 암시와 관련이 매우 크며 암시를 통해서 사이 능력을 기를 수 있다고 하였다. 그리고 그는 사이는 인간의 잠재력을 알 수 있는 수단이 된다고 믿었다(Pulos, 1990).

프라더(Prather, 1973)의 연구에 의하면, 심상훈련을 통해 착륙기술을 배운 훈련비행사들은 심상훈련을 받지 않은 비행사들보다 높은 능력을 발휘할 수 있었다.

한편 심상기법은 교육, 특히 인성교육, EQ교육의 차원에서도 의미 있게 활용될 수 있다. 위트머와 마이릭(Wittmer & Myrick, 1989)은 촉진적 교사가 학생지도에 심상기법과 함께 환상기법(fantasy)을 활용하는 다양한 방안에 대해서 소개하고 있다. 베글리와 헤스(Bagley & Hess, 1984)는 학교에서 교사들이 각 과목을 가르치면서 활용할 수 있는 구체적인 심상기법의 적용 프로그램 200가지를 소개하고 있고, 설기문(1998b)은 일반 교과목을 가르치는 교사들이 심상기법을 활용하여 수업을 하고 인성지도를 할 수 있는 원리와 관련 예를 들어 주고 있다. 또한 쉴링(Schilling, 1996a, 1996b)은 정서지능을 개발하는 활동 프로그램 속에 심상기법을 많이 적용시키고 있다.

심상기법은 참만남집단(encounter group)에서도 유용하게 활용된다. 특히 참만남활동의 선구적인 모형이라고 할 수 있는 고대 그리스의 에피다우루스(Epidaurus) 신전은 신체, 무의식, 꿈, 신비적 요소들에 초점을 두는 다양한 활동들이 실시되고 또 의약의 신인 애스클레피우스(Asclepius) 신전에서 잠을 자고 신이 보내 준 꿈을 적당히 꾸게 되면 신체의 병을 고칠 수 있다고 하였는데 이는 바로 고대로부터 무의식이나 최면, 심상이 유용하게 활용되었다는 좋은 예가 될 것 같다. 한편 참만남집단에서 흔히 사용되는 펠덴크라이스 연습(Feldenkrais exercise)은 심상을 활용함으로써 몸과 마음이 서로 연결되어 있음을 보여 주는 예이며, 참만남운동(encounter movement)을 주도했던 슈츠(William Schutz) 또한 심상기법의 일종인 유도된 백일몽(guided daydream)을 즐겨 활용했다(이형득 · 설기문, 1988).

⑤ 행동주의적 치료기법

한편 일반 상담이나 심리치료에서 심상의 원리나 기법을 활용하는 예로는 심리심상치료(psychoimagination therapy: Shorr, 1974), 자율훈련(autogenic training : Luthe, 1969), 인지적-행동치료(Meichenbaum, 1977), 내현적 조건현성(covert conditioning: Cautela, 1981), 직관적 심리치료(eidetic psychotherapy: Ahsen, 1965)를 비롯하여 특히 행동치료에서 널리 활용되는 내파치료(implosive therapy: Stampfl & Levis, 1967), 상호억제(reciprocal inhibition: Wolpe, 1958), 주장훈련(assertive training: Wolpe, 1958), 이완치료(Jacobson, 1938) 등을 꼽을 수 있다(Corsini, 1984). 특히 행동치료의 기법들 중에서 주장훈련기법, 체계적 탈감법(systematic desensitization), 정서적 심상법(emotive imagery), 자기지시(self-instruction), 홍수법(flooding) 등과 같은 것은 기본적인 최면 유도기법인 이완기법을 사용하면서 동시에 상상력을 최대로 동원함으로써 행동을 변화시키고자 한다는 공통점이 있다.

이 방법들은 근본적으로 내현적 행동과 외현적 행동 모두에 관심을 갖고, 이 두 가지는 균형을 이루며 상호작용하는 동등한 상태이며, 하나를 변화시키면 나머지도 영향을 받아 변화가 가능하다고 보았다. 따라서 치료자는 내현적 행동을 변화시킴으로써 외현적 행동을 변화시키고자 하는데, 이 과정에서 목표로 하는 내용을 시각화하여 심상을 떠올리게 하는 기법이 활용된다.

다음에는 비만한 자신의 체중을 줄이기 위하여 노력하는 내담자에게 심리심상기법을 적용시키는 예를 살펴보겠는데, 이를 보면 여기서 사용되는 방법이 최면기법과 얼마나 유사한지를 짐작할 수 있을 것이다(Corsini, 1984).

> 당신은 체중을 줄이는 데 도움이 되는 식이요법을 시작할 것입니다. 당신은 체중계 위로 올라가서 110kg이라는 숫자를 봅니다. 당신은 키를 고려했을 때 현재 70kg 수준을 유지해야 정상이라고 할 수 있습니다. 그러나 당신의 체중은 정상보다 약 40kg이 더 나간다고 할 수 있습니다. 이제 거대한 다이얼이 있는 체중계를 상상하십시오. 당신이 그 위에 올라서자마자 바늘은 이리저리 움직이기 시작하여 70을 지나고 80을 지나고 또 90을 지날 뿐만 아니라 이제 100도 지났습니다. 그리고 바늘이 계속 올라가서 드디어 110에서 멈추었습니다. 당신은 무척이나 실망한 표정을 지으면서 체중계에서 내려옵니다.
>
> 지금은 1년이 지났습니다. 당신이 다시 체중계 위에 올라서보니 이제는 체중이 70kg이 되었습니다. 당신은 드디어 목표를 달성했습니다. 당신은 자기통제를 통하여 1년 만에 40kg을 감량시키는 데 성공했습니다. 당신은 이제 거울을 봅니다. 당신은 날씬합니다. 당신은 스스로 해냈습니다. 약을 먹지도 않았고 다른 어떤 것의 도움을 받지도 않고 스스로 목표를 달성한 것입니다.

2. 최면과 최면 현상

모든 최면은 자기최면(Alman & Lambrou, 1992; Ousby, 1990)이라고 할 수 있다. 앞에서도 언급한 바와 마찬가지로, 우리가 일반적으로 최면이란 말을 사용할 때는 타인최면을 의미하지만, 자기최면이란 제삼자의 도움 없이 스스로 최면상태에 들어가는 것을 말한다. 그러나 타인최면의 경우라 하더라도 피최면자 스스로가 최면에 들어가겠다는 동기와 의지, 즉 자기최면적인 마음의 상태가 필요하다. 어떠한 최면이든 반드시 자기최면적인 상태가 전제되지 않고는 이루어질 수 없다고 보아야 할 것이다. 물론 기본적으로 최면이 가능하기 위해서는 피최면자의 자발적인 의지와 함께 최면사와 피최면자의 협조관계, 즉 래포(rapport)가 형성되어야 한다. 따라서 그러한 전제조건이 갖추어지지 않는 한 아무나 최면을 건다고 걸리는 것은 아니라는 사실을 알 필요가 있다.

한편 일상 생활 속에서 우리는 자기도 모르게 수많은 자기최면과 같은 상태를 경험하는데 그것이 어떤 상태를 의미하는지를 알면 최면을 제대로 이해하는 데 도움이 된다. 이제 최면과 최면 현상이 구체적으로 어떤 것인지를 살펴보기로 하자.

(1) 최면 현상의 특징

사실 최면에 대한 정의는 무수히 많아서 전문가마다 최면에 대한 정의가 다 다를 정도로 다양하다(〈글상자 1〉 참조). 그것은 마치 장님이 코끼리를 만지고 그것을 설명하는 방식이 모두 다른 것과 비슷하다고 할 수 있다(Alman & Lambrou, 1992). 그럼에도 불구하고 여기서는 최면에 대한 일반적인 개념과 정의를 근거로 최면 현상의 특성을 다음과 같이 몇 가지로 요약하여 설명하고자 한다.

① 피암시 상태

무엇보다도 최면이란 암시가 강력하게 작용하는 마음의 상태라고 할 수 있다. 일반적으로 최면이란 일상적 정상 상황에서보다 암시가 보다 더 강력하게 작용할 수 있는 마음의 상태를 의미한다. 최면에서는 의식의 비판작용이 억압되고 집중성이 높아지며 특정 사안에 대한 각성 정도가 고양된다. 이러한 고도의 집중과 각성상태에서 주어지는

글상자 1 **최면에 대한 전문가들의 정의**

- 최면이란 고양된 피암시 상태를 유도하기 위해 직접적이든 간접적이든 암시를 사용하는 것으로, 이때 마음의 비판적인 기능은 약해지며 주어진 암시에 대한 선택적 집중성이 높아진다(Dave Elman).
- 최면이란 잠재의식적 마음에 의해 지배되는 인식상태이다(Michael Preston, MD).
- 최면이란 주의집중의 초점을 좁히는 것이다(Milton Erickson).
- 최면이란 정상상태에서보다 암시가 더 강력하게 작용하는 마음의 상태이다(Brian M. Alman & Peter Lambrou, 1992, p. 7).
- 최면이란 피험자가 자기발전을 위한 생각을 무비판적으로 받아들이고 실행할 수 있는 고양된 피암시 상태이다(Melvin Powers, 1961, p. 11).
- 최면이란 피험자가 현실을 인식하면서도 유리감(遊離感)을 경험하는 강렬한 신체적, 정신적 이완상태이다(Elaine Sheehan, 1995, p. 3).
- 최면이란 백일몽의 상태이다(Cherith Powell & Greg Forde, 1995. p. 10).
- 최면은 연구자, 임상가, 또는 최면사가 한 개인에게 감각, 지각, 사고, 감정, 또는 행동에 있어서의 변화를 경험하도록 암시하는 절차이다(APA's Division of Psychological Hypnosis, 1993).

암시는 무의식의 마음에 직접 작용한다. 이때는 암시가 각성시보다 아주 잘 수용되고 강력한 힘으로 작용한다. 이러한 상태를 두고 학습심리학자인 힐가드는 "최면은 고도의 피암시(suggestibility) 상태"라고 하였다(Powell & Forde, 1996).

최면에서의 뛰어난 피암시 상태는 〈그림 1-1〉을 통해 잘 이해할 수 있을 것이다. 이 그림을 보면 먼저, 마음의 구성 요소들이 전체 뇌에 골고루 분산되어 있음을 알 수 있다. 그런데 평상시의 상태를 나타내는 그림 a에서는 오직 일부의 요소들만이 암시에 영향을 받고 있음을 볼 수 있다. 그러나 최면상태인 그림 b에서는 요소들이 모두 함께 집

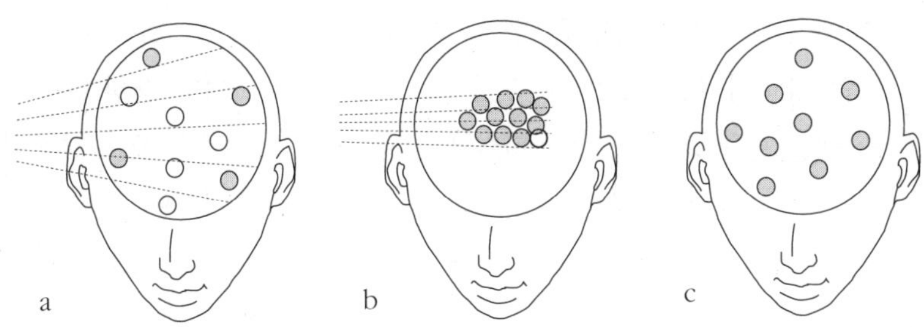

〈그림 1-1〉 최면에서의 피암시 상태를 보여 주는 그림
(출처 : Powell & Forde, 1996, p.15)

중되어 있으며 동시에 영향을 받고 있다. 그리고 마지막으로, 최면 후의 상태인 그림 c에서는 요소들이 한번 더 분산되지만 각 요소들이 암시받은 상태를 유지하고 있음을 나타내고 있다.

② 이완상태

최면은 몸과 마음이 최대로 이완된 상태라고 할 수 있다. 하루 중에서 몸과 마음이 가장 크게 이완되는 상태가 바로 수면의 상태이다. 그러나 수면상태에서는 의식도 같이 잠들기 때문에, 잠들기 직전의 상태처럼 의식은 깨어 있으면서도 몸과 마음이 최대로 이완된 상태인 최면과는 다르다. 사실 최면상태에서는 의식이 살아 있기 때문에 고도의 정신집중이 가능하며 주변 상황을 의식하고 기억할 수 있다. 이러한 점 때문에, 최면을 의미하는 hypnosis란 말을 처음으로 만든 스코틀랜드의 의사 브레이드(James Braid)는, 최면이란 변형된 의식상태로서 환자가 깊이 이완되면서 동시에 정신을 차리고 있는 상태라고 하였다(Powell & Forde, 1996). 이 상태에서는 무의식의 작용이 활성화되어 의식상태에서는 경험하지 못하는 현상들을 경험할 수 있다.

재론하지만 여기서 중요한 것은, 최면에서는 무의식상태가 된다고 하더라도 의식은 여전히 깨어 있다는 사실이다. 최면에 대한 가장 큰 오해 중의 하나가 바로 이 점이다. 즉 거의 대부분의 사람들은 최면에 걸리면 의식은 없어지기 때문에 최면 중에 무슨 일이 일어나고 또 어떤 행동을 하더라도 자신은 모를 것이라고 생각한다는 점이다. 만약 그것이 사실이라면 최면이란 눈을 감고 귀를 막은 채로 영화를 보는 것과 다를 바가 없을 것이다. 세상에 눈을 감고 귀를 막은 채로 영화를 볼 사람이 없듯이, 아무것도 모르는 가운데 최면이 이루어질 수는 없다. 다시 말해서 최면상태라 하더라도 의식은 깨어 있기 때문에 마치 사람들이 영화관에서 옆사람과 얘기를 하면서 영화를 보듯이 최면상태에서 일어나는 일들을 의식하고 기억할 수 있다.

일반적으로 정신분석학에서는 의식은 빙산의 일각이라고 하는데 그러한 빙산의 모습이 최면에서는 어떻게 되는지 〈그림 1-2〉를 통해서 알아보자.

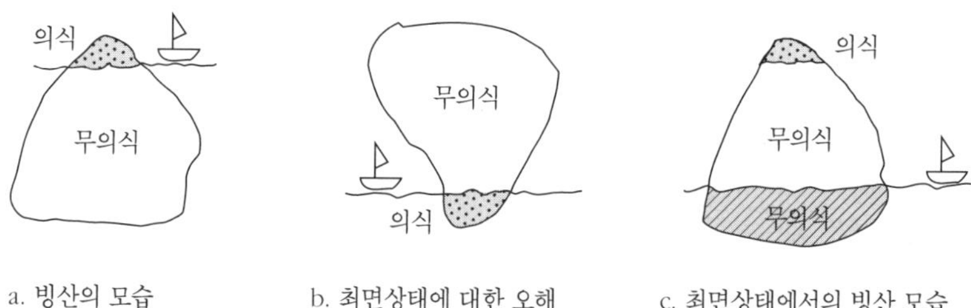

〈그림 1-2〉 빙산으로 설명한 의식과 무의식의 세계

〈그림 1-2〉에서 수면 위로 솟아오른 부분을 의식이라고 한다면 수면 밑에 있는 더 큰 부분은 무의식이라고 할 수 있다. 그런데 일반 사람들이 생각하는 최면의 상태는 그림 b와 같이 무의식이 올라오되 의식은 물 밑으로 내려가는 상태이다. 그러나 이러한 상태는 잠자는 상태이다. 즉 잠의 상태에서는 의식이 물 밑으로 내려가므로 현실세계를 인식하지 못한다. 그래서 잠을 자는 동안에는 전화가 와도 듣지 못하고 도둑이 들어와도 알지 못하는 것이다.

최면의 상태는 오히려 그림 b가 아닌 그림 c와 같다고 해야 할 것이다. 즉 의식은 깨어 있으면서도 무의식이 노출된다. 그래서 의식은 무의식의 세계를 인식할 수 있다. 그러므로 최면은 의식과 무의식이 공존하는 상태라고 할 수 있다. 그래서 우리는 최면상태에서 무의식적 경험 내용을 그대로 의식할 수 있으며 또 기억할 수 있는 것이다.

③ 집중상태

최면은 고도의 집중상태이다. 미국의 소아과 의사인 올니스(Olness, 1993) 박사는 그러한 고도의 집중상태를 유지하는 최면을 통하여 무통 수술을 받았던 경험을 소개한 바 있다. 다음에 그의 보고를 인용해보자.

> 1987년, 스키 사고로 엄지손가락을 다쳤을 때 나는 마취제를 사용하지 않고 자기최면법을 사용하여 손가락 수술을 받기로 결심하였다. 담당의사는 그러한 나의 결심을 잘 받아들이지 못하였지만, 비상시를 대비하여 마취제를 준비해 놓는다는 조건하에 나의 뜻을 따르기로 하였다. 나의 손가락 부상은 20여 년 동안 환자와 보건 전문가들에게 가르치고 연구하였던 전문 최면지식을 나 개인을 치료하는 일에 적용해 볼 수 있는 절호의 기회로 인식되었다.
>
> 자기최면의 요체는 고도의 집중상태를 유지하는 것이다. 수술대 위에서 나는 스스로 깊은 이완상태를 유도하였다. 그리고는 과거 시골에서 살았던 어린 시절의 기분 좋았던 기억을 떠올리고 그것에 마음을 집중하였다. 마음에서는 지금 마치 풀밭에 누워서 하늘을 바라보고 있는 것 같았다.
>
> 수술이 진행되는 동안, 나는 스스로에게 고통을 느끼지 않는다고 확신시켰다. 그리고 나는 계속해서 농장의 행복했던 장면들을 떠올리고 마음을 편안하게 유지하였다. 나는 비록 수술이 진행되는 과정을 모두 다 의식할 수 있었지만 그것에 마음을 주지는 않았다. 이러한 전체 과정은 모두 비디오로 녹화되었다. 드디어 약 45분간의 수술이 끝났고, 나는 마치 별일 없었다는 듯이 수술실에서 나와서 친구와 점심식사를 할 수 있었다. 아주 기분이 좋았다!(p.277)

사람들은 일상 생활 속에서 무의식중에 최면과 같은 트랜스 상태를 많이 경험하지만 그것이 최면상태와 유사하다는 것을 잘 인식하지 못한다. 예를 들면, 어떤 일에 집중하거나 몰두할 때 우리는 옆에서 누가 말을 걸어오거나 심지어 전화벨이 울려도 알지를 못한다. 이는 바로 최면과 유사한 상태에 있었기 때문이라고 말할 수 있다. 재미있는 TV 프로그램을 시청하거나 라디오를 들을 때, 또는 소설을 읽을 때는 그 일에 '정신이 빠져서' 다른 일은 의식하지 못하는 것이다. 결국 무의식적인 상태에서 어떤 일을 한다고 말할 수 있다. 우리는 이처럼 무의식적으로 무엇을 하는 최면상태와 같은 경험을 무수히 많이 하면서 살아간다고 할 수 있다.

운전을 처음 배우는 사람이나 초보운전자들은 운전을 할 때 극도로 조심을 한다. 기계를 작동시킬 때마다 하나하나 미리 생각을 하고 자기가 제대로 하고 있는지를 불안한 마음으로 점검하면서 운전을 하게 된다. 그러다 보면 운전하기가 몹시 어렵고 두렵게 느껴진다. 그러므로 그런 운전자의 차가 운행되는 모습을 보면 서툴 뿐만 아니라 속도도 느림을 알 수 있다. 그런 현상은 특히 차선을 변경하거나 운전중에 어떤 변화상황이 나타날 때 더욱 잘 나타난다. 그러나 운전경력이 쌓이다 보면 운전이 자연스럽게 이루어진다. 초보 시절에는 전혀 불가능할 것같이 생각되던 일들이 차의 흔들림이나 불안한 마음을 전혀 느끼지 않는 상태에서 이루어질 수 있는 것이다. 무의식적으로 핸들을 돌리고, 방향전환을 하고, 라디오를 켜고, 심지어는 옆사람과 얘기도 나누면서 목적지를 향해 갈 수 있는 것이다. 이것은 일종의 자동화된 운전기술이 무의식적으로 나타나는 현상으로 설명할 수 있는데, 결국은 최면상태를 이해하는 데 도움이 된다.

(2) 트랜스 상태

사실 앞에서 언급한 경험들은 엄격한 의미에서 최면이라기보다는 '최면과 같은 트랜스 상태'(hypnotic-like trace state)라고 할 수 있다. 트랜스란 우리말에서 몽환이라고 말하는 멍하고 몽롱한 상태, 흔히 비몽사몽이라고 표현하는 상태를 말하는데, 이것은 최면과 거의 비슷하

〈그림 1-3〉 트랜스 상태를 유도하는 최면원반 (Hypnodisc)

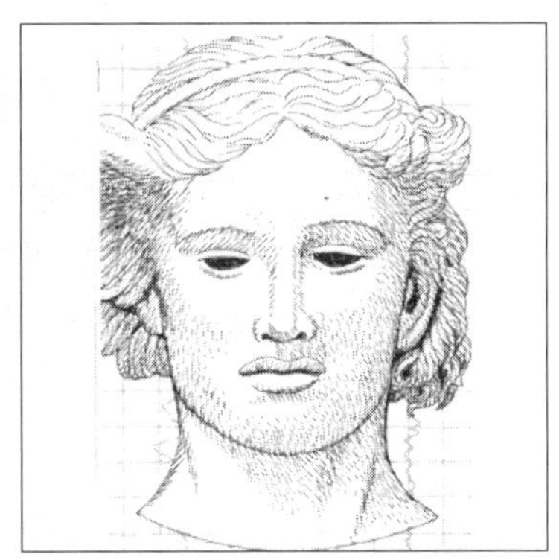

〈그림 1-4〉힙프노스(잠의 신)

면서도 차이가 있다. 그 차이는 구체적인 동기와 특정 목표 성취를 위한 암시라는 두 가지에서 나타난다(Alman & Lambrou, 1992).

즉 최면은 최면에 걸리겠다는 동기가 있는 상태에서 특정의 목표 달성을 위하여 암시를 적용하는 상태라고 말할 수 있다. 그렇다면 최면은 바라는 결과를 성취하도록 트랜스 상태를 활용하는 역할을 한다고 할 수 있다. 즉 최면이 되기 위해서는 기본적으로 트랜스 상태가 되어야 하며 이 트랜스 상태에서 최면적 경험이나 치료가 이루어진다고 볼 수 있다.

고속도로를 운전하고 가다 보면 졸음이 오는 것을 경험하는 일이 많다. 그래서 사고가 나기도 하는데, 이 졸음운전은 대표적인 최면 현상의 또 다른 예이다. 즉 곧은 고속도로를 일정한 속도로 달리다 보면 운전은 일종의 무의식상태에서 자동적으로 이루어지면서 정신은 혼미해지고 트랜스 상태에 빠지기 때문에 졸음상태로 연결된다.

결국 최면이란 잠들기 직전의 상태와 같다고도 할 수가 있다. 잠들기 직전의 우리의 몸은 최대로 이완된다. 그리고 마음도 마찬가지이다. 그래서 몸이 피로하거나 걱정, 근심이 있는 사람은 잠을 자버림으로써 그것에서 벗어나고자 하게 된다. 반면에 너무 피곤하거나 걱정, 근심이 지나치게 크면 오히려 잠이 오지 않게 되고 불면증에 시달리게 되는 것이다.

그런데 우리가 만약 '잠들기 직전의 상태'에서 잠으로 바로 빠져들지 않고 몸과 마음의 이완상태를 충분히 느낄 수 있다면 얼마나 좋을까? 일반적으로는 이 시간은 곧바로 잠으로 연결되어 버리기 때문에 아주 짧지만, 최면상태는 바로 이러한 상태를 인위적으로 최대한 연장한 것이라고 할 수 있다. 잠이 들어버리면 의식이 사라지는 무의식상태가 된다.

잠들기 직전의 상태를 연장하면서 충분한 이완상태를 경험하되 잠의 세계에서 등장하는 무의식을 경험하면서 의식은 깨어 있는 상태가 바로 최면상태라고 할 수가 있다. 그래서 영어에서 최면에 해당하는 단어 hypnosis는 곧 "잠"을 의미하는 그리스어, 힙프노스(hypnos)에서 시작되었다고 하니 일리가 있는 것으로 여겨진다. 힙프노스는 〈그림 1-4〉와 같은 그리스의 잠의 신의 이름으로 알려져 있다.

(3) 최면상태의 뇌파 변화

일반적으로 일상 생활을 할 때는 인간의 뇌에서 베타(β)파가 방출된다. 그러나 잠들기 직전의 상태에서는 알파(α)파가 방출되는데 이것은 최면상태에서도 마찬가지이다. 최면상태에서는 이처럼 뇌파의 변화가 생기는데 이러한 면을 과학적으로 밝히고자 하는 연구가 1970년대 초 미국에서 있었다. 그들은 최면시에 일어나는 뇌의 전기적 변화를 측정하고자 노력하였다. 그 결과 최면상태에서는 뇌파에 변화가 일어나고 그로 인해 신경조직의 화학성분에 변화가 발생한다는 사실이 뇌전도(腦電圖, electrtoencephalogram : EEG)를 통해 밝혀졌다(Powell & Forde, 1995). 〈그림 1-5〉는 일상의 각성상태와는 다른 최면시의 뇌파상태를 잘 보여주고 있다.

스탠포드 대학교의 정신과 의사인 스피겔(H. Spiegel) 박사는 피험자들이 TV 스크린을 바라볼 때 일어나는 뇌파의 변화상태를 EEG를 통해 측정하였다(Powell & Forde, 1995). 실제로 그들이 TV를 시청할

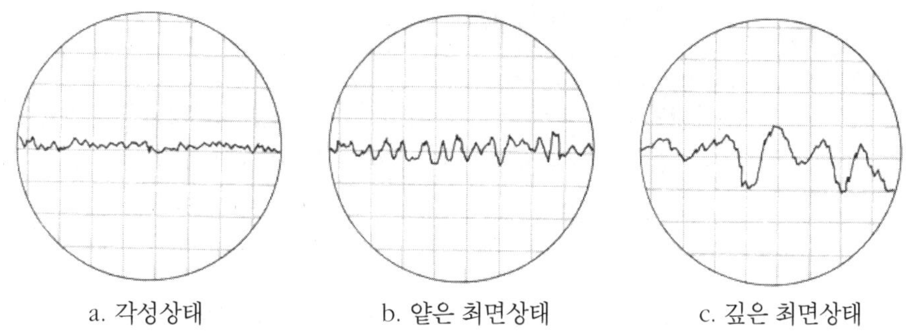

〈그림 1-5〉 각성상태와 최면상태의 뇌파 차이

출처 : Powell & Forde, 1995, p.14

때는 뇌파가 심하게 반응하는 것으로 나타났다. 연구자들은 그들에게 최면상태를 유도하고 TV 스크린 앞에 장애물이 있어서 스크린을 막고 있다고 상상하게 하였다. 그 결과 실제로 스크린 앞에 장애물이 놓여 있는 듯이 피험자의 뇌파가 급격히 떨어지는 변화를 보이는 것을 확인할 수 있었다.

스피겔은 또 다른 연구를 통하여 최면상태의 피험자에게 전기충격을 가하고 그로 인한 뇌파의 변화를 관찰하였다. 그 결과 실제의 물리적인 충격에 비하여 훨씬 미약한 반응이 뇌파를 통해 감지되는 것을 확인할 수 있었다. 따라서 최면이 고통을 통제하거나 무통치료를 위한 수단이 될 수 있음을 과학적으로 밝히기도 하였다.

한편 최면뿐만 아니라 명상이나 참선, 단전호흡, 요가를 할 때와 같이 고도로 정신집중을 한 상태 또는 기도를 할 때도 알파파가 발생한다. 알파상태에서는 무의식이나 잠재의식이 활성화되는데, 이것은 과거의 기억들을 저장하고 있다. 그래서 최면상태에서는 과거의 기억들을 쉽게 떠올릴 수 있게 되고 최면사의 암시에 따라 또는 그것과 상관없이도 다양한 환각 현상을 경험할 수가 있다. 이러한 현상을 심리학에서는 변형된 의식상태(altered states of consciousness)라고 부르는데, 대표적인 예가 마약을 복용한 상태라고 한다.

(4) 초월심리학과 최면

심리학에서 특히 변형된 의식상태와 같은 주제를 주로 다루는 분야 또는 학파가 있는데 그것은 초개인심리학 또는 초월심리학이라고 불린다. 그리고 초월심리학과 비슷한 의미로 사용되는 분야로서, 초상(超常)적인 경험의 세계를 주로 다루는 초심리학(parapsychology), 심령 현상에 주로 초점을 두고 다루는 심령과학도 있지만 여기서는 초월심리학의 입장에서만 논하고자 한다.

초월심리학에서는 특히 동양의 종교나 철학의 가치를 인정하고 일반적인 과학적 심리학에서는 연구되지 않는 동양적, 신비적 정신 현상과 같은 초월적 심리 현상들을 주된 연구대상으로 삼는다. 그래서 명상이나 참선, 요가와 같은 정신수련의 원리나 방법들을 중시하고 그것을 통해 고양되는 인간의 또 다른 의식상태, 즉 변형된 의식상태에 관심을 갖는다(설기문, 1994).

이처럼 변형된 의식상태에서는 다양한 초월적인 경험이 가능하고 또 심리치료 및 신체치료적인 효과가 나타난다는 점을 인식한 초월심리학자들은 초월적 치료와 상담이라는 분야를 개척하여 일반 치료 및 상담이 제대로 접근하지 못하는 부분을 치료하고 상담함으로써 효과를 거두었다. 결국 최면은 그러한 변형된 의식상태 현상의 하나이며 초월심리학에서 다루고자 하는 주제와도 연결되는 것이라고 할 수 있다(Neher, 1990; Scotton, Chinen & Battista, 1996; Tart, 1975).

(5) 최면 현상에 대한 과학적 연구

에릭슨을 비롯한 최면전문가들이 현대적인 임상최면법을 개발하는 동안에 다른 과학자들은 최면암시 현상에 대해 이론적으로 그리고 실험적으로 설명하기 위한 노력을 하였고 그 결과 상당한 성과를 거두었다. 특히 1935년에 예일 대학교 의과대학의 부어(Harold Burr) 박사는 「전기역학적 생명이론」(The electrodynamic theory of life)이라는 논문에서 자신이 수행한 실험에 근거하여 모든 생명체에는 본질적으로 전기자기장(electromagnetic field)이 있다고 주장하였다. 그리고 임피던스 전압계(impedance voltmeter)를 활용하여 씨앗, 나무, 인간의 자기장을 측정해 보였다. 그는 30여 년 동안 L-장(L-fields)이라고 부른 생명장(fields of life)의 존재를 확인하였을 뿐만 아니라 생리적 심리적 변화에 따른 장의 요동 현상을 측정할 수 있었다. 한 예로서 그는 여성의 L-장을 관찰하면서 매달 발생하는 배란에 따른 장 요동 현상을 측정하였다.

그 외에도 그는 여러 실험을 통해서 인체 내에서 작용하는 생명장의 현상과 신체적 변화에 따른 생명장의 변화 현상을 측정할 수 있었다. 특히 1948년 4월 24일에 부어 박사의 동료인 같은 대학의 라비츠(Leonard J. Ravitz) 박사는 L-장을 통해 최면의 효과를 확인할 수 있었다. 그는 최면암시를 받고 있는 피험자의 전기자장(electromagnetic fields)이 어떻게 변화하는지를 기록하였다. 부어 박사의 생체전기장 연구에 기초한 라비츠 박사의 연구는 현대 물리학 분야에 최면 트랜스의 깊이를 측정할 수 있는 방법을 제시해 주었고, 현대 임상최면의 시대를 개막하는 데 도움을 주었다.

이로써 최면과 인간의 생체전기적 장과의 관련성이 경험적으로 밝혀지게 되었다. 아울러 추가적인 연구를 통하여 상처가 치료될 때, 정신분열증적 상황에 있을 때, 불안이나 스트레스 상황, 궤양과 같은 보편적인 질병의 상태에서 신체의 생체전기적 장이 변한다는 사실을 밝혀냈다. 결국 신체와 마음은 생체전기장과 밀접하게 관련되어 있음을 알 수 있다(Pulos, 1990).

3. 최면감수성과 최면의 개인차

최면 현상과 피최면 정도가 누구에게나 똑같이 일어나는 것은 아니다. 즉 그것은 개인에 따라 생물학적으로 타고난 체질과 같은 것이라고 할 수 있는 최면감수성을 비롯하여 현재 자신이 처해 있는 물리적 · 심리적 환경, 최면 당시의 심리적 상태와 주변 환경, 최면에 대한 태도, 최면사와의 관계에 따라서 얼마든지 달라질 수 있다.

최면에 대한 학문적인 연구가 제대로 이루어지기 전에는 최면사가 환자 또는 내담자에게 어떤 힘을 전달해 줌으로써 최면이 이루어진다는 최면사 중심의 최면관이 지배하였다. 이 입장에 따르면 최면에 잘 걸리고 안 걸리고의 문제는 내담자와는 상관 없이 최면사의 능력에 달렸다는 논리가 성립한다.

그러나 1960년대를 전후한 시기에 미국에서 최면에 대한 본격적인 연구가 이루어지면서 최면에 걸리는 것은 최면사의 힘이 아니라 내담자의 특성에 따라 다를 수 있다는 생각이 확립되었다(변영돈, 1998). 즉 개인마다 최면에 잘 걸릴 수 있는 능력이나 성향을 다르게 갖고 있기 때문에 개인에 따라 최면에 잘 걸릴 수도 있고 그렇지 않을 수도 있다는 것이다.

스피겔 형제(Spiegel and Spiegel, 1978)가 만든 최면측정 도구의 일종인 HIP(Hypnotic Induction Profile)에 의하면 최면에 아주 잘 걸리는 성향이 있는 오직 5~15% 정도의 사람들만이 무대최면의 피험자가 될 수 있다(Fisher, 1991). 다시 말해서 쇼나 흥행을 목적으로 하는 무대최면에 등장하는 피험자들은 일부 최면에 잘 걸리는 사람들 중에서 선별되는데 최면사는 특별히 최면감수성이 높은 사람들을 골라 내어 최면을 거는 것이다. 그러나 그 같은 내용을 잘 모르는 일반인들은 무대 위에서 시범을 보이는 피험자처럼 누구나 쉽게 최면에 걸리고 최면경험을 하는 것으로 오해를 한다.

그런데 실제로 65% 정도의 대부분의 사람들은 중간 정도의 최면 능력을 갖고 있다. 그리고 최상위에 해당하는 소수의 사람들만이 깊이 있는 최면 경험을 하면서 완전한 연령퇴행을 할 수 있고 그들만이 과거의 일을 현재 벌어지고 있는 실제의 일처럼 경험할 수 있다. 그렇다고 해서 그들이 다른 사람들에 비해 치료효과가 더 크다는 것은 아니다. 다시 말해서 최면에 잘 걸린다는 것과 치료효과의 정도는 별로 관계가 없다. 최면검사에서 점수가 높다는 것은 최면 능력이 있다는 것을 말하지만, 그것은 보다 쉽게 최면에 걸리고 최면 속에서 최면 경험을 잘 할 수 있다는 것을 나타낼 뿐 최면의 효과와는 별로 관계가 없음을 명심할 필요가 있다.

(1) 최면감수성의 개념

사실 최면 능력은 연령과 같은 개인적인 특성에 따라 변화 및 발달을 하며 유전적 요소 또한 개입되기 때문에 최면 능력에는 연령차나 개인차가 있음이 틀림없다. 따라서 그러한 개인차를 충분히 고려하여 최면 유도를 해야 치료적 효과를 제대로 얻을 수 있게 된다. 이러한 논의는 곧바로 최면민감성 또는 최면감수성(hypnotic susceptibility)의 문제와 연결된다. 최면감수성이란 한 내담자가 최면에 걸릴 수 있는 성향이 얼마나 높은가를 나타내는 피암시성(suggestibility)의 정도를 말해주는 개념이다.

물론 엄밀하게 따져서 최면감수성의 개념과 피암시성의 개념은 서로 구별될 수 있다. 즉 피암시성은 내부 또는 외부로부터 투입되는 자극들을 암시로 받아들이는 경향성으로서 피암시성이 높을수록 최면에 쉽게 들어갈 수 있다는 사실을 뜻한다. 그러나 최면감수성은 피암시성의 증가로 인해 나타나는 최면의 민감도로서 개인이 주어진 암시에 반응하는 정도를 말한다. 결국 개인이 갖고 있는 최면감수성을 통해서 그의 최면 능력을 비교할 수 있다.

그런데 25년간 추적 조사한 어느 연구 결과에 따르면 최면감수성은 지능지수(IQ)보다 훨씬 신뢰성 있는 지수임이 밝혀져 화제가 된 적이 있다. 즉 최면감수성이 높으면 상상력이 풍부하며 매사에 사려 깊고 직관적이어서 의도적으로 어떤 일에 집중해 창조적인 성과를 거둘 수 있다는 것이다(한국경제신문, 1998. 11. 3). 따라서 최면감수성의 개념을 받아들인다면, 누구나 최면에 걸릴 수는 있다 하더라도 최면감수성이 높은 사람이 더 쉽고 빠르게 걸린다는 것을 이해하게 된다.

연구가들은 최면감수성의 개념을 다른 성격특성과 같은 것으로 본다. 그것이 생득적이든 학습에 의한 것이든 상관 없이 개인에 따라 최면에 대한 능력이 다르다는 것은 사실이며 그 능력은 비교적 안정적인 경향이 있다. 그래서 최면 유도에 잘 반응하지 않는 사람은 최면피험자로서는 적절하지 못하다고 할 수 있다. 개인의 최면감수성 및 최면능력에 대한 이러한 사실은 많은 연구들에서 밝혀지고 있다.

결국 우리는 임상 장면에서 누구나 똑같이 최면에 걸리는 것이 아니고 개인차가 있기 때문에 최면치료가 이루어지는 시간이나 효과도 차이가 날 수 있다는 점을 받아들일 필요가 있다. 따라서 최면치료자나 상담자는 내담자의 최면감수성을 고려하고 그 감수성에 따라 대처하는 것을 최면치료 및 상담에 있어서 제일차적인 전략으로 삼아야 할 것이다.

(2) 최면감수성 관련 연구

최면감수성에 대한 연구는 제임스(Willam James)와 프로이트 이래로 많은 심리학자와 의사들이 계속 연구해 왔다(Plotnik, 1999). 그러나 특히 최면감수성의 주제는 힐가드 부부가 심도 깊게 연구하였다(Weiten, 1986).

최면감수성은 유전적이라는 견해도 있다(Morgan, 1973). 최면에 잘 걸리느냐 하는 문제는 피험자의 최면감수성 수준과도 관련 있지만 최면사가 어떤 사람인가와 관련한 변인도 중요한 것으로 지적되고 있다(McConkey & Sheehan, 1976). 즉 최면사의 지위, 감수성, 지명도와 친숙성, 경험 등의 요소가 최면 유도에 영향을 미친다고 할 수 있다.

관념적인 사람이 운동적인 사람보다 최면에 유리하다. 물론 근육을 많이 사용하는 사람도 최면에 잘 걸리는 것이 사실이다. 깊이 몰입할 수 있는 주관적인 경험을 즐기는 사람일수록 최면에 잘 걸린다. 그런 사람은 새로운 경험을 추구하며 그래서 기꺼이 최면에 걸려 보고 싶어 하는 특징이 있다. 또한 운동적인 활동보다 마음의 세계에 더 관심이 많다(Hilgard, Atkinson, & Atkinson, 1971).

특히 어린 시절의 경험이 최면감수성과 밀접한 관련이 있다(Hilgard, 1970). 독서, 음악, 종교 분야에 깊이 관여하고 또 자연을 즐기는 부모 밑에서 자란 사람은 상상력이 풍부하며 최면에 잘 걸리는 경향이 있다. 또한 어릴 때 심한 벌을 받았던 사람도 최면에 잘 걸린다. 왜냐하면 벌받은 경험은 첫째, 자동적이고 무조건적인 복종의 태도와 습관을 몸에 배게 하고 둘째, 상상의 세계로 빠져듦으로써 고통으로부터 탈출할 수 있게 하기 때문이다. 그래서 그런 사람은 일찍부터 최면에 도움이 되는 분리의 경험을 실습했다고 볼 수 있다.

베이트스(Bates, 1994)에 따르면 미국의 대학생들을 대상으로 최면감수성 정도를 조사한 결과 30% 정도의 대학생은 고최면감수성 수준에 해당하고, 30% 정도는 중간 정도에 해당하며, 나머지 40%는 저최면감수성 수준에 해당하였다.

지금까지 국내에서 최면감수성에 대하여 이루어진 연구는 변영돈(1998)과 배선영(1998)을 꼽을 수 있다. 특히 변영돈(1998)은 최면감수성 분야의 대표적인 검사인 하버드 최면감수성 집단척도(Harvard Group Scale of Hypnotic Susceptibility : HGSHS, Shor & Orne, 1962)를 번안하였다. 그는 정신과 의사로서 최면에서의 전생기억 생성에 관한 실험적 연구를 하면서 최면감수성 정도에 따라 전생기억 생성률이 얼마나 차이가 나는지를 밝히고자 하였다. 이 과정에서 피험자들의 최면감수성을 측정하여 감수성 '높음, 중간, 낮음' 집단으로 분류하여 세 집단 간의 전생기억 생성률의 차이를 알아보았다. 그러나 그는 최면감수성을 매개변인으로만 활용하였을 뿐, 최면감수성 자체를 독립변인이나 종속변인으로 삼아서 최면감수성의 성격이나 특징을 규명하지는 않았다.

배선영(1998)은 심리-상담-교육 분야에서 처음으로 HGSHS를 활용하여 고등학생들의 최면감수성을 조사하였다. 즉 변영돈(1998)의 연구와는 달리 최면감수성 자체의 특성을 밝히고자 하는 조사연구를 하였다. 여기서 그는 남녀 고등학생 270명을 대상으로 성별, 외 · 내향성,

지적 효율성 및 종교의 유무에 따른 최면감수성의 차이를 알아보았다.

최면감수성과 관련된 변인들로는 여러 가지를 들 수 있다. 그 중에서도 중요한 것은 앞에서 언급된 성별, 외-내향성, 지적 효율성 및 종교의 유무라고 할 수 있다. 고등학교 2학년 학생을 대상으로 한 이 연구에서는 여자가 남자보다 최면감수성이 높으며 외향성 및 내향성, 그리고 지적 효율성에 따른 최면감수성의 차이는 없고 종교를 가진 사람이 무종교의 경우보다 최면감수성이 높은 것으로 나타났다.

개인의 특성에 따른 최면감수성의 차이 때문에 최면사는 최면 유도 전에 내담자의 특징을 미리 파악해 두는 것이 좋다. 실제로 내담자가 최면에 반응하는 것은 최면사의 최면 유도 능력이 아니라 내담자의 최면감수성이 중요한 결정을 하게 된다는 사실을 염두에 둘 때 최면에 대한 개인차는 충분히 고려할 가치가 있음을 알 수 있다.

최면의 개인차에 대한 실증적 연구 결과의 예로서 먼저 꼽을 수 있는 것은 힐가드(Hilgard, 1965)가 실시한 조사이다. 이 조사에서는 533명을 대상으로 스탠포드 최면감수성검사를 실시하였는데, 피험자의 5~10%는 최면에 대한 반응이 전혀 없었으나 약 15%는 매우 깊은 최면반응을 보여 주었고, 나머지는 매우 다양한 최면 가능성을 보였다는 사실이 밝혀졌다. 물론 이러한 결과가 모든 조사와 임상실제에서 똑같이 나타난다고 볼 수 없지만 대체적으로 최면의 개인차를 짐작할 수 있는 좋은 예가 될 수 있다.

(3) 최면감수성의 관련 변인

최면감수성은 한 개인에게는 어느 정도 일정한 것으로 알려져 있다. 연령, 상황에 따라 일시적 변화는 있으나 기본적으로는 한 개인의 유전자 속에 프로그램으로 내장되어 있는 것 같다(변영돈, 1998). 그러나 이러한 최면감수성에도 어느 정도 연습의 효과가 작용하는 것으로 보인다(류한평, 1984). 그러므로 몇 번의 연습을 통해 개인의 최면감수성을 증진시키는 것은 가능하다고 할 수 있다.

이제 최면감수성과 관련한 변인들에 대해서 살펴보자. 일반적으로 최면감수성의 관련 변인은 다양하지만 여기서는 성별, 성격, 지적 효율성의 세 가지의 조건과 최면감수성에 대해 살펴보고자 한다.

① 연 령

거의 모든 문헌에서는 어린이, 특히 7세에서 9세까지의 연령에 속하는 어린이가 최면에 가장 잘 걸리는 경향이 있는 것으로 나타나고 있다. 왜냐하면 이들에게는 활발한 상상 능력이 있고 또 지시에 잘 순응하고자 하는 의지가 있기 때문이다(Baranowski, 1998).

최면에 대한 어린이의 반응성이 높다는 특성과 함께 일반적으로 나이가 어리고 젊을수록 최면감수성이 높다는 점은 거의 상식적인 것으로 알려져 있다. 실제로 최면에 대한 민감성은 아동기에 발달하기 시작하여 점차적으로 감소하는 경향이 있으며 시간의 경과에 따라 비교적 안정적인 것으로 알려져 왔다.

그러나 다이아몬드(Diamond, 1972)는 최면 가능성이 아동기에 증가하여 초기 청년기 동안 최고에 도달한 다음 연령의 증가와 함께 점차로 감소한다고 하였다. 한편 힐가드(Hilgard, 1975)와 모간(Morgan, 1973)은 일란성 쌍둥이 간의 최면민감성이 이란성 쌍둥이 간의 최면민감성보다 더욱 유사하다고 밝힘으로써 최면 가능성에는 유전적 요소가 가미될 것이라는 점을 시사하였다.

하버드 대학교 의과대학에서 발표하는 「health letter」에 따르면 최면상태는 집중력이 매우 강화된 상태에서 신체적으로는 이완되고 해리능력이 증가되어 있는 상태인데 최면에 대한 민감성은 5~10세에 가장 높으며 청소년기를 거쳐 감소하며 20대 초반에 이르면 어느 정도 고정된다(한국경제신문, 1998. 11. 3). 류한평(1984)에 따르면 특히 7~14세에 최면 피암시성이 가장 높고 20세가 지나면 조금씩 떨어지는 경향이 있다.

② 성 별

성별에 따른 최면감수성에 대해서 일본의 후지모토 마사오(藤本正雄)는 남성보다는 여성이 최면감수성이 강하고 또 최면에 걸리기 쉬운 경향이 크다고 하였다(홍영의, 1995). 류한평(1984) 역시 여성이 남성보다 최면에 걸리기 쉽다고 함으로써 최면감수성에 남녀 차이가 있음을 지적하였다. 이러한 결과는 배선영(1998)의 연구에서도 마찬가지로 나타났다.

그러나 이상과 같은 동양권의 연구 결과와는 달리 서양의 연구 결과는 남녀 차이가 없는 것으로 나타나는 경향이 있다. 즉 스피겔(Spiegel, 1988)은 최면감수성은 남자와 여자간의 성에 따른 차이가 없다고 하였고 리와 올니스(Lee & Olness 1996)도 최면과 관련있는 심상(mental imagery) 떠올리기 실험에서 성별에 따른 차이가 없음을 밝혔다. 그 외에도 고클리, 우드 그리고 모우리노(Gokli, Wood & Mourino, 1994)는 최면상태에서 보이는 행동과 맥박률과의 상관을 조사한 연구에서 성별간의 차이가 없음을 확인하였다. 이렇게 볼 때 최면감수성의 남녀 차이는 동서양에 따라 서로 다른 것 같으나 좀더 정밀한 연구가 필요한 것으로 보인다.

③ 성 격

성격변인 중에서 대표적인 것이 내 · 외향성변인이라고 할 수 있다. 내 · 외향성의 경우에 대해서 살펴보면, 먼저 파우와 윌콕스(Faw & Wilcox, 1958)는 성격요인과 최면감수성과의 관계 연구에서 신경증 정도가 높은 경우에는 내향적인 성격의 사람이 최면에 더욱 민감하게 반응하며, 신경증 정도가 낮은 경우에는 외향적인 사람이 최면에 더 민감하다는 사실을 밝혔다.

그러나 스타크(Stark, 1993)는 최면 가능성과 관련한 일반적인 성격특성이 별도로 없으며 성, 내 · 외향성의 성격특성 또한 최면 가능성과 관련이 없다고 하였다. 이와 마찬가지로 파스칼리와 임페리얼리(Pascalis & Imperiali, 1984)도 외 · 내향성 척도의 점수와 피암시성 정도 간에는 상관이 없다고 하였으며, 배선영(1998)의 연구에서도 외 · 내향성과 최면감수성은 상관이 없었다.

이상과 같이 볼 때 외 · 내향성의 성격특성과 최면감수성과의 관계에 대해서는 일관된 결과가 제시되지 않음을 알 수 있다. 따라서 이 문제에 대한 추가적인 연구의 필요성이 제기된다.

④ 지적 효율성

지적 효율성과 최면감수성과의 관련성에 대해서 살펴보면, 싱과 굿존슨(Singh & Gudjonsson, 1982)은 청소년들을 대상으로 한 연구에서 피암시성은 지능 수준과 부적 상관이 있다고 하였고, 굿존슨(Gudjonsson, 1983)은 피암시성이 낮은 지능과 관련이 있다고 하였다. 이러한 연구 결과를 종합하면 최면감수성은 지능과 부적 상관이 있음을 알 수 있다. 그러나 후지모토 마사오(藤本正雄)는 최면은 암시를 이해할 수 있는 정도의 지능 수준을 갖춘 사람에게 해당하며, 지능이 낮은 사람보다 지능이 뛰어난 사람일수록 최면에 걸리기 쉬운 경향이 있다고 하였다(홍영의, 1995).

(4) 자발성과 최면감수성

자발성이란 내담자가 최면에 대해 관심을 갖고 최면에 걸리고자 하는 의도와 동기를 갖고 있느냐 하는 점을 말해 준다. 다시 말해서 자발성이 있는 내담자는 최면에 대한 관심과 호기심을 가지며 최면 경험을 해 보고 싶어할 뿐만 아니라 최면을 통해서 도움을 얻을 수 있다고 기대를 한다.

이러한 동기와 기대는 자발성의 핵심이 된다. 앞에서도 이미 언급하였듯이 모든 최면은 자기최면이라고 할 수 있다. 여기서 자기최면은 바로 스스로의 최면에 대한 의지와 기대, 즉 자발성을 말한다고 볼 수 있으며, 따라서 모든 최면은 바로 자발성을 전제로 한다고 할 수 있다.

자발성의 문제는 특히 심리극(Corey, 1981; Fine, 1979)과 집단상담에서도 중요하게 꼽히고 있다. 특히 다이(Dye, 1968)는 집단상담에 대해서 충분히 잘 알고 그 필요성을 느끼는 자진 참여자들이 비자진 참여자보다 집단상담을 통하여 훨씬 큰 자아실현의 효과를 얻을 수 있다고 하였다. 트레프와 프리케(Trepp & Fricke, 1972), 놀과 왓킨스(Noll & Watkins, 1974) 또한 자진 참여자들이 집단상담에서 더 많은 효과를 얻을 수 있다고 하였다.

최면에서 자발성은 동기, 목표, 기대의 개념과 연결되는데 이들에 대해서 살펴보면 다음과 같다.

먼저 자발성의 중요성과 관련하여 살펴보면, 알만과 램브로우(Alman & Lambrou, 1992)는 일상상태에서 자주 경험하는 트랜스 상태와 최면의 상태를 구별하면서 구체적인 동기와 목표를 향한 암시의 두 가지 조건을 제시하였다. 즉 여기서 우리는 최면상태는 트랜스 상태와 달리 구체적인 목표를 향한 동기화된 상태라는 것을 알 수 있다. 그는 또한 변화에 대한 기대가 크고 목표에 대한 동기 수준이 높을수록 잠재의식의 마음이 크게 열리면서 최면의 효과는 커진다고 함으로써 최면에 있어서의 기대와 동기의 중요성을 강조하였다.

커쉬(Kirsch, 1985)는 기대와 함께, 최면에 있어서의 기대효과에 대해서 설명하면서 1784년에 있었던 프랑스 왕립위원회(French Royal Commission)의 실험을 예로 들었다. 당시에 프랑스 주재 미국 대사였던 프랭클린(Benjamin Franklin)을 대표로 하는 이 위원회는 프랑스 과학원(French Academy of Science)의 권고를 받아들여 당시 국왕이었던 루이 16세의 명에 따라 구성되었다. 이 위원회는 메즈머의 동물자기설을 검증하고자 실험을 했는데(Baker, 1990), 이 과정에서 최면이란 결국 상상력에 근거하여 이루어지는 것이라는 점과 최면에 걸릴 수 있다는 개인의 믿음이나 기대가 최면 트랜스에 들어갈 수 있는 필수 조건이라는 점이 밝혀졌다.

이상과 같이 믿음, 동기, 기대가 최면에 미치는 영향에 대한 논리를 뒷받침하는 실험이 새커도트(Sacerdote, 1981)에 의해 이루어졌다. 그는 치유에 대한 기대와 열망이 강한 만성 통증 환자집단과 최면에 대한 단순한 호기심을 가진 사람들의 집단에 대한 최면실험을 수행한 결과 기대 집단, 즉 환자 집단에 대한 최면의 효과가 더 컸다고 하였다. 마찬가지로 로시와 치크(Rossi & Cheek, 1988)는 첫번째 회기 동안에 5명 중 1명은 깊은 최면을 경험할 수 있지만 최면에 대한 강한 동기를 갖고 최면의 가치를 제대로 이해한다면 치료적 최면 경험을 할 수 있는 사람의 비율은 거의 100%에 이른다고 하였다. 그래서 그들은 최면에 있어서 동기의 가치가 특히 중요하다고 하였다.

자발성과 관련하여 화이트(White, 1941) 또한 최면을 "의미 있는 목표지향적 추구"라고 설명하고 최면 상황에서 목표를 추구하는 것은 최면에 걸린 사람처럼 행동하기를 바라는 것으로 나타난다고 했다. 마크햄(Markham, 1987)은 최면에 이상적인 사람으로는 최면에 걸리기를 진정으로 원하고, 관심 없이 물러나 있기보다는 최면 유도자에게 충분히 협력하려는 의지가 있는 사람이라고 했다. 이로써 모든 연구자들이 최면에 있어서 자발성의 중요성을 시사했다는 것을 알 수 있다.

한편, 1889년에 『최면연구』(The Study of Hypnotism)라는 책을 쓴 몰(Moll)은 최면 행동은 두 가지의 원리에 의해 결정된다고 하였다(Baker, 1990). 즉 사람들은 다른 사람들에게 영향받고자 하는 속성이 있으며 둘째, 심리적인 효과는 그것을 기대하는 사람에게 나타난다는 것이다. 특히 이 두 번째의 원리는 위약효과(placebo effect)와 관계되는데, 위약효과란 환자가 가짜 약임에도 불구하고 진짜 약이라고 믿고 그 약을 복용함으로써 치료적 효과를 얻을 수 있다는 심리적 치료효과를 설명하는 개념이다. 이에 더하여 베이커 (Baker, 1990)는 최면 경험은 최면사에 대한 순응, 믿음, 상상의 상태에서 가장 잘 발생하며, 피험자가 자발적으로 최면피험자 역할을 함으로써 일어나므로 최면과 위약효과 간에는 공통점이 있다고 하였다.

(5) 최면감수성 측정 도구

지금까지 최면에 대한 민감도와 피암시성 또는 최면 능력을 측정하는 표준화된 도구가 미국에서 여러 형태로 많이 개발되어 왔다. 이들 검사들은 나름대로의 특징과 장점을 갖고 있기에 여러 상황에서 활용할 수 있다. 이들 검사의 구체적인 예로서 하버드 집단최면감수성검사(Harvard Group Scale of Hypnotic Susceptibility), 스탠포드 최면감수성검사(Stanford Hypnotic Susceptibility Scale), 칼튼 대학교 암시반응검사(Carleton University Responsiveness to Suggestion), 바버 피암시성검사(Barber Suggestibility), 굿존슨 피암시성검사(Gudjonsson Susceptibility), 워터루-스탠포드 집단최면감수성검사(Waterloo-Stanford Group Scale of Hypnotic Susceptibility) 등을 꼽을 수 있다.

그 외에도 다양한 검사가 있다. 먼저, 아론스 육단계 척도(Arons Six Stage Scale)는 미국의 대표적인 최면사 단체인 National Guild of Hypnotist의 정규 최면 훈련과정에서 사용되는 최면감수성 측정 도구로서, 최면의 깊이와 단계를 모두 여섯 가지로 분류하여 내담자가 어느 단계에 해당하는지를 알아보고자 하는 것이다. 데이비스-허스밴즈 척도(Davis-Husbands Scale)는 최면의 단계를 모두 30가지로 분류하고 있으며 르크롱-보드 척도(LeCron-Bordeaux Scale)에서는 50가지로 분류하고 있다. 그러나 스탠포드 검사의 경우에는 최면의 단계를 100가지 이상의 단계로 제시하기도 한다. 그 밖의 최면감수성 측정 도구의 예는 〈글상자 2〉에 제시되어 있으니 참고하기 바란다.

이들 검사들은 피험자에게 특정한 내용의 최면암시를 제시하고 그것에 반응하는 정도를 측정하는 것이다. 이외에도 컴퓨터를 이용하여 최면 능력을 알아보는 도구인 컴퓨터 보조 최면검사(Computer-Assisted Hypnotic Scale)도 있다. 뿐만 아니라 특정한 도구를 사용하는 대신에 눈동자검사, 불빛검사, 레몬검사 등 도구의 도움 없이 즉석에서 간단히 최면감수성 정도를 알아보는 방법도 있다. 눈동자 검사는 눈을 위로 치켜 뜬 채 눈동자의 모양, 불빛검사는 특정한 위치에 고정되어 있는 불빛을 보는 반응, 레몬검사는 레몬을 시각, 청각, 촉각, 후각, 미각적인 차원에서 상상하게 한 후 그 반응을 통해 각각 최면 가능성을 진단하는 방법들이다.

최면감수성 측정 도구의 종류*

- Arons Six Stage Scale(Arons, 1948)
- Barber Suggestibility Scale(Barber, 1976)
- Caleton University Responsiveness To Suggestion Scale(Spanos, Radtke, Hodgins, Stram, & Bertrand, 1970)
- Creative Imaginatin Scale(Wilson & Barber, 1977)
- Davis-Husbands Scale(Davis & Husband, 1931)
- Field Inventory(Self-Report)(Field, 1965)
- Friedlander_Sarbin Scale of Hypnotic Depth(Friedlander & Sarbin, 1938)
- Harvard Group Scale of Hypnotic Susceptibility(Shor & Orne, 1962)
- Hypnotic Experience Questionnaire, Short Form(Matheson, Shu & Bart, 1989)
- Hypnotic Induction Profile(Spiegel, 1972: Stern, Spiegel & Lee, 1979)
- LeCron-Bordequx Scale(LeCron & Bordeaux, 1947)
- Phenomenology of Consciousness Inventory(Self-Report)(Pekala, 1982)
- Self-Report Scales of Hypnotic Depth(Self-Report)(Tart, 1970)
- Stanford Hypnotic Clinical Scale(Morgan & Hilgard, 1979)
- Stanford Hypnotic Susceptibility Scales, Forms A & B(Weitzenhoffer & Hilgard, 1959)
- Stanford Hypnotic Susceptibility Scale, Form C(Weitzenhoffer & Hilgard, 1962)
- Stanford Profile Scales of Hypnotic Susceptibility, Forms I & II(Weitzenhoffer & Hilgard, 1963)
- Tellegen Absorption Scale(Tellegen & Atkinson, 1974)

* 출처 : Baranowski, 1998

앞에서 소개한 검사법 중에서 특히 집단용 최면감수성 특정 도구인 하버드 검사는 미국의 하버드 대학교 의과대학의 소와 오네(Shor &

Orne, 1962)가 공동 개발한 것인데 12가지의 항목을 중심으로 1시간 전후에 걸친 시간 동안에 최면감수성을 측정하고자 하는 대표적인 도구이다. 12가지 항목의 내용은 망각, 머리숙이기, 눈감기, 손내리기, 팔무거워지기, 손깍지끼기, 팔굳히기, 손바닥붙이기, 고개 안 저어지기, 환각, 눈꺼풀마비 및 후최면암시이다. 이 검사는 현재 변영돈(1998)에 의해 우리말로 번역되어 있다.

스탠포드 검사는 눈감기와 앞이나 뒤로 기울기로부터 손이 너무 무거워서 들 수 없는 것을 상상하는 것에 이르기까지 모두 12개의 최면 실험을 하도록 되어 있다. 그리고 마지막에는 두 가지의 후최면암시를 실험하는 내용도 포함하고 있다. 여기서 후최면암시의 예를 들면 검사를 마친 후에 치료자가 손가락으로 피험자의 어깨를 두드리면 그것을 신호로 피험자가 즉각적으로 의자를 옮기는 반응을 보이도록 하는 것이다. 물론 대부분의 피험자들은 주로 앞의 실험에 대해서만 반응을 하는 경향이 있는데 이러한 실험에서 반응을 많이 하면 할수록 최면에 대한 감수성이 높고 또 최면에 깊이 걸릴 수 있음을 짐작할 수 있다.

스탠포드 대학교의 학생 533명을 대상으로 12개의 항목으로 구성된 스탠포드 검사를 통하여 실시된 연구 결과에 의하면 대부분의 학생들은 최소한의 최면 수준으로 들어갈 수 있었으나 1/4 정도의 학생들은 상당히 깊은 수준으로 최면에 들어간 것으로 나타났다. 그리고 5~10%의 학생들은 눈을 뜬 상태에서도 아주 깊은 최면상태에서 시각적 환각 현상을 경험할 수 있는 것으로 분석되었다(Hilgard, 1965).

바버 검사는 앞의 스탠포드 검사와 비슷하나 실험의 종류가 8가지로만 이루어져 있다. 예를 들면 피험자로 하여금 아주 갈증을 많이 느낀다고 상상하게 하는 것, 검사를 마친 후에 치료자가 특정한 소리를 내면 피험자가 기침을 하는 반응을 하도록 후최면암시를 하는 것 등의 내용으로 이루어져 있다.

한편, 스피겔 형제(Spiegel and Spiegel, 1978)의 HIP에는 눈동자의 형태와 사시(斜視)의 정도를 보고 최면감수성을 측정하는 방법이 제시되어 있다. 그 내용은 다음의 〈글상자 3〉에 구체적으로 제시되어 있으니

글상자 3

눈동자 굴림에 따른 최면능력검사

실험자와 피험자 두 사람이 서로 마주 보며 앉는다. 실험자는 피험자로 하여금 자기 자신의 눈썹을 위로 보게 한다. 이 과정에서 피험자는 머리를 움직여서는 안 되고 오직 눈동자만 움직여서 위쪽으로 자기의 눈썹을 바라보아야 한다. 그리고 그로 하여금 눈을 천천히 감게 한다. 이때 그의 눈굴림의 정도가 아래 그림 a에서 어느 부분에 해당하는지, 그리고 그때 눈이 그림 b에서 어느 정도의 사시(斜視)에 해당하는지에 따라 점수를 부여할 수 있다.

만약 동공이 완전히 보이지 않고 흰자위만 보인다면 4점이 된다. 동공의 1/4 정도가 보인다면 3점, 동공이 반 정도 보인다면 2점, 동공이 3/4 정도가 보인다면 1점, 그리고 동공이 모두 다 보이는 정도라면 0점을 부여한다. 여기서 4점이 가장 높은 점수가 되며 0점이 가장 낮은 점수가 된다(그림 a 참조).

한편 사시 정도에 따른 점수부여는 다음과 같이 이루어진다. 즉 사시의 정도가 약하다면 1점이 되고 중간 정도는 2점, 그리고 아주 심한 정도는 3점이 된다(그림 b 참조).

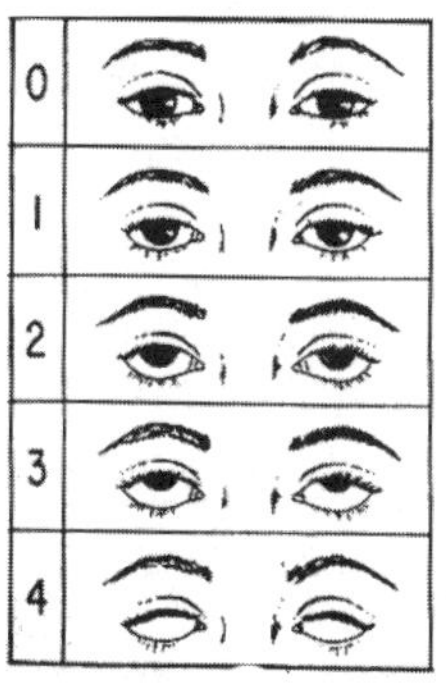

a. 눈굴림

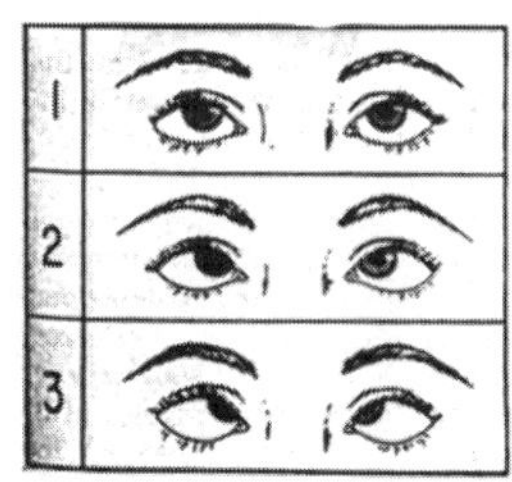

b . 사시 정도

〈그림 1-6〉 눈굴림과 사시 정도에 의한 최면능력의 평가
(출처 : Fisher, 1991, p.165)

최면감수성 알아보기

최면에 잘 걸릴 수 있는지를 알아보기 위한 방법으로 〈그림 1-7〉을 활용해 보면 도움이 된다. 먼저 그림들을 보자.

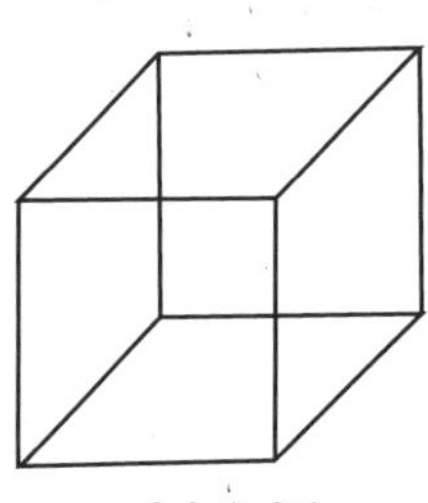

a. 네커 육면체

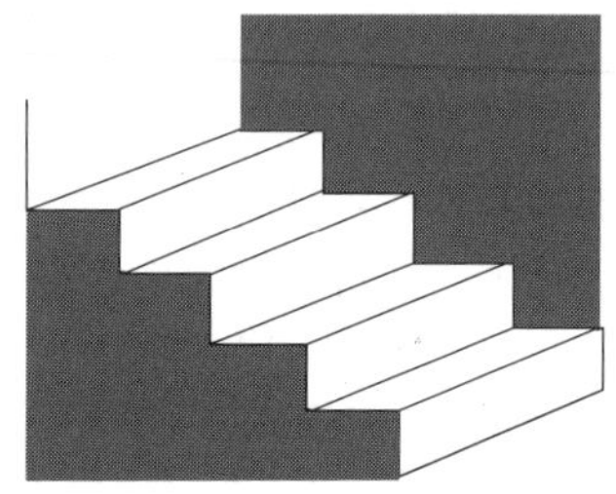

b. 슈로이더 계단

〈그림 1-7〉 최면감수성 정도를 알아보는 데 활용되는 그림들

첫번째 그림은 네커 육면체인데 이것은 1832년에 스위스의 네커(L.A. Necker)라는 사람이 고안한 도형이다. 이것을 한참 보고 있으면 육면체의 모양이 처음과는 달리 보인다. 즉 앞과 뒷면이 서로 뒤바뀌어 보인다. 그리고 두 번째의 그림은 슈로이더 계단(Schroeder staircase)이라는 것인데 이것을 한참 들여다보면 처음과는 다른 모습으로 바뀌어 보이는 것을 알 수 있다. 즉 계단의 모습이 처음과 달리 보인다는 뜻이다. 이 그림들이 얼마나 자주 역전되어 보이는지에 따라 최면감수성 정도를 짐작할 수 있다. 이것은 일종의 환각 현상이라고도 할 수 있지만 최면감수성이 높은 사람일수록 역전 현상이 잘 일어난다고 한다(Wallace, Knight, & Garrett, 1976).

참고하기 바란다. 그리고 도형으로 최면감수성 정도를 알아보는 예가 〈글상자 4〉에 제시되어 있다.

2

최면에 대한 일반적인 의문과 사실

제2장 최면에 대한 일반적인 의문과 사실

앞에서도 살펴본 바와 같이 사람들은 최면에 대해서 잘못된 선입견을 갖고 있을 뿐만 아니라 최면 현상 자체를 잘못 이해하는 부분이 많다. 그래서 이 장에서는 최면에 대해서 제대로 이해하도록 돕기 위하여 최면과 관련한 제반 사실들을 소개하고자 한다.

1. 최면의 조건

누구나 최면에 걸릴 수 있을까? 이것은 최면에 관심 있는 사람이라면 한번쯤 던져 보는 질문일 것이다. 여기서는 최면의 가능성에 대해서 구체적으로 알아보고자 한다.

일반적으로 말하면 소수의 예외적인 사람을 제외하고 대부분의 사람들은 최면에 걸릴 수가 있고, 또 이 책을 읽는 독자 역시 당연히 최면에 걸릴 수가 있다. 그러나 최면에 잘 걸리기 위해서는 몇 가지 조건이 충족되어야 한다. 따라서 그 조건만 충족이 된다면 누구나 최면에 걸릴 수 있기 때문에 자기는 최면에 안 걸릴 것이라고 생각할 필요가 없다. 그러므로 최면에 걸릴 것인지 안 걸릴 것인지를 따지기 전에 최면의 조건이 충족되었지를 알아보는 것이 더 중요하다.

이미 앞에서도 언급했듯이 최면의 개인차는 엄연히 존재한다. 그래서 최면에 잘 걸리는 특성을 가진 사람도 있고 그렇지 못한 사람도 있는 것이 사실이다. 이 점에 대해서는 뒤의 절에서 구체적으로 살펴볼 것이므로 여기서는 간략하게만 설명하고자 한다.

일단 최면에 잘 걸리기 위해서는 기본적으로 최면감수성이 높아야 한다. 최면감수성이란 최면적인 조건에 민감하게 반응할 수 있는 선천적인 특성을 말한다. 우리는 이미 앞에서 최면감수성이 높을수록 최면유도에 민감하게 반응하여 쉽게 최면에 들어간다는 사실을 살펴보았기에 여기서는 더 이상의 상세한 설명은 생략하고자 한다.

모든 사람이 최면에 적합한 것은 아니고, 또 최면으로 도움을 받을 수 있는 것이 아니기 때문에 최면을 하기 전에 먼저 과연 자신의 문제해결에 최면이 도움이 될 수 있을지, 또는 문제해결을 위하여 최면에 의지할 것인지를 따져보는 것도 필요한 일이다. 이를 위한 지침이 될 만한 내용을 〈글상자 5〉에 소개하였으니 참고하기 바란다.

그런데 임상실제에서 경험해 보면 최면감수성이란 것도 어디까지나 일반적인 것이며 상황에 따라 얼마든지 달라질 수 있음을 알 수 있다. 오히려 최면 능력은 다음과 같은 몇 가지 조건에 따라 크게 좌우되기도 한다.

(1) 신뢰관계의 형성

최면의 조건 중에서 첫번째의 것은 신뢰관계이다. 즉 내담자가 최면사를 믿고 자기를 편안하게 최면에 맡길 수 있는 믿음이 중요하다. 이러한 신뢰관계를 래포(rapport)라고 부르는데, 그것은 일반적인 상담이나 심리치료 장면에서도 물론이지만 병원에서 환자가 의사에게 치료를 받을 때에도 꼭 필요한 것이다. 신뢰관계의 전제는 내담자가 최면을 받겠다는 자발적인 의지를 보이는 것이다. 다시 말해서 내담자의 자발적인 의지없이 최면사의 일방적인 최면 유도는 있을 수 없는 것이다. 이것은 흔히 말하는 환자의 투병의지와 같은 것으로, 환자가 치료되기 위해서는 병에서 벗어나고자 하는 스스로의 능동적이고 적극적인 자발적 의지가 필요하다.

스스로 낫겠다는 의지와 신념이 모든 치료에서 필수적이듯이 최면에서도 최면에 대한 내담자의 기본적인 의지와 함께 치료자에 대한 신뢰가 필요하다. 그렇지 않을 때는 내담자가 자기를 맡길 수 없게 된다.

최면적 조력의 적절성을 판단할 수 있는 준거

모든 사람이 최면에 적합한 것은 아니다. 아울러 모든 문제가 최면으로 해결될 수 있는 것은 아니다. 따라서 다음과 같은 물음에 대해서 고찰해 보면, 자기가 갖고 있는 문제를 해결하는 한 방법으로서 최면이 과연 도움이 될지를 결정하는 데 참고가 될 것이다(Olness, 1993). 이 질문들에 대해 자신있게 '그렇다'고 대답할 수 있을수록 최면으로부터 도움을 얻을 수 있는 확률이 커진다고 할 수 있다.

1. 자신의 건강에 대해 스스로 해결해 보려는 의지가 있는가?

만약 '그렇다'면 최면의 방법이 도움이 될 수 있다. 그렇지 않고 투약이나 다른 물리적인 방법을 통해 해결하는 쪽에 더 많은 관심을 갖고 있다면 최면이 적용되기는 어렵다. 최면의 효과를 위해서는 무엇보다도 스스로 자신의 건강문제를 해결할 수 있다는 믿음과 기대를 갖는 것이 중요하다.

2. 상상력이 풍부한가?

최면은 시각적이든 청각적이든, 또는 신체감각적이든 상상력이 풍부한 사람에게 더욱 잘 적용된다. 만약 당신이 그러하다면 최면의 방법을 활용해 볼 만한 가치가 있다. 그러나 그러한 상상력이 잘 발휘되지 않는다면 최면을 통한 도움을 받기가 어렵다. 왜냐하면 최면치료는 기본적으로 상상력을 최대로 활용함으로써 이루어지는 것이기 때문이다. 예를 들어, 줄담배를 피우는 사람이 담배를 피우지 않고 살아가는 모습을 상상할 수 있어야 하는데 그것이 상상되지 않는다면 최면은 어렵다고 할 수 있다.

어떤 이야기를 들을 때 이야기의 내용이 잘 상상되고 또 마음으로 그러한 내용이 잘 그려질 때 최면은 효과적이다. 그러나 비록 상상력이 떨어지는 사람이라도 뒤에 소개된 〈글상자 6〉을 연습함으로써 상상력을 키울 수 있으니 참고하기 바란다.

3. 성취하기를 바라는 일의 분명한 결과를 그릴 수 있는가?

자신의 목표를 구체적인 결과 위주로 분명하게 진술하고 그것을 상상할 수 있을 때 최면치료의 효과는 극대화된다. 간접적 최면의 방식인 에릭슨 최면의 원리가 적용되는 신경-언어 프로그래밍, 즉 NLP에서는 목표설정을 하기 위한 원리로서 SMART의 원리를 제시하고 있다(Andreas & Faulkner, 1994). 여기서 S는 구체성(Specific), M은 측정 가능성(Measurable), A는 성취 가능성(Achievable), R은 현실적 타당성(Reasonable & Responsible), T는 시기적절성(Time)을 각각 의미한다. 이러한 요소들은 결국 목표와 결과의 구체성을 분명히 하게 하는 요소가 될 수 있을 것이다.

4. 인내력이 있는가?

비록 최면치료가 다른 치료방법보다 시간적으로 빠른 효과를 보여주는 것은 사실이지만, 그렇다고 해서 하루 아침에 바라는 결과를 모두 얻겠다고 기대하는 것은 과욕일 수 있다. 최면의 효과를 강조하다 보면 그 효과에 대해서 실제 이상으로 환상적인 기대를 하는 사람이 많다. 경우에 따라서는 최면으로 치료가 되지 않거나 치료의 한계를 보일 때도 있을 수 있다. 따라서 최면치료의 효과를 위해서는 기다리며 지켜볼 줄 아는, 여유 있는 마음을 가지는 것이 필요하다.

내담자가 의지가 없고 마음을 열어 놓지 않는 상태에서는 최면이 걸리지 않는다.

신뢰관계가 있을 때 내담자는 편안하게 이완된 몸과 마음으로 자기를 치료자에게 맡기고 드러내 보일 수가 있다. 만약 내담자가 치료자를 믿음에도 불구하고 여전히 불안해하거나 긴장을 하면 역시 최면을 걸 수가 없다. 그러므로 내담자가 처음부터 끝까지 치료자를 믿고 편안한 마음으로 자신의 모든 것을 맡길 수 있는 것이 성공적인 최면의 첫번째 조건인 것이다.

(2) 심리적 환경의 조성

효과적인 최면을 위한 두 번째 조건은 쾌적한 심리적 환경을 조성하는 것이다. 심리적 환경 조성과 관련되는 사항은 다음과 같다:

① 심신의 이완

효과적인 최면 유도를 위해서는 심신의 적당한 이완상태가 중요하므로 신체적으로 지나치게 피로하거나 졸음이 오는 상황, 지나치게 걱정되는 일이 있을 때를 피하는 것이 좋다. 그러나 굳이 그런 상황에서도 최면을 해야 한다면 어떻게 하든 일단 피로를 풀고 졸음을 몰아낸 상태에서 시작하는 것이 좋다. 그리고 사전에 걱정거리에 대해서 충분히 이야기를 함으로써 최소한 그것에 집착하지 않는 마음을 갖게 할 필요가 있다.

심신의 이완 정도가 가장 적당한 때는 오전 시간일 것이다. 그러나 일상 생활 속에서 시간을 맞추기란 어려울 테니 편리한 시간에 하되 치료자는 내담자가 심신을 이완할 수 있도록 조처를 취해 주는 것이 좋을 것이다. 그러므로 최면 유도를 할 때는 심신의 상태를 충분히 고려하는 것이 중요하다.

② 최면에 대한 오리엔테이션

치료자는 최면을 실시하기 전에 반드시 최면에 대한 기본적인 오리엔테이션을 실시함으로써 최면이 어떤 것인지, 어떻게 진행될 것인지를 알려 주고 이해시키는 것이 필요하다. 왜냐하면 대부분의 사람들은 최면 자체에 대해서 오해를 하거나 잘못된 선입견을 갖고 있어서 그것을 바로잡아 주지 않으면 최면 경험 자체를 제대로 수용하기 어렵기 때문이다. 제대로 오리엔테이션을 함으로써 내담자로 하여금 자신에게 일어나는 변화를 예견하고 그것을 받아들일 마음의 준비를 할 수 있도록 해야 한다.

내담자나 문제의 성질에 따라 오리엔테이션을 실시하는 시간은 일정하지 않다. 대략 짧으면 10분 전후로도 가능하지만 30분 정도, 심지어는 1시간 가량 실시될 수도 있다. 최면에 대해 충분한 시간을 갖고 오리엔테이션을 하면 그만큼 내담자가 최면을 잘 받아들일 수 있는 마음의 준비를 하기 때문에 결과적으로 전체 치료 시간을 단축시키는 효과를 가져올 수도 있다. 따라서 오리엔테이션에 대한 적절한 시간배분은 반드시 필요하고 중요하다.

한편 오리엔테이션을 실시할 때는 단순히 말로써 설명하기 보다는 미리 일정한 안내문을 제작하고 준비하여 읽어 보게 한 후, 읽은 내용을 다시 설명하고 질문을 받는 것이 효과적이다. 그냥 설명으로만 들은 내용은 쉽게 잊혀질 우려가 있지만 문자로 읽고 설명을 들으면 내용을 기억하고 이해하기가 훨씬 좋을 것이다. 그러므로 미리 안내문을 준비할 필요가 있다. 구체적인 안내문의 예는 부록에 제시되어 있으니 참고하기 바란다.

③ 적절한 기대감의 조성

최면에 대한 오리엔테이션 과정에서 최면 경험 자체나 효과에 대해서 적절한 기대감을 가질 수 있도록 하는 것도 필요하다. 왜냐하면 심리학적으로 적절한 기대는 그에 상응하는 효과를 보다 잘 일으키게 하기 때문이다. 이를 기대효과라고 하는데 이와 비슷한 개념으로 자성예언(self-fulfilling prophecy)과 위약효과가 있다.

자성예언이란 앞으로 일이 어떻게 될 것이라고 믿게 되면 그 믿음대로 실제로 이루어진다는 것이다. 학생이 긍정적인 자아개념을 갖고 앞으로 잘 할 수 있을 것이라고 믿고 자기를 격려하면 어려움이나 고통을 훨씬 효과적으로 극복할 수가 있다. 기독교 성서에서 말하는 "믿음대로 이루어질 것이다", "믿음이 병을 낫게 했다"라는 언급은 바로 그러한 자성예언과 관계된다고 할 수 있다.

이렇게 볼 때 위약효과도 마찬가지이다. 위약이란 진짜약처럼 믿도록 만든 가짜약을 말하는데 실제로 약의 효과 때문이 아니라(가짜 약이므로 그것이 약리적인 효과를 발휘할 리는 없지만) 이 약을 먹음으로써 나을 것이라는 환자의 믿음 때문에(즉 심리적인 효과로 인해) 병이 치료될 수 있는 것이다. 그래서 병원에서는 의사들이 위약의 긍정적인 효과를 인정하고 인체에 무해한 밀가루와 같은 것으로 만든 가짜약을 투여함으로써 환자로 하여금 치료에 대한 기대를 갖도록 하는데, 이러한 작용이 결과적으로 병을 치료하는 것이다.

위약이란 원래 "나는 기뻐하리라"라는 의미를 가진 라틴어 동사에서 유래되었다고 한다. 현대 의학은 위약효과와 관련하여 환자의 태도나 신념, 또는 마음이 치료에 큰 영향을 미친다는 사실을 잘 보여 주고 있다(전겸구 · 김교헌, 1995). 예를 들면, 뉴욕의 마운트 시나이 의료원의 찰머스(Thomas C. Chalmers) 박사가 실시한 실험에서 위약효과가 밝혀졌다. 이 실험에서 일단의 자원자를 모집하여 한 집단에게는 가짜약을 주면서 그것이 비타민 C에 해당하는 아스코르브산(ascorbic acid)이라고 믿게 했더니 가짜약을 받은 집단이 다른 집단보다 감기에 걸린 사람이 더 적었다. 이로써 마음이 화학약품보다 더욱 강력한 힘을 발휘한다는 사실이 밝혀졌다(Pulos, 1990).

루마니아의 수도인 부카레스트의 국립노인병연구소 소속의 의사들은 60세의 노인들을 세 개의 집단으로 나누어 수명에 관한 연구를 수행하였다. 첫 번째 집단에게는 아무것도 제공하지 않았으며 두 번째 집단에게는 수명연장에 도움이 되는 것으로 여겨지는 새로 개발된 약을 주었다. 그리고 마지막 세 번째 집단에게는 가짜약을 주되 그 속에는 수명을 연장하는 성분이 있는 것으로 믿게 하였다. 그리고 몇 년 동안 세 집단 노인들의 전반적인 건강상태와 사망률을 조사해 보았다. 그 결과 첫번째 집단의 노인들은 전국 평균과 비슷한 결과를 보였다. 그러나 진짜약을 복용했던 두 번째 집단의 노인들은 건강상태가 향상되었으며 사망률도 의미있게 떨어진 것으로 나타났다. 가짜약을 지급받았던 마지막 세 번째 집단의 결과는 전국 평균을 상회하면서 두 번째 집단의 약 50%에 해당하는 효과를 보인 것으로 밝혀졌다. 이로써 신념의 치유력이 증명되었다(Pulos, 1990).

하버드 의과대학의 비처(Henry Beecher) 박사가 수행한 위약효과에 대한 연구에서는 가짜약이 두통, 기침, 수술 후 통증, 불안과 같은 문제로 고통받는 환자들에게 약 35%의 치료효과가 있음이 밝혀졌다. 또한 마약중독자의 경우에 가짜약이 77% 정도의 효과를 보인 것으로 나타났고, 감기약인 아스피린(aspirin)과 관절염 치료제인 코티존(cortisone)과 같은 정도의 효과를 보인 것으로 증명되었다(Pulos, 1990).

이러한 위약효과가 가짜약을 진짜약으로 믿게 하고 그 믿음으로 인해 치료의 효과를 얻고자 하는 것이라면, 병이 아닌 것을 병으로 믿음으로써 실제로 없던 병이 생기거나 약한 병이 더 악화되는 현상을 노시보 효과(nocebo effect)라고 한다. 이 또한 환자의 믿음이 어떻게 인체에 작용하는지를 잘 보여 준다. 이것은 자신이 어떤 병에 걸렸다고 믿으면 그 믿음대로 신체기능이 작용하여 실제로 병에 걸린 것과 같은 반응을 일으키고 없는 병도 병으로 발전한다는 것이다. 사실은 상상임신과 같은 것도 임신했다는 믿음 또는 임신에 대한 강력한 기대에 의해 실제로 임신한 것과 같은 신체적 반응을 일으키는 현상인 것이다.

하여간 환자의 치료효과에 대한 믿음과 신뢰, 기대는 자기암시로 작용하여 실제의 치료효과를 높이는 데 기여한다. 이에 대한 대표적인 예로서 프랑스 출신의 꾸에(Emile Coue : 1857-1926)의 암시심리학을 들 수 있다. 그는 약사로서 환자에게 약을 조제해 주면서 암시를 함께 줄 때 치료효과가 높다는 사실을 발견하였다. 그 효과는 약만 조제해 주었을 때 얻을 수 있는 효과보다 훨씬 큰 것이었다. 그는 암시의 효과를 수년간 계속 연구하였다. 독특한 처방으로 인해 수입을 크게 올려 경제적 여유를 가진 후에는 아예 약국을 그만두고 그 자리에 최면클리닉을 개설하고 최면 기법만 연구하였다. 그는 이 과정에서 특정 약물이 갖는 약리적 작용으로만 설명할 수 없는 암시 자체의 치료효과를 확인하고 암시 및 '의식상태의 자기암시'(conscious autosuggestion)라는 개념을 정립하였다.

꾸에

④ 비집착적 태도의 조성

최면에 대한 기대가 필요하다고 하나 지나친 기대는 오히려 최면에 방해가 된다는 점을 명심할 필요가 있다. 지나친 기대는 마음의 집착을 만들어 내고 그 집착은 결과적으로 긴장과 스트레스를 유발하게 된다. 따라서 그러한 심리적 상태는 최면에 방해가 될 수 있다.

사실 어떤 내담자들은 최면에 걸리면 마치 '엄청난' 일이 눈앞에 펼쳐질 것이라는 환상적인 기대를 갖고 최면에 임함으로써 오히려 최면에 걸리지 않는 수도 있다. 내담자가 차라리 그러한 마음을 처음부터 치료자에게 털어놓으면 좋은데 많은 경우에 그렇게 하지 않기 때문에 치료자가 특별한 관심을 기울이지 않으면 이러한 사실을 간과하기 쉽다. 결과적으로 최면에 대한 과잉 기대가 오히려 집착으로 작용하고, 마음의 긴장으로 연결되기 때문에 최면 유도에 방해가 되는 것이다. 따라서 지나친 기대는 효과적인 최면의 걸림돌이 되는 것이다.

때때로 어떤 내담자들은 최면에 들어가자마자 엄청난 경험을 하는 수도 있다. 최면 유도를 한 지 채 1분도 지나지 않았는데 울음을 터뜨리거나 온몸으로 감각적인 경험을 하면서 극적인 상황을 연출하기도 한다.

그러나 누구나 최면상태에서 '엄청난 일'을 경험하는 것은 아니다. 그렇게 될 것이라고 믿는 것은 지나친 기대이다. 오히려 어떤 내담자들은 분명히 최면 속에 빠져서 최면을 경험하고 있으면서도 자기는 최면에 걸리지 않았고, 최면 경험을 하지 않았다고 강변하는 경우도 있다. 이처럼 최면은 일상적인 경험과 크게 구별되지 않은 것으로 보이기도 하고, 때로는 극적인 최면 경험을 한 내담자보다는 그렇지 않은 내담자가 더 많은 치료적 효과를 보이는 경우도 얼마든지 있다. 따라서 최면 현상에 대한 지나친 기대는 금물이다.

(3) 물리적 환경의 조성

효과적인 최면을 위한 세 번째 조건은 최면에 몰입할 수 있도록 다음과 같은 적절한 물리적 환경을 조성하는 것이다.

① 적절한 주변 환경

최면을 위해서는 우선 주변이 조용해야 할 것이며 적절히 어두운 실내환경이 필요하다. 한낮의 너무 밝은 장소나 조명으로 환한 공간에서는 집중이 어려워진다. 그리고 소음이 많아도 집중에 방해가 되고, 적당한 실내온도가 유지될 필요가 있다. 실내 온도가 너무 덥거나 추운 상태는 피해야 할 것이다.

의복도 간편한 차림이 좋다. 남녀를 불문하고 정장을 하는 경우에는 몸가짐이 자유스럽지 못하고 이완에 방해를 받게 된다. 아울러 특히 남성 치료자에게 최면을 받는 여성은 여름철에 지나치게 노출이 많은 옷을 입었을 경우에도 노출되는 신체에 대한 의식 때문에 주의집중과 몰입에 방해가 될 것이다. 이런 경우를 대비해서 치료자는 큰 타올이나 담요 같은 것을 활용하는 것도 좋을 것이다. 치료자는 효과적인 최면작업을 위해서 사전에 적절한 주변 환경을 조성하는 일에 신경을 써야 할 것이다.

② 음악과 음향

물리적인 환경을 조성하는 일에 있어서 최면에 도움되는 도구를 활용하는 것이 좋다. 그 가운데 좋은 예는 적절한 음악을 들려 주고 음향효과를 살리는 것이다. 최근에 와서 음악이 치료적 효과를 갖는다는 연구 결과가 많이 발표되고 있으며, 미국 등지에서는 음악요법(music therapy)이 대체의학의 하나로 각광을 받고 있다.

박경규(1995)와 최병철(1999)은 최근 국내에서 음악요법을 소개한 대표적인 사람들인데, 이들에 따르면 특정의 음악은 인간의 심리적인 치료와 함께 동물과 식물의 성장 및 발육에도 영향을 미친다고 한다.

그래서 음악요법은 심리치료 분야뿐만 아니라 농업과 축산업에도 활용되고 학습을 비롯한 교육 분야에도 활용되고 있는 실정이다.

최근에 심리치료적 효과, 심신의 안정 효과 등을 위한 명상음악용 도구들이 많이 시판되고 있는 것을 볼 수 있다. 박경규(1995)는 '건강과 음악치료 CD'를 제작하였고 학습효과를 돕기 위한 김도향(1998)의 '성적을 올리기 위한 CD', 김영우(1998b)의 학습용 최면음악프로그램도 대표적인 음악요법적인 도구라고 할 수 있다.

그 외에도 김영동의 명상음악과 같은 음악들이 많이 보급되고 있는데, 이들 명상음악들은 심리치료적인 효과와 함께 최면 유도와 최면치료 과정에서 보조수단으로 활용될 수 있다. 즉 최면 유도과정에서 명상음악과 같이 마음을 편안하게 해 줄 수 있는 음악 테이프를 선정하여 들려 주면 심신을 이완시킬 뿐만 아니라 최면 유도를 위해 효과적이다.

③ 향기

적당한 향기는 심신의 이완과 최면 유도에 도움이 되는데, 특히 후각기능이 발달한 사람에게는 향기가 효과적이다. 향기의 효과를 치료에 활용하는 것이 바로 향기요법(aromatherapy)으로 서구에서는 널리 이용되고 있다.

향기요법에서는 꽃향기나 방향액체를 사진과 같은 기구와 함께 사용하기도 한다. 이 사진에서 물을 담은 그릇에 한두 방울의 액체를 타 넣고 촛불과 같은 것으로 가열을 하면 향기가 실내 전체로 골고루 발산되는 효과를 얻을 수 있다.

향기요법에서 사용되는 기구

향기요법에서 사용되는 향기 중에는 최면에 도움되는 것으로 꽃향기의 일종인 베르가모트(bergamot)란 향기가 있다. 치료자는 이것을 최면 유도 전에 뿌려 놓거나 내담자의 코 아래 입술 윗부분이나 기타 다른 신체 부위에 바르거나 뿌려 줄 수 있다. 그 외에도 다양한 향기들이 있을 수 있으니 보다 상세한 것은 전문가의 도움을 받는 것이 좋다.

액체 향기 외에도 국화나 장미와 같은 꽃의 향기는 기분을 맑게 하고 또 편안하게 해 준다. 아울러 꽃잎이나 잎사귀를 말린 드라이플라워와 같은 것을 사용하여 향기를 뿜어 내게도 한다. 이러한 것들은 강력한 기를 발산하기 때문에 실제로 실내의 분위기를 바꾸거나 치료효과를 발휘하는 데 도움이 될 수 있을 것이다.

향기와 비슷한 것으로 향불이나 촛불을 밝히는 것도 도움이 된다. 이러한 것들은 주변의 오염된 공기를 제거하는 데도 도움이 되지만 생기를 발산하게 하고 후각적인 자극을 줌으로써 치료의 효과를 극대화할 수도 있다. 일반적으로 종교적인 의식에서는 꽃이나 식물들로 실내를 장식하고 향불을 피우거나 촛불을 밝히기도 하는데, 그것은 단순히 시각적으로 보기 좋도록 장식하는 것 이상의 의미를 지닌다고 생각된다. 그러한 것은 궁극적으로 영적인 눈을 밝게 할 뿐만 아니라 잠재의식을 보다 활성화시키고 민감성을 증진시킴으로써 치료의 효과를 극대화하는 데 도움이 된다. 종교적인 차원에서는 절대자나 신과의 영교(靈交)를 원활하게 하는 데 도움이 되기도 한다. 그래서 제사나 무속의 굿판에서도 향을 피우고 촛불을 키며, 꽃으로 주변을 장식하기도 하는 것이다.

최면에 잘 걸리지 않는 사람들을 위해서는 최면제 또는 최면약물을 사용할 수도 있다. 즉 최면에 저항하거나 피암시성이 낮은 내담자가 최면제를 복용하고 난 후에는 성공적으로 최면에 걸릴 수 있다(Wolberg, 1948). 예를 들어 최면 반 시간 전에 내담자에게 아미탈나트륨(Sodium Amytal)이라는 약을 여섯 내지 아홉 알을 줄 수도 있으며 혹은 5분 내지 10분 전에 파라알데히드(Paraldehyde)를 복용하게 할 수도 있으니 참고하기 바란다.

2. 최면의 원리와 깊이

(1) 최면의 원리

내담자가 최면에 잘 들어가기 위해서 갖추어야 할 최면의 원리 몇 가지를 살펴보면 다음과 같다:

① 집중성의 원리

특정 생각을 반복하고 집중할수록 그것을 실제로 잘 떠올릴 수 있다. 그러므로 가능하면 내담자가 잘 집중할 수 있도록 주변의 환경을 조용하게 한다든지, 특히 내담자가 보다 잘 집중할 수 있는 주제를 중심으로 최면 유도를 하는 식으로 배려해야 할 것이다. 예를 들어, 최면 유도 기법 중에서 선호 장소 기법, 사랑하는 사람 회상 기법과 같은 것은 내담자가 좋아하는 장소나 사람을 생각하게 하는 것이기 때문에 집중성을 이끌어 내는 데 도움이 될 것이다.

② 노력 역효과의 원리

이것은 일종의 역설적인 원리인데 최면에 걸리기 위해 노력하면 할수록 오히려 최면에 잘 걸리지 않는 역효과가 나타난다는 것이다. 지나친 노력은 지나친 기대와 마찬가지로 집착으로 연결되면서 오히려 긴장을 불러일으켜 결과적으로 최면 유도에 방해가 된다. 따라서 내담자가 편안한 마음상태에서 최면에 임하도록 하는 것이 좋으며, 치료자는 내담자에게 반드시 최면에 걸려야 한다거나 효과를 볼 수 있어야 한다는 암시를 주어 심적인 부담을 느끼지 않도록 주의해야 한다.

③ 정서적 몰입의 원리

강한 정서를 가진 사람은 그 정서를 통해 쉽게 최면에의 몰입이 이루어질 수가 있다. 예컨대 분노의 문제 때문에 고통을 겪는 어떤 내담자가 있다면 그에게 있어서는 그 화를 경험하고 표출하는 것이 어렵지 않다는 것이다. 그러므로 최면 유도를 할 때에 내담자가 갖고 있는 일차적인 정서나 감정이 무엇인지를 확인하고 그것을 중심으로 유도하면 쉽게 몰입하게 할 수 있다. 그러한 정서적 몰입은 곧바로 최면으로 연결되기가 쉽다.

치료과정에서 일차적인 정서를 다루어 주고 관련된 문제를 치료하게 되면 내담자는 그 정서에서 벗어나게 되면서 그 다음의 다른 정서, 즉 후련함이나 미안함, 부끄러움과 같은 정서를 경험하게 된다. 따라서 최면 유도시에 내담자의 일차적인 정서가 무엇인지를 파악하는 것이 중요하다.

④ 심상의 원리

일반적으로 의지는 의식의 작용에 의해, 심상은 잠재의식의 작용에 의해 기능한다. 그런데 최면에서는 심상의 기능이 의지보다 더 강하게 작용한다. 의도적으로 어떤 장면을 구성하고 특정 과거를 기억하려고 해도 잘 안 되므로 스스로 자연스럽게 심상을 그릴 수 있도록 허용하는 것이 좋다. 그렇게 하기 위해서는 내담자가 즐기는 일이나 활동, 좋아하는 장소와 같은 것을 떠올리게 하고 그것에 대해 시각적으로 설명을 하도록 하면 좋다. 왜냐하면 내담자는 자기가 선호하는 대상에 대해서 말할 때는 앞에서 설명한 바와 같이 쉽게 몰입하고 심상을 그리기 쉽기 때문이다. 이러한 심상활동은 최면 유도로 곧바로 연결될 확률이 그만큼 커진다.

(2) 최면의 깊이

최면의 깊이를 측정할 수 있는 다양한 도구가 개발되었다. 그러나 도구들간의 차이는 크지 않으며 최면의 깊이가 모든 최면상황에서 반드시 일관성 있게 지속되는 것은 아니다.

일반적으로 약 5% 정도의 사람들만이 깊은 최면에 쉽게 들어가는 반면에 나머지 대부분의 사람들은 오히려 얕은 최면상태를 경험하며 이 상태에서 대부분의 임상적 치료가 이루어진다. 그러므로 최면치료가 이루어지기 위해서는 반드시 깊은 최면에 들어가야 할 필요는 없다. 최면감수성과 최면의 깊이는 반복적인 최면 경험과 연습효과로 인해 증가될 수 있다. 최면사들은 자신의 최면치료 경험과 내담자의 상태에 따라 내담자의 최면감수성과 어느 정도 깊이로 최면에 들어갈 수 있을지를 짐작한다.

일반적으로 내담자가 최면에 걸릴 수 있는지, 만약 걸린다면 어느 정도 깊이로 걸릴 수 있는지는 여러 가지 조건에 의해 영향을 받는데, 구체적으로 최면사의 기술 또는 사용된 유도기법, 연습에 의해 향상될 수 있는 내담자의 자연적인 피최면 능력, 다루어지는 내담자 문제의 정서적 내용, 내담자의 동기, 최면사와 내담자의 신뢰관계 또는 래포를 들 수 있다.

샤르꼬 이래로 1960년대에 특히 시코트(Walter Sichort)가 최면의 단계를 더 깊이 분류하기까지 최면에는 세 가지의 단계가 있는 것으로 알려졌다. 세 가지 단계란 바로 얕은 최면, 중간 최면, 깊은 최면(somnambulism)이다. 그러나 추가로 밝혀진 최면의 수준을 고려할 때 일반적으로 최면의 수준은 다음과 같이 분류할 수 있다.

- 얕은 최면 수준상태(light state or hypnoidal) : 최면 유도가 이루어지는 처음의 시기로, 눈꺼풀이 떨리거나 침을 삼키고 호흡패턴이 변화하고 신체적 이완이 이루어지며 결국에는 눈을 감게 된다.
- 중간 최면 수준상태(medium state) : 부분적인 기억상실, 무감각증, 체온의 변화가 가능하고 연령퇴행시에 어린이의 목소리로 말하며 후최면적 무감각을 경험하는 시기이다.
- 깊은 최면 수준상태(somnambulistic state) : 과거에는 가장 깊은 최면 수준으로 여겨졌던 상태로서 시각 및 청각적 환각 현상, 시간왜곡 현상이 가능하며 눈을 뜨더라도 깊은 최면상태에 머물게 된다. 기억상실에 대한 후최면암시를 수행할 수 있으며 특히 무대최면에서 볼 수 있는 수준이다.

- 코마 수준상태(coma state) : 신체적 암시가 듣지 않는 상태로 신체가 매우 이완되며 흐느적거리는 경험을 한다. 그러나 마음은 깨어 있어 암시에 반응할 수 있지만 신체적으로는 작용하지 못한다.
- 카타토니아 상태(catatonia state) : 장시간 동안 신체가 굳은 상태로 유지될 수 있는 상태이다.
- 극심저상태(ultra depth) : 가장 깊은 최면의 상태로서 완전한 무통 경험이 가능하여 수술을 할 수 있는 단계이다.

(3) 최면에 따른 현상

최면에 걸리면 여러 가지의 현상들을 경험한다. 일반적으로는 최면에 걸렸을 때 신체적으로 이완되어 평안함을 경험하게 된다. 그러나 그렇지 않은 경우도 있다. 왜냐하면 과거의 고통이나 충격받았던 일들을 떠올림으로써 오히려 몸이 긴장되어 고통으로 몸부림을 치는 경우도 있기 때문이다. 그래서 최면에 걸리면 일반적으로 이완이 된다고 생각한 어떤 내담자는 오히려 이완과는 전혀 다른 현상을 경험하면서 혹시 자신이 아직 최면에 안 걸린 것은 아닐까라는 의문을 가지기도 한다. 그러나 최면에 걸렸을 때 나타나는 현상들에 대한 이해가 있으면 그러한 의문은 자연스레 해결된다.

따라서 여기서는 최면 동안에 경험할 수 있는 현상, 또는 외부적으로 나타나는 현상들에 대해서 소개함으로써 최면에 걸렸는지의 여부를 알 수 있는 방법을 소개하고자 한다.

① 신체적 이완상태

가장 일반적인 최면 경험의 효과가 바로 신체적 이완상태이다. 일부의 예외적인 경우를 제외하고는 최면상태에서는 일차적으로 신체적 이완상태를 경험한다. 사실, 이완이 되어야 최면이 가능하기 때문에 최면에서는 이완을 경험하는 것이 너무도 당연한 현상일 것이다. 최면상태는 뇌에서 발생하는 알파파를 통해서도 알 수 있듯이 의식상태의 긴장이 모두 사라지는 편안한 상태이다. 즉 명상상태이며 정신집중상태인 것이다. 바로 이러한 점들을 바꾸어서 이야기하면 심한 스트레스 상태하에서는 최면에 잘 들어가지 않을 뿐만 아니라 최면에 들어가더라도 깊이 들어가지 않을 수도 있다고 할 수 있다.

② 호흡상태

최면상태에서는 호흡이 깊어지고 고르게 된다. 즉 잠을 잘 때처럼 깊은 호흡과 함께 고른 호흡을 하게 된다. 그것은 앞에서도 언급한 바와 마찬가지로 신체적 이완상태에서 경험하는 또 다른 현상인 것이다. 이러한 현상은 일반적으로 흥분을 하거나 스트레스를 받으면 호흡이 가빠지고 거칠어지는 현상과는 반대인 것이다.

③ 체온의 변화

최면상태에서는 체온의 변화가 일어나는데 정상온도보다 올라갈 수도 있고 내려갈 수도 있다. 최면 중에 내담자의 손이나 신체의 일부를 만져보면 보통 때보다 차갑거나 따뜻한 것을 알 수 있다. 어떤 사람은 그것을 잘못된 것으로 생각하고 염려하기도 하는데 오히려 깊은 최면으로 들어가 있다는 증거로 본다면 이상할 것이 전혀 없다. 다만 사람에 따라 체온이 올라갈 수도, 내려갈 수도 있기에 반드시 어떻게 되어야 한다는 원칙은 없다는 점을 이해할 필요가 있다.

④ 암시의 작용

최면상태에서는 암시의 효과가 극대화된다. 암시란 상담자나 치료자가 내담자 또는 환자에게 어떠한 방향으로 생각하거나 느끼게 하고 행동하도록 방향을 제시하는 최면의 기법이라고 할 수 있다. 그런데 이 암시는 의식상태에서는 별로 작용하지 않지만 최면상태의 잠재의식은 그 암시내용을 잘 받아들여 그대로 시행하는 것을 경험할 수 있다. 그래서 치료자는 내담자에게 특정한 장면을 생각하거나 떠올려 보도록 하고 슬픔이나 분노와 같은 정서를 경험해 보라고 하며 몸이 가볍거나 움직이는 신체적 경험을 해 보도록 하기도 하는데 내담자가 제대로 최면에 걸렸다면 그러한 암시를 잘 받아들여 그대로 시행하게 된다.

⑤ 급속안구운동

급속안구운동(rapid eye movement : REM)이란 흔히 수면 중 특히 꿈을 꾸는 동안에 나타나는 것으로, 눈동자가 아주 빠른 속도로 움직이는 현상이다. 그러한 눈동자의 움직임은 눈꺼풀의 움직임 또는 떨림을 통해서 알 수 있다. 우리가 눈을 뜬 상태에서 주변의 사물을 볼 때 눈동자를 움직이듯이, 꿈 속에서도 어떤 내적 경험을 할 때 실제로 사물을 보는 경우와 같이 눈동자를 움직인다고 한다. 그것은 아마 우리가 꿈을 꿀 때에 눈동자가 쉬는 것이 아니라 실제로 어떤 영상을 '보면서' 작용을 한다는 의미로 해석될 수 있는 측면이다. 이러한 현상은 최면 속에서도 나타난다.

그렇기에 어떤 내담자가 최면 유도를 받거나 명상상태에 들어간 직후에 눈동자가 급하게 움직이는 현상을 보인다면 그것은 이제 그가 최면에 잘 들어가고 있거나 이미 최면에 들어가서 무엇인가 내적인 경험을 하고 있는 표시인 것으로 받아들이면 된다.

⑥ 한숨

앞에서 최면상태에서는 특유의 호흡상태가 이루어진다고 하였는데 호흡과 관련한 또 다른 특징은 바로 깊은 한숨이다. 우리는 가슴이 답답할 때 한숨을 쉬듯이 최면상태에서도 자주 한숨을 쉬는 경험을 하게 된다. 특별히 이러한 한숨을 의식상태에서의 그것과 구별하기 위해서 '최면 한숨'(hypnotic sigh)이라고 부른다. 이것은 아마 최면상태는 곧 이완상태이며 이완상태에서는 호흡의 속도가 느려짐으로써 나타나는 현상일 것이라고 해석된다.

⑦ 정서 · 신체적 반응

최면상태에서는 정서 · 신체적 반응이 자유롭게 일어난다. 즉 슬픔과 고통, 기쁨과 행복 등의 정서적 반응을 자유롭게 느낄 뿐만 아니라 그에 따른 신체적 반응도 경험한다. 그래서 정서적으로는 슬픔을 느끼면서 가슴이 실제로 떨린다거나 눈물을 흘리게 되는 현상은 아주 흔한 일이다. 뿐만 아니라 행복한 상황을 떠올리는 내담자는 그 행복감을 만끽하면서 얼굴에 미소를 떠올리는 것이다.

겨울철에 추위에 떨던 과거 경험을 떠올린 어떤 내담자는 온몸을 사시나무처럼 떨면서 고통받던 어릴 때의 모습을 그대로 연출해 보이기도 했던 적이 있다. 그는 당시에 두꺼운 이불을 덮은 상태에서 최면에 들어갔는데도 그 이불이 무색하게 심하게 떨었다. 마찬가지로 또 다른 내담자는 높은 곳에서 떨어져서 다리가 아팠던 어린 시절의 경험을 떠올리고는 실제로 그때처럼 다리가 아프다고 호소를 하기도 했다. 이처럼 최면상태에서는 자신이 떠올린 과거 경험의 내용 그대로 감정을 느끼고 신체적 반응을 하는 것이다.

⑧ 감각적 경험

정서적 · 신체적 반응을 조금 다른 각도에서 이야기한다면 감각적 경험으로 설명할 수 있다. 즉 우리가 경험하는 감각기능들은 깨어 있는 동안에 늘 작용을 하는데, 실제로 사물을 보는 시각기능이 작용을 하고 냄새를 맡기도 하고(후각), 무엇을 만지면서 느끼기도 하고(촉각), 음식의 맛을 보기도(미각) 하는 것이 그 예이다. 이러한 경우처럼 최면상태에서도 감각적 경험을 그대로 한다. 최면에서의 감각적 경험은 객관적인 현실과는 상관 없이 이루어진다. 그래서 실제로 꽃이 없음에도 불구하고 꽃의 냄새를 맡기도 하고 새의 소리도 들으며 시원한 바람을 온몸으로 느끼게 된다. 그리고 기분이 좋아서 행복한 상태를 경험하며 미소를 띠기도 하는 것이다. 그래서 치료자는 치료의 전략으로서 이러한 감각적 경험을 의도적으로 유도한다.

추워서 떨고 있는 내담자에게 따뜻한 태양을 생각하게 한다면 곧 더 위나 따뜻함을 느끼게 된다. 아울러 심리적으로 고통을 느끼고 있는 내담자에게 자기가 좋아하는 꽃의 향기를 떠올리고 맡아 보게 한다면 그는 그러한 암시를 잘 받아들여 아주 행복하게 꽃의 향기를 경험한다. 마찬가지로 어떤 내담자는 맛있는 음식의 맛을 경험하면서 즐거워하기도 하는데 이 모든 것은 최면상태에서는 감각적 경험이 잘 이루어질 수 있다는 것을 보여 준다.

⑨ 눈동자의 충혈

최면 동안에는 당연히 눈을 감고 있기 때문에 내담자의 눈동자를 볼 수가 없다. 앞에서 언급한 급속안구운동 또한 눈을 감고 있는 상태에서 이루어지기 때문에 눈꺼풀을 통해서 간접적으로 알 수밖에 없다. 그러나 이 경우에도 민감한 눈꺼풀의 움직임을 통하여 우리는 급속안구운동을 충분히 알 수 있다.

여기서 말하는 눈동자의 변화란 최면이 끝난 후에 내담자가 보여 주는 변화인데 대표적인 예로 눈동자가 충혈되는 상태이다. 최면이 끝난 직후에 내담자의 눈동자를 가까이서 살펴보면 붉게 물들어 있는 것을 알 수 있다. 이상하게 생각할 수도 있지만 그렇게 받아들일 필요가 없다. 왜냐하면 그것은 바로 깊은 최면을 경험했다는 증거가 되기 때문이다. 물론 개인차가 있어서 그렇지 않은 경우도 있지만 대부분의 경우는 최면이 끝난 후에 내담자는 눈동자가 충혈되는 변화를 보이게 된다.

3. 최면에 적합한 성격특성

일반적으로는 누구나 최면에 걸릴 수 있다고 보아야 하지만 개인에 따라 유난히 최면에 잘 걸리는 사람도 있고 그렇지 못한 사람도 있다. 다음에 최면에 적합한 사람과 그렇지 않은 사람의 특성들을 나열하였다. 그러나 이것은 일반적인 기준이므로 참고로 삼을 뿐이지 절대화할 필요는 없다.

(1) 최면에 잘 걸리는 사람의 특성

일반적으로 다음과 같은 특성을 가진 사람들은 최면에 잘 걸릴 확률이 높다.

① 집중력이 강한 사람

어떤 일을 할 때 집중성이 높은 사람은 최면 유도시에도 집중성을 발휘하여 최면사의 암시에 잘 따르든다. 이러한 집중성으로 인해 쉽게 이완이 이루어지고 최면으로 빠져들 수 있다. 앞에서도 설명했듯이 집중성이 높은 사람은 지능이 높을 가능성이 있고 이러한 특성들은 모두 최면감수성과 정적인 상관관계에 있다.

② 지적인 사람

지성은 최면과 관련이 깊다. 지적인 사람이란 흔히 '머리가 잘 돌아가는' 사람을 말한다. 그래서 똑똑하다거나 영리하고 이해력이 빠른 사람들이 최면에도 잘 걸릴 수 있다. 결국 어느 정도 지능이 높을수록 좋은 최면피험자가 될 수 있을 것이다. 왜냐하면 아마도 높은 지능은 곧 집중성과 관련이 있기 때문일 것이다. 일반적으로 집중성이 높을수록 지능이 높고 집중성이 높을수록 최면에 잘 걸리는 경향이 있는 점을 고려하면, 지능과 최면감수성은 상호 연결된다고 볼 수 있다.

③ 기억력이 좋은 사람

일반적으로 기억력이 좋은 사람이 최면에도 잘 걸리며 쉽게 과거를 회상해 낼 수 있다. 아마도 기억력은 앞에서 설명한 지능과 연관되며 집중성과도 관련이 있을 것이기 때문에 기억력이 좋은 사람은 최면에 잘 걸릴 확률이 높다고 보아야 할 것이다.

④ 생각이 단순한 사람

생각이 단순한 사람은 남의 말을 듣거나 어떤 상황에 처했을 때 복잡하게 생각하거나 분석하거나 판단하지 않고 그냥 사실 그대로를 받아들이는 경향이 있다. 이런 사람은 최면사의 지시나 암시를 들을 때도 그것을 분석하거나 평가하지 않고 있는 그대로를 단순하게 받아들이는데, 그런 사람일수록 최면에 잘 걸릴 수 있다.

⑤ 상상력이 풍부한 사람

상상력은 최면 경험에 가장 필수적인 것 중의 하나이다. 비현실적으로 생각될지라도 상상을 할 수 있다는 것은 마음 속에 자유롭게 어떤 생각이나 감정을 떠올릴 수 있음을 말하는 것으로 최면 유도 및 치료에 필수적인 것이다. 따라서 상상력이 풍부한 사람일수록 최면에 잘 걸린다. 최면 능력을 높이기 위한 상상력 증진 연습용 자료가 〈글상자 6〉에 소개되어 있으니 참고하기 바란다.

⑥ 감정표현을 잘하는 사람

사람은 누구나 감정을 느끼며 경험한다. 그러나 감정을 느끼는 것과 각성하고 표현하는 것은 서로 다르다. 중요한 것은 감정을 느끼는 것은 누구나 할 수 있지만 그것을 표현하는 것은 사람에 따라 차이가 난다는 점이다. 감정표현을 잘 하는 사람은 솔직하다는 뜻도 되지만 자기 감정에 순수하고 숨기지 않는다는 뜻도 된다. 감정은 또한 가장 원초적인 인간 경험일 수 있다. 그렇기에 감정을 잘 표현한다는 것은 원초적인 경험에 대해 개방적임을 말해 준다. 결국 감정표현을 잘 하는 사람은 솔직하며 순수한 데가 있으며 원초적인 경험에 대해 개방적이라고 할 수 있는데 이러한 점들은 최면에 유리한 조건이 된다. 실제로 최면에서는 감정의 경험이 중요한데 그러한 감정경험이 이루어지기 위해서는 솔직함, 순수성, 개방성 등이 요구되는 것이다.

상상력 증진 연습

상상력이 부족한 사람을 위한 상상력 증진을 위한 연습의 방법은 여러 가지가 있으나 아래에 소개된 방법을 참고하여 연습해 보면 도움이 될 것이다(Samuels & Samuels, 1975). 반복적인 연습을 통하여 상상력이 향상되면 보다 쉽게 최면에 걸릴 수 있을 뿐만 아니라 최면 경험을 하면서 치료효과를 얻기에도 좋을 것이다.

첫째, 아래와 같은 그림 또는 도형 중의 어느 하나에 시선의 초점을 두고 몇 초간 응시한 후에 눈을 감는다. 그리고 조금 전에 보았던 그림이나 도형을 마음 속에서 그려본다.

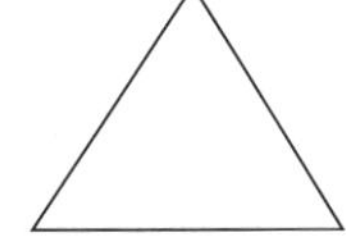

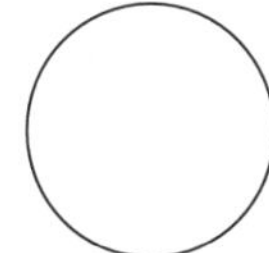

둘째, 사과나 귤과 같은 과일, 물잔, 전화기, 자동차와 같이 현재 상황에서 눈으로 볼 수 있는 특정 사물에 집중한다. 그것을 약 5초간 바라본 후에 눈을 감는다. 그리고 조금 전에 본 사물을 상상하되 가능하면 입체성에 초점을 둔다. 즉 앞, 뒤, 옆, 위에서 바라보는 모습을 각각 상상해 본다.

셋째, 학교 교실에서 공부하던 모습을 상상해 본다. 어느 위치의 어떤 자리에서 어떤 자세로 앉아 있는지를 구체적으로 상상해 본다.

넷째, 지금 살고 있는 집의 모습을 상상한다. 집의 구조, 방의 모양을 생각해 보고 집안을 이리 저리 걸어다니면서 눈에 띄는 가구나 물품들이 어떤 것이 있는지 그리고 모양은 어떻게 생겼는지를 상상한다.

다섯째, 좋아하는 사람의 얼굴을 떠올려 보고 이마, 눈썹, 눈동자, 입술모양 등과 같이 구체적인 얼굴의 모습을 상상한다.

여섯째, 거울에 비친 자신의 모습이 어떠할지 상상해 본다. 이것도 앞에서와 마찬가지로 구체적인 신체부위를 중심으로 하나씩 훑어 가면서 상상하고 또 종합적으로도 상상한다.

⑦ 나이가 어린 사람

나이가 어릴수록 최면에 잘 걸리는 경향이 있다. 그것은 흔히 말하듯 나이가 어릴수록 '영혼이 맑은' 사람이기 때문이라고 설명할 수가 있다. 그리고 이들은 비교적 감수성이 예민하고 상상력이 풍부하기에 최면에 적합하다고 할 수 있다. 너무 어린 경우에는 지적인 능력이 부족하여 최면에 부적합할 수도 있으나 유치원생 이상 정도로 의사소통이 가능하며 자기의 생각을 표현할 수 있고, 성인이 지시하는 대로 따라할 수 있고 상상할 수 있는 능력을 갖춘 연령이면 누구나 최면은 가능할 것이다.

⑧ 몰입을 잘 하는 사람

몰입을 잘 한다는 것은 책이나 강연, 영화에 시간가는 줄 모르고 잘 빠져드는 것을 말한다고 할 수 있으며 이는 곧바로 집중성과 관계된다. 흔히 재미있는 책을 읽다 보면 옆에 누가 오는지 가는지 모르고 책에 빠질 수가 있다. TV의 드라마 같은 것을 볼 때도 그렇다. 이런 것은 몰입할 수 있는 성격, 집중할 수 있는 성격을 말해 주는데, 그러한 집중상태에서 경험하는 것이 일종의 얕은 최면상태인 트랜스 상태라고 할 수 있다. 결국 고도의 몰입과 집중상태를 유지할 수 있는 사람은 최면상황에도 쉽게 몰입하며 최면에 잘 걸릴 수밖에 없다.

⑨ 협조적인 사람

평소에 남의 말을 잘 따르고 협조를 잘 하는 사람은 최면사의 말에 대해서도 판단이나 분석을 하거나 평가하지 않고 무조건적으로 따르며 협조를 하는 경향이 있다. 따라서 이러한 사람은 쉽게 최면에 걸릴 수밖에 없다. 여기서 다시 한 번 래포의 개념을 생각할 수 있는데, 래포란 최면사와 내담자 간의 신뢰관계를 말한다. 내담자가 최면사를 믿는 마음이 클수록 협조하는 마음이 생기게 되고 그러한 협조적인 마음이 곧 최면에의 몰입에 도움이 된다.

⑩ 최면에 대한 기대를 하고 원하는 사람

이것은 앞에서 설명한 기대효과와 관계되는 것이다. 위약효과는 무엇보다도 기대 또는 믿음의 치료효과를 잘 설명해 주고 있는데 이는 최면에도 그대로 적용된다. 최면에서도 최면에 대한 기대를 갖고 잘 될 수 있을 것이라는 믿음을 갖는 사람일수록 최면에 잘 걸릴 수 있다. 그러나 지나치게 기대를 하고 집착하다 보면 경우에 따라 그것이 오히려 긴장 요소로 작용하여 최면에 잘 걸리지 않을 수도 있음을 이미 앞에서 살펴본 바 있다.

(2) 최면에 부적합한 사람의 특성

최면에 부적합한 사람이란 최면에 잘 걸리지 않거나 최면의 피험자로서 적절하지 못한 사람을 말한다. 따라서 이러한 사람은 최면에 걸릴 확률이 낮거나 아예 최면에 걸리지 않는다. 그러나 최면의 확률이 낮다고 해서 포기할 것은 못 된다. 왜냐하면 연습의 효과가 작용하기 때문이다. 따라서 최면에 잘 걸리지 않는 사람이라도 보다 많은 시간과 노력을 투자하여 연습과 훈련을 하면 도움이 된다. 그래서 앞의 〈글상자 6〉에는 최면 능력을 높이기 위하여 상상력을 높일 수 있는 방법을 제시하였으니 참고하기 바란다.

① 회의적인 사람

회의적이란 것은 다른 사람의 말이나 객관적인 현상에 대해서 잘 수용하지 못하고 의심하는 것을 말한다. 그러므로 회의적인 사람은 남의 말을 쉽게 믿지 않고 받아들이지 않는 경향이 있다. 그런 사람은 최면사의 최면 유도에 대해서도 회의적인 태도로 임할 것이기 때문에 유도 자체를 마음으로 수용하지 않고 분석적으로 비평하거나 따지므로 최면에 걸리지 않을 확률이 높다.

② 비판적인 사람

비판적인 사람은 회의적인 사람과 마찬가지로 남의 말을 쉽게 받아들이지 않고 부정하는 경향이 많다. 따라서 최면사의 최면 유도에 대해서도 비판적인 태도로 듣게 되므로 최면에 걸리지 않을 확률이 높다.

③ 냉소적인 사람

냉소적인 사람은 앞에서 언급한 회의적인 사람, 비판적인 사람과 마찬가지로 다른 사람의 말을 순수하게 받아들이지 않거나 있는 그대로 받아들이지 않는 경향이 있다. 그러므로 최면사의 말에 대해서도 받아들이지 않고 냉소적인 태도를 보일 것이다. 결국 그는 최면 유도에 대해 저항하거나 순수하게 받아들이지 않을 것이므로 최면에 걸릴 수가 없다.

④ 정서보다 논리적인 사람

논리적인 사람은 만사를 이성적, 논리적, 분석적으로 대하기 때문에 최면 유도에 대해서도 마찬가지의 태도를 보이는 경향이 있다. 이러한 사람은 최면 유도의 내용이 논리적으로 맞지 않거나 납득이 되지 않는다고 생각될 때 유도에 따라가거나 받아들이기보다는 그것에 대해 이성적으로 생각하거나 집착하는 경향을 보이므로 최면에 제대로 몰입하지 못하거나 아예 최면에 잘 걸리지 않는다.

⑤ IQ가 낮거나 언어 이해 능력이 낮은 사람

IQ가 낮다는 것은 지적인 수준이 낮다는 것을 의미한다. 지적 수준이 낮은 사람은 최면 유도의 내용을 잘 이해하지 못하거나 상상력이 부족한 경향이 있으므로 최면에 잘 걸리지 않는다. 같은 맥락에서 언어 이해 능력이 낮은 사람 또한 최면에 잘 걸리지 않는다.

⑥ 정신박약아, 노망자, 뇌손상자

이러한 사람들은 기본적으로 뇌의 기능이 정상적이지 않은 사람이라고 할 수 있다. 따라서 정상적으로 사고하거나 최면 유도의 내용을 이해할 수 없을 뿐만 아니라 유도에 따른 반응을 할 수가 없다. 뿐만 아니라 정상적인 의사소통 또한 불가능하고, 최면 유도에 집중할 수도, 따를 수도 없다. 그러므로 이들은 최면에 걸리지 않는다.

4. 최면사의 조건

최면을 걸 수 있는 사람이 특별히 따로 있는 것은 아니다. 다시 말해서 정상적인 지능 수준을 갖고 있으며 의사소통 능력이 있는 사람은 누구나 최면을 걸 수가 있다. 그러므로 타인에게 최면을 걸 수 있다는 것은 일반적으로 생각하듯이 특별히 '신비한' 능력은 아닐 뿐만 아니라 최면사 또한 신비한 사람이 아니다.

일반적으로 TV나 영화와 같은 곳에서는 관객에게 '뭔가를 보여 주면서' 극적인 효과를 노리기 위해 최면을 마술이나 쇼와 같이 다루기도 한다. 따라서 최면에 대한 정확한 지식이 부족한 일반인들은 자신이 피상적으로 본 것만을 근거로 판단하기 때문에 최면에 대한 오해나 편견을 갖기 쉽고 최면에 대해서 신비하게 생각하는 경향을 보이게 된다. 그래서 최면사를 신비한 능력을 갖춘 대단한 사람쯤으로 과대평가하게 된다. 그러나 어느 정도의 조건을 갖추고 능력을 쌓으면 최면은 누구나 걸 수 있고 일상 생활에서 활용할 수 있다.

최면을 걸기 위해서는 최면에 대한 최소한의 지식을 갖고 최면 유도의 기법을 제대로 활용할 수 있어야 한다. 그러므로 누구든 그러한 지식과 기법을 배운다면 최면을 건다는 것은 그렇게 어렵지 않다. 따라서 누구나 최면을 걸 수 있다고 해야 할 것이다. 적어도 이 책을 읽는 독자라면 제대로 배우기만 한다면 누구나 최면을 걸 수 있을 것이다.

그러나 최면상태에서는 다양한 심리적, 신체적 경험이 가능하며 때에 따라서는 위기반응도 얼마든지 나타날 수 있다. 아울러 최면상태에서는 심각한 심리적, 신체적 고통이 경험되고 실제로 긴급하게 치료되어야 할 부분들이 표출될 수도 있으며 무의식적인 기억이 되살아나고 그와 관련하여 현재의 심각한 문제가 다루어질 수도 있다. 또한 최면에서 급하게 깨어나야 할 경우도 생긴다. 따라서 충분한 능력을 갖추지 않은 사람이 선불리 최면을 걸었다가는 감당하기 곤란한 위험한 사태에 직면하여 당황하거나 문제를 경험할 수가 있다.

그러므로 내담자의 보호와 진정한 최면의 효과를 위해서는 최면 중의 내담자를 적절하게 다루고, 최면에서 떠올린 기억을 잘 해석하고, 그것과 현재의 문제를 관련시켜 이해할 수가 있으며 위기상황에서 적절히 대처하는 능력을 갖춘 사람이 최면을 걸고 상담과 치료를 해야 한다. 그러므로 최면치료를 하는 사람은 최소한 심리학, 정신의학, 상담, 심리치료를 비롯한 인간복지 분야의 지식과 능력, 그리고 소양을 갖춘 사람이어야 할 것이다. 이들이 최면에 관련한 이론적인 교육과 실제적인 훈련을 받고 임상경험을 쌓은 후에야 본격적인 최면치료를 해야 하는 것은 물론이다.

그래서 구미 선진국에서는 최면사를 양성하기 위해서 일정한 자격요건을 갖춘 사람을 대상으로 엄격한 교육과 훈련을 시킬 뿐만 아니라 이후에도 질적인 관리를 소홀히 하지 않음을 볼 수 있다. 이에 대해서 구체적으로 살펴보자.

(1) 최면사의 양성

구미의 선진국에는 최면사를 양성하고자 하는 최면 관련 단체, 연구소, 학회가 많이 있다. 이들 단체는 최면과 최면치료를 학문적으로 연구하고 보급하는 일도 하고 있다(부록-6 참조). 전문적인 최면치료 교육과 훈련은 일반적으로 정신의학, 상담, 심리치료 분야를 비롯하여 심리학, 사회복지 등의 인간복지 또는 조력 분야 전공자나 종사자에게 개방된다.

대표적으로 미국에서 이루어지는 최면교육은 의사나 심리학 관련 전공자들과 같이 특정 분야의 전문가들에게만 교육을 실시하는 형태와 특정 분야를 가리지 않고 조력 분야에 종사하는 사람이면 누구에게나 교육을 실시하는 형태로 분류될 수 있다. 최면교육은 사설 최면학교나 단체, 연구소, 학회 등지에서 수시로 이루어지는데 어느 경우든 대개 조력 분야의 전문가들을 대상으로 최소한 60시간 이상의 이론, 실제, 슈퍼비전의 형식으로 구성된다.

미국 내의 대표적인 사설 최면교육기관으로는 미국 최면치료연구대학(American Institute of Hypnotherapy), 미국 퍼시픽 대학교(American Pacific University)와 같은 학교가 있다. 이들 학교는 최면을 전문으로 교육하는 대학의 학부 및 대학원 과정을 두고 있어서 최면학사, 최면박사와 같은 전문 학위를 수여하기도 한다. 그러나 일반적으로는 최면전문가들이 운영하는 사설 최면교육기관 또는 연구소와 같은 곳에서 최면교육이 이루어지고 최면치료사 자격증이 발급된다.

이들 기관들은 각각 최면을 활용하고 적용하는 전문 분야가 조금씩 다를 수 있다. 그리고 일반적으로 이들 기관들은 최면전문가들로 이루어지는 전국적인 최면학회나 단체로부터 교과과정이나 운영에 대해 승인을 받거나 지도 · 감독을 받기에 법적, 윤리적인 측면에서 책임 있는 교육이 이루어진다고 볼 수 있다.

(2) 최면 관련 단체와 학회

최면학회나 단체는 정식으로 최면교육을 받고 최면사의 자격을 취득한 사람, 또는 자격증 취득 후 일정 기간 임상경험을 쌓은 사람을 회원으로 받아들인다. 그리고 학회나 단체 중에는 위에서 열거한 바와 같이 전문 분야와 상관 없는 일반적인 것도 있지만 전문 분야에 따른 것도 있다. 예를 들어 미국심리학회(APA) 내에는 하나의 분과로서 심리최면학회(Psychological Hypnosis)가 별도로 있다. 일반 의료 분야에는 미국 의료최면협회(American Board of Medical Hypnosis) 및 미국 의료최면분석가 아카데미(American Academy of Medical Hypnoanalyst)와 같은 학회, 치과 의료 분야에는 국제의료 및 치과최면학회(International Medical and Dental Hypnotherapy Association)와 같은 학회가 있다. 한편 행동소아과학회(Society for Behavioral Pediatrics)라는 미국 소아과학회는 소아최면을 위한 워크숍을 별도로 주관하고 있다.

이외에도 미국 임상최면학회(American Society of Clinical Hypnosis), 임상 및 실험최면학회(Society for Clinical and Experimental Hypnosis) 등의 학회가 있는데, 이들 학회는 학회나 연차대회 기간, 특별한 일정 동안에 독자적으로 최면교육과 훈련을 세미나, 워크숍의 형태로 실시하며 유능한 최면치료사의 양성과 최면 보급 및 질적 향상을 위해 노력하고 있다.

그러나 우리 나라에서는 아직까지 최면에 대한 교육과 훈련을 전문적으로 실시하는 기관이나 단체가 몇 개 되지 않을 뿐만 아니라 제대로 알려져 있지 않은 형편이다. 아울러 각 단체에 가입된 회원의 수도 소수에 불과한 것 같다. 그동안 국내에서 조직된 최면단체의 예를 들면 정신과 의사인 변영돈의 대한최면치료학회와 김영우의 한국임상 및 실험최면연구회가 있는데 이들 단체는 정신과 의사에게만 개방되어 있는 것으로 알려져 있다. 그리고 류한평의 대한최면심리학회와 대한심리연구소, 김영국의 대한최면연구소는 일반인들에게도 개방되어 최면을 보급하는 데 기여하고 있다. 그러나 앞으로는 우리 나라에서도 최면심리 및 치료 분야가 보다 폭넓게 보급되어 유능한 전문가가 많이 배출되어야 할 것이다.

5. 최면에 대한 그릇된 상식과 올바른 이해

앞에서도 여러 차례 언급한 바와 같이 일반적으로 사람들은 최면에 대해서 그릇된 상식을 갖고 있다. 그래서 최면을 이상하게 생각하거나 심지어 위험한 것으로까지 여기는 선입견을 갖는 경향이 있다. 여기서는 그러한 원인을 구체적으로 살펴보고 최면에 대한 올바른 이해를 돕고자 하는 내용을 다루었다.

(1) 최면에 대한 부정적인 선입견의 원인

사람들이 최면에 대해 부정적인 선입견을 갖는 원인은 아래와 같이 다양하다.

① 언론매체의 영향

언론매체를 통해 보여지는 최면은 제한된 시간 내에 시청자나 관객에게 그럴 듯한 것을 보여 주고 인정을 받아야 하기 때문에 최면에 대해서 진지하게 접근하기보다는 쇼처럼 다루고 극적인 장면을 구성해야 하는 속성을 갖게 된다. 그러므로 이때 보여지는 것은 마술적이고 극적인 장면이게 마련이다.

특히 인교법(人橋法)이라고 하는 최면의 한 방법은 최면쇼에서 자주 활용되는데 극적이고 마술적인 효과를 과시하는 데 효과적이다. 이것은 최면사가 피험자에게 몸이 막대기처럼 굳어지라고 암시를 준 후에 두 개의 의자를 준비하여 머리는 한쪽의자에 발은 다른 쪽 의자에 각각 놓게 하여 마치 다리(교량)와 같이 되도록 하는 방법이다. 최면상태에서 보여지는 이러한 인간다리 현상은 매우 신기하게 보임으로써 최면쇼의 극적인 분위기를 돋우게 된다.

일반적으로 어떤 개념이나 용어가 그것의 내용에 대한 선입견을 많이 좌우하는 경향이 있다. 그런 점에서 보면 최면술이라는 용어도 마찬가지이다. 최면술이라고 할 때 그것은 마술, 도술, 요술과 같이 비과학적이고 비학문적이며 전근대적이며 비현실적인 미신 차원의 것으로 생각되는 경향이 있다. 부정적인 의미로는, 어떤 사람이 인간관계에서 술수를 부린다고 할 때의 '술'의 개념과 같이 최면술도 무엇인가 당당하거나 밝지 못하고 음침한 느낌과 분위기를 풍기는 것이 사실이다. 사실 효과적인 최면 유도를 위해서는 적당히 어두운 조명상태가 바람직하지만 결과적으로 일반인들로 하여금 최면에 대하여 이상하게 생

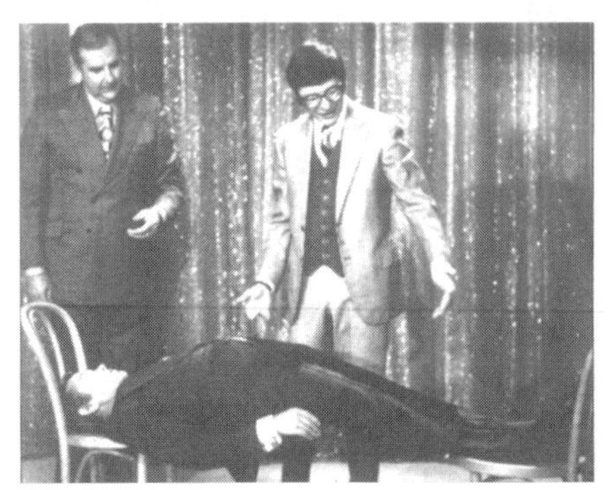
미국 TV에서 방영된 최면쇼의 한 장면

쇼에 자주 등장하는 인교법

각하게 하는 주된 요소로 작용하는 것 같다.

② 고대의 최면과 주술적 전통

최면의 역사를 볼 때 그것은 오랜 과거부터 무속인이나 영능력자(psychic healer), 그리고 주술사와 같은 사람들이 주로 활용하였음을 알 수 있다. 원시 시대나 고대 시대, 그리고 중세 때까지만 하더라도 제정일치의 문화가 지배하여 종교지도자는 일반 민중뿐만 아니라 정치 지도자로부터도 존경과 숭배를 받았고 사회의 지배계급으로 군림하였다. 그러나 근대 이후에 과학문명이 발달하면서 인간의 이성이나 합리성이 존중받게 되자 현대에 들어서면서 과거의 그러한 전통은 사라졌을 뿐만 아니라 비과학적이고 미신적인 것으로 무시되기까지 하였다.

이러한 영향으로 최면 또한 학문을 하는 사람이나 '점잖은' 부류에 속하는 사람들에게는 관심의 대상이 되지 못하였다. 대신에 학문적인 배경이 없거나 주류문화에서 소외된 '사이비적'인 사람들이 주로 마술이나 도술과 같이 최면을 하는 것으로 인식되었다. 그러한 전통은 서구사회에서도 마찬가지이지만 우리 나라에서도 크게 다를 바가 없었던 것 같다.

필자가 미국에서 처음으로 최면치료를 배웠을 때 첫 시간부터 최면에 대해 일반인들이 갖는 오해가 무엇인지, 그리고 그것은 왜 잘못된 것인지에 대해서 취급하는 것을 보았다. 또한 최면에 관한 어떤 책을 보아도 최면에 대한 오해와 이해에 대한 내용을 별도의 장으로 두면서까지 중요하게 다루는 것을 알 수 있다. 그것은 아마도 동서양을 막론하고 최면에 대한 일반인의 오해나 잘못된 선입견이 많다는 것을 반증하는 예가 될 것이다. 그래서 필자도 최면교육과 훈련을 할 때 먼저 최면에 대한 올바른 이해를 시키는 것으로부터 시작하곤 한다.

최면은 이런 저런 이유로 학문적으로도 제대로 인정을 받지 못하여 영국에서는 1955년에, 미국에서는 1958년에 와서야 의학 분야에서 겨우 인정을 받게 되었지만 아직도 주류 학문사회에서는 소외되고 있는 것이 사실이다. 그러한 점들이 모두 최면술이라는 용어와 함께 일반인들로 하여금 최면에 대해 이상하게 생각하도록 한 또 다른 요인으로 작용한 것 같다. 일반인들의 그러한 오해를 불식시키는 의미에서라도 필자는 굳이 최면술이라는 용어의 사용을 거부한다. 그 대신에 최면, 최면법, 최면 기법, 최면치료 또는 최면요법, 최면상담이라는 용어를 쓰기를 권장하는 것이다.

③ 스벵가리 효과

일반적으로 사람들은 최면상태에서는 의식이 없어진다는 편견을 갖고 있는데 이 점이 최면을 이상하게 보는 또 다른 이유가 된다. 사람들은 최면상태가 되면 최면사가 시키는 대로 할 수밖에 없고 그렇게 되면 아주 난처한 일이 생길 수도 있으며, 결과적으로 최면사는 내담자를 나쁘게 악용할 수도 있다고 생각하는 것이다. 이러한 생각을 설명해 주는 개념이 바로 스벵가리 효과(Svengali effect)라는 것이다 (Alman & Lambrou, 1992).

스벵가리란 미국에서 상영된 옛 영화에서 최면사로 등장한 주인공의 이름이다. 그는 이 영화에서 턱수염이 난 미친 사람으로서 여성들에게 최면을 걸어 자기가 시키는 대로 행동하게 하고 심지어는 범죄까지 저지르게 하였다. 이러한 내용들은 최면의 실상을 왜곡시키는 대표적인 사례로 가끔 영화나 TV 드라마, 소설 같은 곳에서 묘사되는 전형적인 예이기도 하다.

최면이 범죄로 이용된 유명한 예로서 하이델베르크 사건이란 것이 있다. 이 사건은 범행에 최면이 장기간에 걸쳐 사용되었다는 것과 그것을 조사하기 위해서 또 다시 최면이 사용되었다는 점에서 특이할 뿐만 아니라 최면과 범죄관계를 보여 주는 가장 전형적인 예라고 할 수 있다. 이 사건은 1934년 여름 독일의 하이델베르크에 사는 H.E.라는 사람의 호소로 당시 하이델베르크 경찰 내과의사인 루드비히 마이엘이 조사를 담당하면서 조금씩 밝혀진 내용인데 그는 그러한 내용을 1937년에 『최면에서의 범죄』라는 제목의 책으로 출판함으로써 세상에 정확하게 알리게 되었다(홍영희, 1996).

최면이 범죄로 이용된 또 하나의 사례로 인도네시아의 어느 무속인이 최면을 통해 무려 236명이나 되는 여성들을 강간한 것으로 체포된 1997년의 사건을 들 수 있다. 그는 병자를 치료하고 사람들에게 복을 가져다 주는 신통력을 지닌 것으로 널리 알려졌기에 많은 여성들로부터 치료요청을 받았다. 그러나 그는 그를 찾은 여성들에게 최면을 걸어 치료 대신에 강간을 했고, 피해를 입은 여성들이 그를 성폭행혐의로 고소함에 따라 체포되었다(동아일보, 1997. 9. 8).

이상과 같은 예에도 불구하고 일반적으로는 타인에게 암시를 주어서 범죄를 실행시키기란 쉽지 않은 일이다. 왜냐하면 최면상태에 있는 사람도 그의 도덕관념에 현저하게 반하는 행위는 몇 번 되풀이하여 강하게 암시해도 잘 듣지를 않기 때문이다. 그러나 억지로 부도덕한 암시를 주입한다면, 내담자는 마음에서 갈등이나 불편함을 느끼게 되기 때문에 더 이상 최면이 되지 않거나 아예 최면에서 깨어 버리기가 쉽다. 그럼에도 불구하고 내담자가 암시에 응했다면 마음 속에 이미 범죄적인 성향을 갖고 있기가 쉽다.

앞에서도 설명하였듯이 최면상태에서는 의식이 없어지는 것이 아니라 의식은 그대로 살아 있으면서 무의식 또는 잠재의식이 활성화되기 때문에 자신의 언행과 심리적, 신체적 반응을 모두 의식하게 된다.

그리고 최면은 내담자의 자발적인 의지가 있을 때 작용하는 것이기 때문에 최면사가 일방적으로 최면을 걸 수가 없으므로 최면을 이상하게 생각한다는 것은 별로 근거가 없는 태도이다.

④ 빙의 현상

최면에 대해서 미신이나 이단의 차원에서 생각하는 사람도 많이 있다. 그러나 최면은 잠재의식을 활성화시킴으로써 평소에는 생각할 수 없던 과거의 경험에 대한 기억을 재생하고, 이를 통하여 치료의 목적을 달성하고자 하는 것이기 때문에 어디까지나 건전한 치료의 한 방법이다.

사실 최면에서는 때때로 영적인 현상이 나타나고 영적인 존재에 의한 빙의(憑依) 현상을 다루기도 한다. 원래 과학이 발달하기 이전의 과거에는 인간의 정신적인 장애를 영적인 현상으로 보고 무속적인 방법, 심령적인 방법으로 치료하고자 하였다. 그러나 과학이 발달하면서 그러한 것을 미신시하는 풍토가 자리잡았기 때문에 현대 과학이나 심리치료에서는 빙의 현상이나 영적인 원인에 의해 병이 드는 현상을 인정하지 않고 있다.

그러나 최면에서는 그러한 영적 현상을 인정하고 치료하는 방법도 개발되어 있다. 비록 빙의 현상이나 영적인 현상을 인정하지 않는 최면전문가도 있지만 이를 전문으로 하는 최면가도 있다. 빙의치료(spirit releasement therapy)라고 하는 치료법은 일반 정신과적 치료나 심리치료 및 상담에서 진단되지 않고 해결되지 않는 많은 병들을 치료하는데 효과적이다(김영우, 1999). 오늘날 대표적인 빙의치료는 미국의 볼드윈(William A. Baldwin) 박사가 개발하였는데 이에 대해서는 〈글상자 7〉을 참고하기 바란다.

특정 종교의 입장에서 봤을 때 최면치료나 빙의치료와 같은 것이 다소 이단적인 것으로 인식될 수 있을지 모른다. 그러나 제대로 훈련받은 최면치료사는 여하한 최면 현상과 빙의 현상까지 무리 없이 다루어 내며 치료해 낼 수 있는데 그것은 최면은 어디까지나 인간 자신이 갖

글상자 7

빙의치료

빙의치료는 미국의 볼드윈 박사가 개발하였다. 원래 치과의사 출신인 볼드윈 박사는 보다 효과적으로 치과 환자를 치료할 목적으로 최면을 시작한 이래로 최면전문가가 되었고 전생치료 전문가가 되었다. 그러나 그는 임상실제를 통해 사람들에게서 최면에 의한 전생퇴행으로부터 자기 자신이 아닌 다른 존재의 기억이라고 볼 수 있는 현상이 나타난다는 사실을 발견하였다. 그는 처음 몇 달 동안 최면-전생퇴행 작업을 하는 동안에 반 수 이상의 내담자들이 영적 간섭을 받고 있다는 사실을 알아내고 몇 년 간의 임상경험 결과 거의 대부분의 사람들이 영적인 영향을 받고 있다는 결론을 얻었다. 물론 개인에 따라 그 정도의 차이는 있지만 그 영적인 영향에 따라 병이 생기기도 하고 고통을 겪기도 한다는 것이다. 이것을 종교적인 퇴마(退魔: exorcism)와 같은 차원에서 치료하는 가운데 빙의치료(spirit releasement)라는 새로운 분야를 개척하게 되었다.

일반적으로 종교적인 퇴마의 경우에서는 영적인 존재를 악마로 규정하고 종교적인 의식의 차원에서 처리하지만 볼드윈 박사는 그것에 동의하지 않았다. 오히려 그는 본업인 치과의사직을 그만두고 임상심리 박사과정에 등록하여 최초로 빙의 현상을 임상적으로 다룬 박사논문 「빙의의 진단과 치료」(Diagnosis and Treatment of the Spirit Possession Syndrome)를 저술하였다. 그런데 이것은 후에 『빙의치료: 기법편람』(Spirit Releasement Therapy: A Technique Manual)이란 책으로 출판되었을 뿐만 아니라 이 분야 최초의 빙의치료 전문서적으로 평가받고 있다.

볼드윈 박사는 후에 부인인 주디스(Judith A. Baldwin)와 함께 이 분야의 전문적인 교육과 훈련, 보급을 위하여 인간관계 센터(Center for Human Relations)를 설립하고 전문학회인 빙의치료학회(Association for Spirit Releasement Therapies)를 조직하여 전국적으로 뿐만 아니라 국제적으로 워크숍을 운영하고 있다.

고 있는 내부 정신세계, 특히 무의식이나 잠재의식, 그리고 잠재 능력을 활용하기 때문이다.

(2) 최면의 안정성

앞에서 최면에 대한 일반인들의 편견이나 오해에 대해서 충분히 설명을 했기 때문에 새삼스레 최면이 위험한 것은 아닌가라는 점에 대해서 재론할 필요성을 느끼지 않는다. 그럼에도 불구하고 여전히 그것을 위험한 것이라고 생각하고 불안해하는 사람들의 심리에 대해서는 조금 더 설명이 필요할 것 같다.

① 최면과 자발성

최면을 걸면 누구라도 일방적으로 최면에 걸릴 수 있기 때문에 사람들이 본인의 의지와 상관 없이 최면사에게 '당할 수 있다'고 생각하는 것이 최면을 위험하다고 보는 주된 이유 중 하나인 것 같다. 그리고 최면 중에 일어나는 일들은 깨어나도 전혀 기억할 수 없다고 생각하기 때문에 역시 최면을 두려워하고 위험하게 생각하기도 한다.

그러나 최면은 내담자의 자발적인 의지 없이는 이루어지지 않으며 최면상태에서도 의식은 그대로 살아 있기 때문에 최면사가 최면을 빙자하여 내담자를 악용하기가 어렵다는 점을 다시 한 번 지적하는 바이다. 그리고 최면상태에 있었던 일을 최면 도중에는 물론이지만 깨어난 이후에도 생생하게 기억한다는 점을 이해할 필요가 있다. 그래서 최면 도중에 들리는 외부의 소음(예컨대 전화벨이나 음악소리와 같은)을 모두 들을 수가 있고 최면사의 암시를 그대로 의식하면서 듣게 된다. 만약 최면사가 손을 잡는다면 그것도 그대로 지각하고 느끼게 된다. 또한 내담자가 최면에서 깨어난 이후에는 그동안 자기가 무슨 기억을 떠올렸고 어떤 행동을 했으며 또 치료과정에서 어떤 감정과 변화를 느낄 수 있었는지를 모두 기억하고 말할 수 있다.

② 최면암시의 거부 가능성

최면사가 내담자를 악용할 수 있을까라는 문제에 관해서 생각해 본다면, 최면에서도 의식이 살아 있기 때문에 내담자가 의지만 있다면 최면에서 스스로 깨어나거나 최면사의 암시를 거부하고 깨워 주도록 요구할 수 있기에 크게 염려하지 않아도 될 것 같다.

부끄러운 일이기는 하지만 일반 병원에서도 가끔 의사의 부주의로 인한 의료사고가 생기기도 하고, 극소수 부도덕한 의사에 의해 환자가 피해를 입는 경우가 없지 않다는 현실을 고려해 본다면 유독 최면에 대해서만 위험한 것으로 경계를 하는 것은 편견과 무지 때문이라고 보아야 할 것이다. 다만 그러한 사고를 방지하는 차원에서 최면교육과 훈련에 있어서 최면사의 윤리적인 면을 강조할 필요가 있다. 그리고 최면을 시작하기 전에 내담자에게 그가 원치 않는 유도나 상황이 제시되거나 발생하면 언제라도 그만둘 수 있다는 사실과 필요하다면 그렇게 요구하도록 주의를 주어야 한다.

③ 최면에서의 극적인 경험

최면상태에서는 가끔 극적인 경험을 한다는 점을 이미 앞에서 밝힌 바 있다. 내담자는 과거에 정서적으로나 신체적으로 엄청난 충격을 받고 상처를 입었던 사고나 사건을 그대로 떠올리고 그것을 재경험할 수가 있다. 이때 그는 울부짖기도 하고 고통과 상처를 그대로 경험하면서 몸부림을 치기도 한다. 이런 경우 초보 최면사는 당황하게 되고 내담자 본인도 불안한 마음을 갖게 된다. 그러나 유능한 최면사는 그때 그 상황을 어떻게 다루어야 하고, 그러한 내담자의 상황을 어떻게 치료로 연결해야 할지를 안다. 그래서 다소 긴장은 하겠지만 두려워하거나 불안해 하지 않고 침착하게 대처하게 되며 궁극적으로는 완전한 치료효과를 거두기도 한다.

치료의 효과를 위해서는 때때로 최면사가 내담자에게 특정한 고통을 느끼고 경험하라는 암시를 주기도 한다. 울음을 참고 있는 경우에 울음을 억제하지 말고 마음껏 울어 버리라고 암시를 주기도 해서 내담자는 큰 소리로 엉엉 울며 오랫동안 억압되었던 정서적 응어리를 풀고 카타르시스를 경험하게 된다. 그러나 치료전략으로서 감정표출에 대해서 제대로 이해하지 못하는 제3자가 이러한 상황을 오해하면 내담자는 마치 꼭두각시처럼 최면사가 시키는 대로 행동하는 것처럼 보이게 된다. 그래서 최면은 역시 위험한 것이라고 생각하게 될지도 모른다. 그러나 앞에서 설명한 대로 최면 동안에도 내담자의 의식이 작용하므로 그는 결코 일방적으로 조작될 수가 없다. 비록 그가 최면사의 암시에 따라 울고 웃는다 하더라도 그것은 내담자의 의지가 반영된 것이라는 점을 이해한다면 최면이 위험하다는 오해는 해소될 수 있을 것 같다.

(3) 사적 비밀의 노출

최면상태에서는 자기도 몰랐던 사적인 비밀이 공개될 수도 있다. 이러한 이유 때문에도 사람들은 최면에 대해 두려움을 갖는 것 같다. 또한 사람들은 실제로 최면에 대해 관심은 보이지만 직접 경험하기는 꺼리는 경향이 있다. 필자도 최면에 대해서 제대로 알지 못하거나 교육을 받기 전에는 최면 경험을 해 보고는 싶었으나 혹시 자신도 모르는 비밀스러운 일이 드러나면 어떻게 하나 하는 불안과 염려 때문에 망설였던 기억이 있다. 그러므로 사람들이 그러한 비밀 노출에 대한 불안을 가지며, 그러한 이유 때문에 최면에 쉽게 걸리지 않는 경향을 보이게 되는 일은 보편적인 현상이라고 할 수 있다.

그럼에도 불구하고 우리가 사적 비밀의 노출에 대해서 두려워할 필요가 없는 이유는 다음과 같은 몇 가지가 있다.

① 의식의 각성상태

우리는 비록 최면상태라 하더라도 의식이 있기 때문에 자신을 통제할 수가 있다. 만약 최면 속에서 사적인 비밀이 드러나고 그것을 자기가 감당하기가 어렵다면 내담자는 언제라도 최면을 그만둘 수 있으므로 두려워할 필요가 없다. 다시 말해서 내담자는 자기의 의지에 따라 최면을 중단하고 싶다는 의사를 최면사에게 표시할 수 있고 내담자의 뜻에 따라 최면사는 최면을 그만둘 수 있다는 것이다. 다행히 비밀의 정도가 심각하지 않아 수용하거나 노출해도 괜찮으면 최면사의 권유에 따라 내담자는 계속 최면을 진행할 수가 있지만 그렇지 않다고 판단되면 언제라도 중단하거나 그것에 대해 말을 하지 않아도 되기 때문에 적어도 비밀의 노출에 대해 두려워할 필요는 없는 것이다.

반면에 최면 중에 비밀스런 내용이 다루어질 때 가능하면 최면사는 내담자에게 그러한 내용에 대해 노출할 수 있는지를 물어보고 본인이 원하지 않으면 언제라도 최면을 그만두거나 내용을 말하지 않아도 좋다는 당부를 해 둔다. 치료과정에서 본인이 자신의 문제를 이해하고 문제의 근원에 대한 통찰을 얻는다면 구체적인 내용을 굳이 노출하지 않아도 치료에는 크게 지장이 없다. 결국 치료과정에 방해가 되지 않는 한 내담자의 '묵비권' 또는 노출하지 않을 권리는 충분히 존중해 주어야 할 것이다.

② 객관적인 분리경험의 가능성

비록 표면적으로 봤을 때는 노출되는 내담자의 최면내용이 남에게 알려져서는 안 될 것 같으나, 실제로 최면하에 있는 내담자는 그러한 내용을 단순한 의식상태에서 경험하는 것과는 다른 차원에서 최면내용을 받아들인다. 왜냐하면 대부분의 최면내용은 이미 지나간 과거의 일이기 때문에 현재적인 관점, 더구나 최면상태에서 바라볼 때는 심리적인 영향력이 현저히 떨어진다. 즉 과거에는 수치스럽고 죄책감을 느낄 만하고 쑥스럽게도 보였을 수 있는 내용이지만, 최면상태에서 그것을 재경험할 때는 비교적 담담하게 수용할 수 있다. 그것은 벌써 문제에 대한 통찰이 일어나고 문제를 객관적으로 바라볼 수 있는 심리적 힘과 여유가 생기기 때문에 가능하다.

이러한 현상을 설명하는 개념이 바로 분리(dissociation)이다. 분리란 어떤 문제나 경험의 내용을 객관적인 입장, 또는 제3자의 입장에서 바라보는 것을 말한다. 그것은 연합(association)의 반대개념인데 이는 주관적인 입장에서 문제를 경험하는 것을 말한다. 실제로 우리가 어떤 문제나 상황에 대해서 부정적인 감정을 경험하는 것은 그 문제 속에 빠져서 주관적으로 감정을 느끼고 경험하는 연합 현상 때문이다. 그렇기에 이때는 문제의 당사자로서 문제를 직접 경험하고 있는 것 같은 느낌을 갖는 것이다. 그러나 분리의 개념은 그러한 문제 상황을 한발 물러서서 객관적으로 바라본다는 것과 관련되기 때문에 당사자는 감정으로부터 분리되어 담담해지거나 직접적으로 정서적인 영향을 덜 받게 된다. 그것은 마치 '강건너 불구경' 하는 것과 같은 것이다. 그는 비교적 감정의 동요 없이 또는 마치 남의 일을 말하듯이 이야기할 수 있게 된다.

실제의 최면치료나 상담과정에서는 최면사가 내담자의 분리과정을 충분히 도와 주고 수용하고 이해해 주기에 부정적인 과거 경험이 내담자에게 던져 주는 영향력은 현저히 약화되거나 사라진다. 따라서 그것은 더 이상 남에게 숨겨야 하는 내용이 아니라는 인식이 증진되면서 내담자는 담담하게 과거의 경험을 받아들이기 때문에 비밀 노출에 대한 두려움은 사라지거나 크게 문제가 되지 않는 마음의 상태가 된다.

그러나 대부분의 사람들은 이러한 최면치료의 윤리나 원리에 대해서 제대로 이해하지 못하므로 최면과 비밀노출에 대해서 필요 이상으로 두려워하거나 경계심을 보이는 것이다. 따라서 최면사는 그러한 오해를 바로잡아 주는 보다 적극적인 역할이 기대되는 것이다.

3

마음의 세계

제3장 마음의 세계

최면의 세계를 이해하기 위해서는 마음의 세계를 제대로 이해할 필요가 있다. 왜냐하면 최면이란 결국 마음의 작용에 의한 것이기 때문이다. 따라서 이 장에서는 인간이 외부의 자극과 정보를 어떻게 받아들이고, 마음의 요소는 무엇이며, 그것은 어떻게 기능하고 작용하는지를 중심으로 살펴볼 것이다.

마음의 작용은 뇌에서 일어난다. 그러므로 최면을 이해하기 위해서는 우선 뇌에 대해서 이해하는 것이 필요하다. 잘 알려진 바와 같이 인간의 뇌는 컴퓨터와 비슷하다. 뇌의 무게는 약 1.4kg이며 300억 개의 뉴런으로 구성되었다. 뉴런은 컴퓨터의 회로와 같아서 각 뉴런은 정보를 처리하는 분자의 집합체라고 할 수 있다. 뇌에 있는 뉴런의 개수를 본다면 뇌와 마음이 갖고 있는 잠재력이 얼마나 엄청난지를 짐작할 수가 있다.

그러나 인간의 마음의 세계는 그것에 어떻게 접근하느냐에 따라 다양하게 설명될 수 있는데 여기서는 먼저 의식과 무의식, 그리고 잠재의식의 측면에서 살펴보고 두 번째로 뇌파의 측면, 마지막으로는 감각양식에 대해서 살펴보고자 한다.

1. 의 식

우리들은 누구나 전혀 뜻하지 않은 실수를 하여 당황하거나 놀란 일을 경험한 적이 있을 것이다. 또한 너무 어이없는 실수를 하여 순간적으로 그냥 웃어 버린 적도 있을 것이다. 예를 들면, 친구에게 전화를 한다는 것이 자기 집으로 전화를 한다든가 반대방향 버스나 지하철을 타고 전혀 엉뚱한 곳에 내린다든가 하는 일을 겪은 적이 있을 것이다. 이러한 일들을 다음에서 설명될 무의식적 실수라고 한다.

(1) 무의식적 실수

무의식적 실수란 자기도 모르게 무심코 저지르는 실수를 말한다. 이성적인 차원에서는 그러한 실수를 저지를 이유가 없음에도 불구하고 경험하는 실수이기에 우습기까지 한 실수를 말한다. 이러한 실수는 의식의 차원에서 이루어지는 것이 아니기에 무의식적 실수라고 할 수 있다. 무의식적 실수는 내면의 무의식적 욕구가 반영되어 나오는 실수라고 할 수 있고, 어쩌면 현실적으로는 충족시킬 수 없는 욕구를 왜곡된 형태로 나타내 보이는 것일지도 모른다. 다음의 예를 살펴보자.

최민철씨는 고등학교 국어교사이다. 그는 약 3년 동안 소설을 한 편 써 오고 있었다. 이제 거의 완성단계에 이르렀다. 때마침 각 신문사에서는 신춘문예 원고모집에 관한 광고를 내보내고 있었다. 그는 자신의 작품을 신춘문예에 응모해 볼까 생각도 해 보았지만 솔직히 자신이 없었다. 보내봤자 예선에도 통과될 것 같지가 않았다. 그러나 부인의 생각은 달랐다. 남편의 작품은 우수한 것으로 아마 틀림없이 좋은 성적으로 당선될 것으로 믿었기 때문에 남편에게 꼭 응모해 보라고 격려하였다.

아내의 적극적인 후원에 용기를 얻은 최씨는 완성된 작품을 신문사로 보내기 위하여 우체국에 갔다. 그리고 이왕이면 꼭 당선되기를 바라는 마음으로 조심스레 주소를 쓰고 봉투를 발송하였다. 그러나 이틀 후에 그는 자기 집의 우편함에서 자신이 보낸 그 봉투가 있는 것을 발견하였다. 깜짝 놀라 봉투를 살펴본 결과 신문사 주소가 쓰여 있어야 할 자리에 자기 집의 주소가 적혀 있었음을 알 수 있었다. 수신인의 주소가 바뀐 것이었다.

이상의 사건을 어떻게 해석해야 할까? 정신분석학적으로 이해하자면 최씨의 자아가 소설이 예선에서 탈락할지도 모른다는 사실 때문에 위협을 받았다고 할 수 있다. 그러니까 어쩌면 그의 무의식은 예선에서조차 탈락할지도 모르는 현실에 직면하기보다는, 멋있는 소설을 썼다는 부인의 칭찬과 격려를 들으며 신춘문예에 당선될 수 있다는 생각으로 스스로를 위로하는 편이 낫다고 생각했을지도 모른다.

여기서 우리는 무의식에 대해서 생각해 보게 된다. 즉 이 경우의 무의식은 다음과 같이 말할 것이다: "나는 탈락하는 현실을 직면하고 싶지 않아. 괜히 창피당하고 싶진 않단 말이야." 결국 그러한 무의식의 생각은 자존심의 손상, 창피함과 같은 외적 위협으로부터 자아를 방어해 줄 수 있었기 때문에 주소를 잘못 쓰는 것과 같은 실수의 반응을 보였다.

프로이트는 마음의 세계를 크게 의식과 무의식으로 나누었다. 그리고 의식의 세계를 인식적 의식(perceptual-conscious)과 전의식(preconscious)으로 구분하였다(Bruno, 1977). 여기서 인식적 의식은 지금 이 순간에 인식하고 있는 것을 말한다. 즉 독자가 이 글을 읽으면서 글의 내용을 생각한다면 그 생각 자체가 바로 인식적 의식이라고 할 수 있다. 배가 고픈 가운데 식사를 하면서 밥이 맛있다고 생각한다면 그것이 바로 인식적 의식이다.

그러나 그 순간에 자기의 생일을 생각하지는 않을 것이다. 함께 식사하는 사람이 생일이 언제냐고 묻는다면 밥을 씹으면서 자신의 생일은 1965년 9월 10일이라고 말할 것이지만 그 질문을 받기 전에는 생일에 대해서는 전혀 생각하지 않았을 것이다. 마찬가지로 고향이 어디냐는 질문을 받기 전에는 고향생각을 하지 않겠지만 질문을 받는 순간 고향에 대한 생각이 떠오를 것이다. 이와 같은 것을 바로 전의식이라고 할 수 있다. 즉 전의식은 평소에는 의식되지 않고 있다가 어떤 순간에 의식의 표면 위로 올라왔다가 잠시 후에 다시 사라지는 것을 말한다. 그러나 그것은 언제라도 다시 회상할 수 있으며 활용될 수 있는 기억의 내용이라고 할 수 있다.

(2) 전의식

전의식이란 의식의 부분은 아니지만 조금만 노력하면 의식 속으로 떠올릴 수 있는 생각이나 감정 등과 같은 '이용 가능한 기억'(available memory)이라고 할 수 있다. 전의식은 어느 순간에는 의식되지 않지만 문자 그대로 '조금만 노력하면' 곧 의식될 수 있는 경험이나 기억으로, 예를 들면 자신의 주민등록번호, 전화번호, 옛날 고향에 관한 기억, 또는 지난 휴가 때 갔던 여행지에 대한 기억 등이 여기에 해당한다. 전의식은 무의식과 의식영역을 연결해 주는 역할을 한다고 볼 수 있다.

그러나 무의식의 세계는 다르다. 그것은 문자 그대로 전혀 인식되지 않고 의식되지 않는 기억의 내용이다. 인간이 기억할 수 있는 과거의 한계는 얼마나 될까? 즉 4, 5세 이전의 일을 기억할 수 있는 사람이 과연 얼마가 될까? 또는 3세 이전의 기억을 떠올릴 수 있을까? 또 첫돌 때의 일을 기억하는 사람이 있을까? 그러한 기억이 없다고 해서 그러한 과거가 없었으며 그때 경험했던 일이 없다고 할 수 있을까? 자신은 기억하지 못하지만 부모나 다른 어른들은 기억하는 먼 과거의 일, 그것에 대한 기억은 의식되지 않는 무의식의 기억창고에 보관되어 있다고 해야 할 것이다.

(3) 의식의 한계

인간이 순간적으로 기억할 수 있는 기억의 용량은 얼마나 될까? 만약 자동차를 타고 길가에 있는 간판들을 보면서 간다고 가정하자. 10분 정도 자동차를 달린 후에 지금까지 보아 온 간판을 정확하게 기억할 수 있을지를 물어본다면 과연 몇 개 정도를 기억해 낼 수 있을까? 물론 개인차는 있겠지만, 수백 개나 되는 간판들 중에서 실제로 기억해 낼 수 있는 간판의 수는 매우 한정적일 것이다.

심리학자 밀러(George A. Miller)는 1956년에 인간이 기억할 수 있는 용량을 마법의 수(magic number)라고 하면서 7±2의 개념으로 설명을 하였다(김현택 외, 1996). 이것을 두고 심리학에서는 단기기억 용량의 한계라고 한다. 즉 사람은 많아야 아홉 개에서 적게는 다섯 개밖에 기억할 수 없다는 것이다.

일반적으로 전화번호가 일곱 자리 숫자로 이루어진 것도 결코 우연이 아니다. 물론 서울과 같은 거대도시에서는 여덟 자리 숫자도 있지만 일반적으로는 모두가 일곱 자리 미만의 숫자로 이루어져 있다. 이것은 다른 나라의 경우에도 마찬가지이다. 전화번호의 숫자가 일곱 자리 미만이라는 사실은 우리가 순간적으로 기억할 수 있는 기억의 용량을 염두에 둔 결과인 것이다.

앞의 간판의 예로 다시 돌아가자. 기껏해야 10개 미만으로 간판의 숫자를 기억해 내었을 때, 이것은 우리가 그 외의 간판들은 보지 않았다는 것을 뜻할까? 결코 그렇지 않을 것이다. 나머지 기억들은 순간적으로 망각된 것일 뿐이지 결코 보지 않았다는 것은 아니다. 우리가 과거의 일을 기억하는 것도 그러하다. 바로 어제의 일도 망각하는 수가 있으며 대략 5, 6세 이전의 기억들은 망각되는 것이 정상이다. 여기서 우리는 의식과 무의식의 개념을 생각할 수 있다. 의식은 문자 그대로 지금 우리가 생각할 수 있고 기억할 수 있는 마음의 영역을 말하지만 무의식은 그렇지 못하는 부분을 말한다.

2. 무의식

일반적으로 현대과학과 심리학은 의식의 세계만을 인정하고 연구하는 경향이 있다. 반면에 무의식의 세계는 확인하거나 증명하기가 어렵기 때문에 무시한다. 그러나 프로이트와 융과 같은 사람들은 특별히 무의식의 존재를 인정하고 이에 대한 관심을 크게 갖는다. 그래서 우선 프로이트를 중심으로 하여 이루어진 무의식의 연구에 대해서 살펴보자.

(1) 프로이트와 융

물론 프로이트 이전에도 무의식에 대한 개념이 있었고 그 존재가 인정되어 왔다. 특히 최면치료자들은 최면을 통하여 환자들이 평소에는 기억하지 못하던 과거 경험의 내용을 떠올리는 것을 보고 그러한 과거의 무의식적 기억의 내용들이 현재의 심리적 문제 또는 장애의 원인이 된다는 사실을 깨달으면서 무의식의 존재를 중시하게 되었다. 특히 프로이트는 무의식의 개념을 체계화하고 이론화하여 그것을 중심으로 정신분석학을 창시하였다.

프로이트의 정신분석학에서 무의식의 중요성이 강조된 이래로 융에 의해 무의식의 개념은 더욱 발전하여 개인무의식과 집합무의식으로 나뉘어 설명되었다.

개인무의식은 문자 그대로 개인적인 과거의 경험에 기초하여 형성된 무의식이며 집합무의식은 인간이 조상 대대의 과거로부터 물려받은 잠재적 기억흔적의 저장소라고 할 수 있다. 과거란 단순히 개별종족으로서의 인간의 종족적 역사뿐만 아니라 인간 이전의 진화발달의 정신적 잔재이기도 한데, 이 잔재는 많은 세대를 거쳐 반복된 경험들의 결과가 저장된 것이라고 할 수 있다.

융

프로이트는 무의식의 내용들이 인간행동의 중요한 동기로서 작용한다고 보았기 때문에 무의식을 가장 중요한 의식 수준으로 생각했다. 다시 말해서 무의식은 인간이 자신의 힘으로는 의식화할 수 없는 생각이나 감정들을 포함하고 있을 뿐만 아니라 무의식 속에는 자신이나 사회에 의하여, 또는 도덕이나 윤리적인 기준에 의하여 용납될 수 없는 감정이나 생각 혹은 본능들이 억압되어 있다는 특징이 있다. 이렇게 억압되어 있는 무의식 때문에 인간은 내적 갈등을 경험하게 된다고 할 수 있다.

(2) 고대의 무의식에 대한 관심과 연구

심리학자 브루너(Bruno, 1977)는 서양에서 무의식에 대한 연구가 이루어진 역사는 고대 그리스의 플라톤에게로까지 거슬러 올라갈 수 있다고 하였다. 그에 따르면 인간의 영혼은 두 부분으로 나뉠 수 있는데 그 중의 하나는 합리적인 부분으로 사고, 반성, 평가, 계산, 결정하는 기능을 갖고 있다. 나머지 한 부분은 비합리적인 부분으로 욕망과 욕구의 본거지이다. 비합리적 영혼은 의식의 통제 바깥에 존재한다. 그것은 우리의 삶에 자극을 주는 맹목적인 세력이다. 결국 비합리적 영혼은 기본적으로 무의식의 대리자로서 기능한다고 할 수 있다.

한편 13세기의 카톨릭 신학자였던 토마스 아퀴나스(Thomas Aquinas)는 인간 영혼이 갖고 있는 힘의 하나는 양육적 힘이라고 하였다. 이 양육적 힘이 있기에 인간은 성장, 성숙, 자손을 출생시킬 수 있다고 하였다. 이것은 플라톤이 말하는 비합리적 영혼의 성격과 유사하다.

이 두 가지의 개념에 기초하여 프로이트는 성격의 무의식적 측면에 해당하는 원욕(id)의 개념을 발전시킨 것으로 보이는데 그렇다면 인간의 영혼에 대한 플라톤과 아퀴나스의 개념이 원욕 개념의 원형이라고 할 수 있을 것이다.

(3) 근대 이후의 무의식 연구

17세기 후반에 철학자 라이브니쯔(Gottfried Wilhelm Von Leibniz)는 통각(apperception)의 개념을 제안하였다. 이것은 의식적 각성 없이 어떤 사태를 지각할 수 있는 능력을 의미하는 오늘날의 식역하 지각(subliminal perception)이라는 개념과 같은 것으로 무의식의 또 다른 표현이기도 하다.

한편 미국의 생리심리학자인 쉐브린(Shevrin, 1980)은 무의식의 존재를 과학적으로 증명하고자 뇌의 전기적 반응을 조사하였다. 이 과정에서 그는 식역하 지각활동의 구체적인 증거를 발견할 수 있었다. 그는 특정 단어나 그림을 스크린에 일천분의 일초 정도의 짧은 순간 동안 노출시킨 후에 피험자의 뇌에서 일어나는 전기적인 반응을 분석하였다. 일천분의 일이라는 시간 동안 자극이 제공된다는 것은 의식적 인식 역치에 미달하는 것으로서 식역하 지각, 즉 무의식적 지각이 일어났다고 할 수 있다. 즉 의식적 지각이 이루어질 수 없는 순간적인 자극을 제시하고 이로 인해 피험자의 뇌에서는 그에 상응하는 반응을 포착할 수 있었는데, 그는 이러한 현상이 무의식의 세계가 실재로 존재한다는 사실을 보여 주는 증거가 된다고 주장하였다.

독일의 철학자인 칸트(Immanuel Kant)는 통각의 개념을 받아들이고 더 확대시켰다. 18세기에 쓴 글에서 그는 인간의 마음은 통각의 힘을 통해서 경험을 조직한다고 했다. 이를 현대적인 의미로 해석하면 인간은 지각내용을 무의식적으로 조직화함으로써 세계를 이해한다고 할 수 있다. 그는 또한 중요한 정신과정은 의식의 역치 아래에서 일어난다고 하였다. 이러한 개념은 프로이트의 무의식에 대한 이론체계의 밑바탕이 되었다.

19세기 초의 독일 철학자인 헤르바르트(Johann Friedrich Herbart)는 통각덩이(apperceptive mass)라는 개념을 제시하였는데 그것은 모든 생각과 과거의 경험들로 구성되는 정신의 저장소를 의미한다. 순간 순간의 경험들은 오직 짧은 시간 동안 의식 수준에 머물렀다가 의식의 역치 아래로 가라앉고 후의 통각덩이의 부분이 된다. 그는 모든 의미는 통각덩이로부터 나온다고 보았다. 그만큼 통각덩이 즉 무의식의 개념이 중요하다고 볼 수 있다.

이상으로 볼 때 무의식은 프로이트가 처음으로 발견했거나 새로이 이론화한 것은 아니라는 점을 알 수 있었다. 그러나 그에 의해서 보다 체계화되고 치료적인 차원에서 재해석되고 활용된 것은 틀림없다고 해야 할 것이다.

3. 잠재의식

(1) 잠재의식의 정의

무의식(unconsciousness)은 un-conscious-ness의 합성어로서 곧 '의식이 없는 상태'를 의미한다. 그러나 이 말이 잘못 이해되어 '인사불성'의 상태를 나타내는 것으로 비쳐질 수 있다. 의식이 없는, 인사불성의 상태는 곧 죽은 상태를 의미할 수도 있다는 뜻에서 최면치료 분야에서는 무의식이라는 개념보다는 잠재의식이라는 말을 쓰는 경향이 있다.

영어에서의 잠재의식은 sub-conscious-ness 의 합성어로서 문자 그대로 '의식의 밑에 있는 또 다른 세계'라는 의미를 갖고 있는 것으로 해석될 수 있다. 그래서 이를 하부 의식이라고 부르는 사람도 있으나 같은 의미로 보면 좋을 것이다. 이에 대해서는 뒤에서 좀더 구체적으로 설명할 것이다.

의식은 마음의 세계 중에서 대략 10%에 해당한다고 설명된다. 프로이트의 말에 따를 때, 마음을 빙산으로 비유한다면 의식은 '빙산의 일각'이라고 할 수 있다. 이 의식은 어떤 순간에 우리가 알거나 느낄 수 있는 모든 경험과 감각을 포함한다. 프로이트에 따르면 인간의 정신생활 중에서 극히 일부분만이 의식의 범위에 포함된다고 할 수 있는데 그 예로 사고, 지각, 느낌, 기억 등을 꼽을 수 있다.

그런데 우리가 어떤 한 순간에 경험하는 의식의 내용은 주로 외부적인 요인 — 예를 들면 도덕, 윤리, 문화 — 에 의해 규제되는 선택적인 여과과정에 따라서 결정된다. 뿐만 아니라 이러한 경험들도 잠시 동안만 의식될 뿐 관심을 다른 곳으로 바꾸면 그 기억들은 전의식이나 무의식의 세계로 사라져 버리게 된다. 그러므로 의식은 마음의 작은 부분만을 나타낸다고 할 수 있다. 이러한 의식은 분석, 사고, 계획, 단기기억과 같은 기능을 수행하며 논리성, 합리성과 같은 성격을 띤다.

(2) 잠재의식의 성질

잠재의식은 일단은 프로이트가 말하는 무의식의 차원에서 생각하면 편리할 것이다. 그러나 잠재의식의 개념은 무의식의 개념보다 훨씬 많은 것을 가르쳐 주고 있다는 점에서 대단히 유용할 뿐만 아니라 우리가 반드시 이해하고 개발해야 할 필요가 있는 것이다. 여기서는 잠재의식의 성질에 대해서 살펴보도록 한다(Powell & Forde, 1995).

① 과거 기억의 저장소

잠재의식은 인간 마음의 약 90%에 해당하는 것으로서 무엇보다도 거대한 녹음(또는 녹화) 테이프와도 같다. 왜냐하면 그것은 생후의 모든 경험들을 다 기록하여 기억의 형태로 간직하고 있기 때문이다. 인간이 자신의 모든 경험을 다 기억하지 못한다는 사실은 자명한 일이다. 앞에서 설명했듯이 굳이 외부적인 규제 때문에 억압을 해서가 아니라도 우리의 의식 차원의 기억에는 한계가 있기 때문에 실제로 바로 조금 전에 했던 일이나 경험도 때로는 기억을 못하는 수가 있다.

그렇게 본다면 어릴 때, 특히 5, 6세 이전의 기억을 한다는 것은 쉽지가 않다. 독자들 중의 그 누가 과연 자신의 첫돌 때의 경험을 떠올릴 수 있을까? 물론 아무도 그렇게 할 수가 없을 것이다. 그러나 우리의 잠재의식은 모든 것을 기억하고 떠올릴 수가 있다. 잠재의식은 컴퓨터, 기억은행과 같은 것으로 생각할 수 있다. 이곳에는 우리가 과거에 보았거나 들었거나 경험했던 모든 정보와 기억들이 저장되어 있다.

뇌가 다치는 일을 제외하고는 어떠한 기억들도 삭제될 수 없다. 다만 망각되고 기억되지 않을 뿐이다. 그러나 최면을 통하여 잠재의식에 저장된 과거의 기억들은 복구될 수 있다. 물론 개인적이거나 정서적인 이유들 때문에 일부의 기억내용은 숨겨지거나 은폐되는 수도 있다. 예를 들면 어떤 사람에게 있어서 너무 괴롭거나 끔직하거나 수치스럽거나 부끄럽거나 죄책감이 크게 드는 과거의 특정 경험은 정말 잊고 싶을 수가 있다. 이러한 과거의 일들을 떠올리거나 기억하는 것 자체가 고통스러울 수 있기에 차라리 영원히 망각하고 싶을 것이다. 그러한 마음이 무의식에 반영되어 관련 기억들이 실제로 무의식 차원에서도 망각되는 수도 있는데 이를 동기화된 망각(motivated forgetting)이라고 부른다(김현택 외, 1996).

② 시 · 공간의 초월

최면상태에서의 잠재의식은 시간과 공간을 초월하여 우리로 하여금 어느 곳 어느 때라도 갈 수 있게 해 준다. 앞의 예에서처럼 한순간에 우리는 첫돌 때의 시간으로 되돌아가서 그때의 경험을 그대로 재경험할 수 있게 된다. 뿐만 아니라 지금 당장 다른 지역의 풍경이나 사람들을 떠올리고 마치 현재 그쪽에 가 있는 것처럼, 또는 다른 사람들을 만나고 있는 것 같은 경험을 할 수가 있다. 결국 잠재의식이 갖고 있는 기억은 우리로 하여금 시간과 공간을 초월하여 과거의 경험을 다시 경험할 수 있게 해 주는 것이라고 할 수 있다.

그러므로 이렇게 떠올린 잠재의식의 기억들은 그것이 아무리 오래되거나 먼 곳에 있는 것이라도 마치 현재-이곳(here and now)에서의 일인 것처럼 경험되는 것이다. 그래서 최면상태에서는 과거 그곳에서 경험했던 사실 그대로 지금 가슴이 떨리거나 울음이 나오는 것이다. 마찬가지로 때로는 얼굴에 한가득 미소를 떠올리기도 할 뿐만 아니라 몸이 더워지거나 차가워지는 경험을 하게 된다.

③ 생명활동의 주관

잠재의식은 실제로 우리가 의식하지 못하는 가운데 몸과 마음을 주관한다. 특히 그것은 생물학적 · 생리적 생명활동에 관계하는데, 예컨대 우리가 전혀 의식하지 못하는 가운데 심장이 1분간에 몇 회의 비율로 움직이도록 할 뿐만 아니라 폐의 호흡기능이나 위장의 소화기능 등에 작용하여 일정한 속도와 비율로 생명활동이 지속될 수 있도록 관여하는 것이다. 뿐만 아니라 잠재의식은 우리가 식사를 하는 동안에도 입을 벌리고 씹는 행위와 같은 근육의 움직임을 통제하기도 한다.

결과적으로 잠재의식은 소화, 호흡, 심장박동, 체온조절 등과 같은 생명활동, 즉 불수의적 기능들을 통제한다. 이러한 일들은 결코 의식하지 못하는 가운데 이루어진다. 잘 알려진 대로 불안, 스트레스, 긴장과 같은 것은 그러한 기능들에 부정적으로 영향을 미친다. 그렇게 하여 생긴 질병을 정신 신체적(psychosomatic) 질병 또는 심인성 장애 등의 용어로 부른다. 이러한 잠재의식의 세계에 접촉할 수 있는 방법이 바로 최면이다. 그러므로 최면을 통해 신체적 불수의 기능들이 정상을 찾을 수 있고 그로 말미암아 병을 치료할 수 있다는 것은 당연한 일일 것이다.

④ 학습활동에의 영향

잠재의식은 새로운 기술을 배울 때도 작용을 한다. 자동차 운전기술을 배우거나 새로운 악기연주법을 배울 때 처음에는 의식적인 노력을 통하여 하나하나의 기술들을 연습하고 익히지만 어느 정도의 단계가 지나면 그것을 의식하지 않더라도 자동적으로 기술이 몸에 배어 자연스레 활용이 되는 것이다.

실제로 자동차 운전을 하면서 자동차 조작법을 일일이 생각하고, 의식을 하면서 운전을 하지는 않는 것이다. 물론 초보운전자는 그렇게 의식을 하면서 운전을 하지만 어색하기 짝이 없다. 그래서 운전을 어느 정도 하는 사람이라면 남이 운전을 하는 것을 보고 곧 그가 초보운전자라는 것을 알아차릴 수 있는 것이다.

⑤ 직관적 기능

잠재의식은 오감을 통해 작용을 하지만 우리로 하여금 동시에 오감 이상의 감각기능을 발휘하여, 오감으로 지각할 수 없는 세계도 접촉할 수 있게 해 준다. 그것이 곧 직관 또는 직감(insight), 영감, 육감(sixth sense)이기도 하다. 이 부분은 의식이 도달할 수 없는 영역인데 잠재의식은 자유자재로 활용이 가능하다. 그래서 잠재의식이 발달하면 영감과 육감이 발달하여 통찰력을 발휘함으로써 다른 사람의 마음이나 잘 알지 못하는 현상에 대해서도 알아맞히게 된다. 아울러 예지 능력(precognition)도 발휘되어 미래의 일을 눈에 보듯이 보게 되고 알아맞히게 된다.

예로부터 천리안이니 독심술이라는 것도 결국은 잠재의식의 능력이 발휘되어 이루어지는 초상(超常) 현상이라고 말할 수 있다. 많은 예술가들이 이러한 능력을 발휘하여 예술작품을 만들어 내고 발명가가 발명을 하며 학자가 새로운 이론을 만들어 낸다고 할 수 있다. 좀더 고차원적으로 신(神)과의 영적인 영교(靈交)가 이루어지는 세계도 잠재의식에서이다.

텔레파시(telepathy)라는 것도 따지고 보면 그러한 잠재의식이 작용하여 일어나는 현상이라고 할 수 있다. 예를 들어 오랫동안 만나지 못한 친구를 생각했는데 그로부터 뜻하지 않게 전화나 편지가 왔다거나 그를 우연히 만나게 되는 일 등에서 우리는 텔레파시의 작용을 경험할 수 있다. 비슷한 예로 누구에게 전화를 걸었는데 통화중이어서 나중에 다시 통화를 하게 되었을 때 상대방도 자기에게 통화하려고 했고, 조금 전의 통화중 신호는 서로가 동시에 전화하고자 하여 생긴 현상이라는 것을 알게 되어 놀라는 일이 있다.

오랜 친구에게 정말 오랫만에 편지를 썼는데 며칠 후에 그 친구로부터 편지를 받았다. 생각보다 빨리 답장이 왔다고 이상히 여기면서 반갑게 편지를 읽어 본 결과, 서로가 같은 날 같은 시각에 편지를 써서 부쳤다는 사실을 알고는 크게 놀라는 수가 있다. 이는 우연의 일치일 수도 있지만 분명히 텔레파시 현상이라고도 볼 수 있다. 이렇게 본다면 우리 속담의 "호랑이도 제말하면 온다"는 말도 결국은 텔레파시 현상을 간접적으로 말해 주는 것이 아닐까 생각된다. 우연의 일치일 수도 있지만 텔레파시가 작용하여 그렇게 되었을 수도 있는 것이다.

⑥ 초능력적 현상의 관장

위에서 말한 텔레파시와 같은 능력은 결국 초능력이라고도 말한다. 그러므로 잠재의식은 초능력이라고 생각되는 많은 초월 현상들과도 관계되는데 그 중의 좋은 예가 참선, 요가, 기공, 단전호흡, 명상수련과 같은 방법을 통해 병이 치료되고 기적 같은 일들(공중부양, 투시력, 천리안과 같은)을 경험하는 것이다.

잠재의식은 물질에 영향을 미치기도 한다. 염력(psychokinesis)이란 것도 따지고 보면 잠재의식이 물질에 영향을 미치는 좋은 예라고 할 수 있다. 이것은 현대물리학, 특히 아인슈타인의 상대성 이론이 발표된 이후에 물리학계에서도 널리 인정받는 사실이기도 한데 이로써 과거의 전통적인 물질관은 근본적인 변화를 맞게 되었다.

특히 양자역학이라는 물리학의 발전과 더불어 물질은 고체라고 생각되던 종래의 물질관이 수정되어 오늘날은 물체도 에너지의 흐름이나 파동 현상으로 이해되고 있다. 따라서 이 에너지의 흐름이 바뀌면 물질은 변화될 수 있다고 여겨지게 되었다. 이러한 사실은 불교에서 이미 "색즉시공, 공즉시색(色卽是空, 空卽是色)"이란 말로 잘 설명하고 있다.

결과적으로 아무리 딱딱한 고체 덩어리도 그 자체가 에너지 덩어리이기 때문에 에너지에 영향을 미치게 되면 물질이 파괴되거나 움직이고 변형이 일어나게 된다는 것은 당연한 이치이다. 염력이란 이러한 원리하에 마음, 즉 잠재의식의 힘이 물질의 에너지에 영향을 미쳐 그 물질을 움직이는 것이라고 할 수 있다. 이러한 논리를 확대하면 잠재의식의 힘으로 인간의 질병도 고칠 수 있게 되는 것이다. 그래서 기나 단전호흡, 명상과 같은 방법으로 질병을 치료하는 대체의학이 오늘날에 와서 각광을 받게 된 것도 결코 우연은 아니라고 생각된다.

⑦ 정서적 기능

최면은 잠재의식을 활성화시키는 것이기 때문에 최면의 능력은 무궁무진하다고 해야 할 것이다. 최면을 통해 활성화되는 잠재의식은 오늘날 크게 관심의 대상이 되고 있는 우뇌활성법과 관계되며 감성지능 또는 EQ(Emotional Quotient)의 개발과도 관계된다. 이러한 내용들은 이미 앞에서 살펴본 바가 있다.

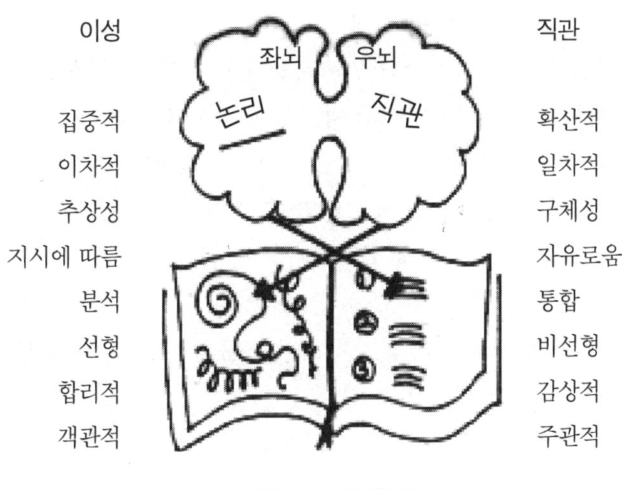

〈그림 3-1〉 좌뇌와 우뇌

인간의 뇌는 〈그림 3-1〉과 같이 좌뇌와 우뇌로 구성되는데 좌뇌는 분석적이고 계산적이며, 논리적이고 합리적인 의식 부분과 관계되지만 우뇌는 통합적이고 감성적이며 직관적인 성격을 갖고 있기에 잠재의식과 관계된다고 할 수 있다. 또한 우뇌에는 무의식적인 기억들이 기록되어 있기도 하다. 그러한 우뇌의 특성은 EQ의 특징이기도 하기 때문에 잠재의식에 관심을 갖는다는 것은 결국 우뇌의 활성화와 EQ의 개발과 직결된다고 할 수 있다.

잠재의식은 모든 정서적 내용들을 포함한다. 그 정서는 이성보다 더욱 강한 힘을 갖고 있으며 특히 부정적인 정서가 오랫동안 해소되지 않고 누적이 되면 병의 원인이 되기도 한다. 그러므로 최면을 통하여 문제나 질병을 유발하는 부정적인 정서적 내용들을 확인하고 처리함으로써 치료적 효과를 얻을 수 있는 것이다.

⑧ 긍정적 변화를 위한 에너지원

잠재의식에는 상상력을 활용할 수 있는 능력이 포함되어 있다. 이 점을 생각할 때 걱정이란 단지 부정적인 상상의 산물이란 것을 알 수 있다. 최면 속에서는 상상력을 활용하여 치료를 포함하는 긍정적인 변화가 일어날 수 있도록 할 수 있다.

잠재의식을 통하여 동기가 유발되기도 한다. 동기는 식사를 통하여 생성된 신체적 · 정서적 에너지의 방향을 결정지어 준다. 예를 들어 담배를 끊겠다고 결심했다면 그 결심은 의식의 차원에서 이루어진 것이다. 이때 잠재의식이 그 결심을 실행할 수 있는 에너지를 방출하지 않는다면 결심은 실행될 수가 없다. 그래서 다시 담배를 피거나 담배 피는 행동에 대체되는 다른 행동, 즉 군것질이나 마시는 행동을 하게 될 것이다. 최면 속에서 잠재의식은 우리가 목표를 달성할 수 있도록 긍정적인 방향으로 에너지를 공급한다.

이상과 같이 볼 때 최면을 신비한 주술 차원에서 생각하고 이상한 눈으로 본다는 것은 일반인의 오해에 불과하며 결코 타당하다고 평가할 수는 없다. 그러므로 최면의 원리와 기법은 굳이 치료나 상담의 차원에서가 아니라도 교육의 차원, 특별히 인성교육과 잠재력 개발, 창의성 개발이라는 측면에서 활용할 가치가 많다는 것을 알 수 있다.

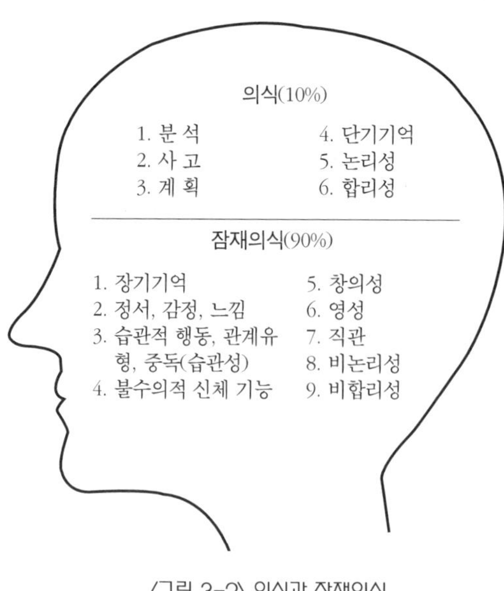

〈그림 3-2〉 의식과 잠재의식

〈그림 3-2〉는 위에서 살펴본 의식과 무의식의 내용을 그림을 통하여 비교하여 정리한 것이다.

4. 뇌파

인간의 뇌에서는 다양한 형태의 뇌파가 발산되고 있다. 그러한 뇌파는 개인의 심리상태와 신체적 컨디션에 따라 달리 나타난다. 최면상태에서는 평상시와는 다른 형태의 뇌파가 발생하는데 학자들은 뇌파를 분석함으로써 최면 현상을 연구하기도 한다. 때문에 뇌파 연구는 최면의 과학화 또는 과학적 최면연구에 있어서 빼놓을 수 없는 주제 및 방법적 도구가 된다.

(1) 뇌전도 연구

뇌전도 연구는 1929년에 독일의 정신과 의사인 베르게르(Hans Berger)가 자신의 아들을 대상으로 대뇌의 전기적 활동에 관한 연구를 하여 논문을 발표한 것으로부터 비롯되었다고 할 수 있다. 이 연구에서 베르게르는 인간의 대뇌에서 약 10헤르쯔(Hz) 정도의 빈도를 가진 규칙적인 뇌파가 발생한다는 것을 밝히고 그것을 알파(α)파라 이름붙였다. 나중에 알파파는 명상이나 이완상태, 또는 잠들기 직전의 상태에서 활성화되어 발생한다는 사실이 밝혀졌지만, 베르게르의 연구는 결과적으로 대뇌의 정신활동을 물리적으로 기록함으로써 뇌전도(electroencephalography ; EEG) 연구 분야를 개척하는 계기가 되었다.

뇌전도 분야의 발달과 함께 인간의 뇌에서는 여러 가지 서로 주파수가 다른 뇌파가 발생한다는 사실이 밝혀졌는데 이러한 뇌파에 대한 연구는 바이오피드백 분야에도 응용되어 심리치료에서 활용하게 되었다. 바이오피드백이란 호흡이나 맥박, 혈압, 뇌파와 같이 불수의적이라고 생각되던 인체의 생리적인 반응 현상들을 전기적인 신호의 형태

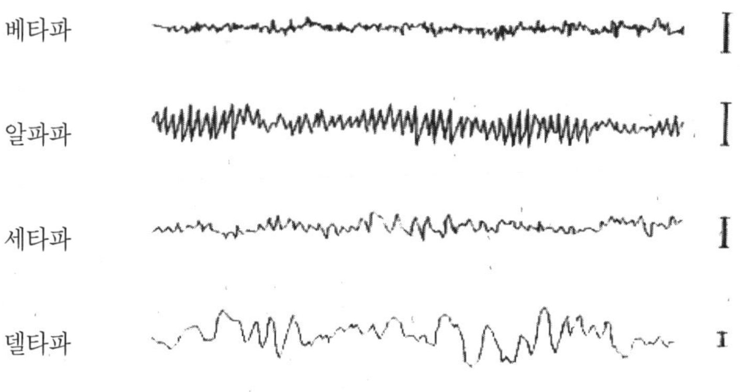

〈그림 3-3〉 주요 뇌파의 모습

로 보여 줌으로써 그것을 통제하고 조절할 수 있도록 하는 기법이다. 생체송환이라고 이 기법은 심리치료뿐만 아니라 명상수련이나 경기력 향상을 위한 체육 분야에도 적용되고 있다.

(2) 뇌파의 종류와 특징

뇌파 중에서도 연구자들은 특히 알파파에 많은 관심을 갖게 되었다. 왜냐하면 알파파가 특히 심신의 이완이나 명상상태에서 주로 발생한다는 사실을 발견하고 요가, 참선, 단전호흡, 기공 등에서 필수적으로 활용되는 명상수련 분야를 비롯하여 심리치료나 건강관리, 체육 분야에서 활용할 가치가 있다는 사실을 알았기 때문이다. 이 알파파는 최면상태에서 발생하는 특징적인 뇌파이기도 하므로 알파파에 대한 이해는 결과적으로 최면상태를 보다 잘 이해하는 데 도움이 될 것이다.

알파파와는 달리 일상의 의식상태에서는 베타(β)파가 발생한다. 사람은 누구나 살아가면서 많은 스트레스를 경험하는데 그러한 스트레스의 경험은 결국 의식상태에서 이루어지므로 이완상태인 알파상태를 충분히 경험한다면 스트레스를 극복하는 데 큰 도움이 될 것이다. 따라서 스트레스나 불안과 공포증과 관련한 분야를 연구하는 임상연구자들은 특히 알파파 상태에 관심을 가질 수밖에 없게 된다. 그러므로 그 관심은 단순히 알파파의 특징이나 기능에 대한 이론적인 관심이 아니라 보다 적극적으로 알파파를 유도하고 활성화하는 실제적인 측면이라고 할 수 있다.

뇌파에는 앞에서 살펴본 알파파와 베타파 외에도 세타(θ)파와 델타(δ)파도 있는데, 이들 뇌파의 특성들에 대해서 간단히 요약하여 살펴보면 〈표 3-1〉과 같다.

뇌파의 상태를 보다 잘 이해하기 위하여 취침 전과 후의 상태를 비교하면 〈그림 3-4〉와 같은데, 이를 보면 취침 전과 후, 또는 취침 동안에 일어나는 뇌파상태의 변화를 이해하는 데 도움이 된다.

즉 취침 전에는 각성상태로서 베타 상태로 있다가 차츰 잠이 들면서 알파 상태로 바뀌고 일단 잠 속으로 들어가면 세타 상태와 델타 상태를 반복하는 것을 알 수 있다. 한편 잠에서 깰 때는 잠이 들 때와 마찬가지로 알파 상태에서 베타 상태로 바뀌게 된다.

의식 수준에 따른 뇌파의 특징을 알아보기 위하여 마음의 상태를 의식의 상태와 무의식의 상태로 나누어 생각할 수 있다. 의식의 마음상태는 알파파와 베타파의 상태인데, 이 상태에서는 의식이 깨어 있기 때문에 주변의 상황과 자신의 경험내용을 알게 된다. 최면의 상태가 바로 이러한 상태라고 할 수 있다. 왜냐하면 최면에서는 의식이 깨어 있기 때문이다.

그러나 무의식의 마음상태에서는 주변을 의식할 수 있는 힘을 잃게 되는데, 그것은 세타파와 델타파의 상태이며 이 상태는 수면의 상태에 해당한다. 이렇게 볼 때 최면과 수면의 상태는 서로 다르다는 것을 잘 이해할 수 있다. 이러한 내용을 그림으로 나타내면 〈그림 3-5〉와 같다.

〈표 3-1〉 뇌파 수준에 따른 특징

뇌 파	수준에 따른 특성
베 타	• 완전한 의식상태 • 하루 24시간 중 16시간 • 생명 통제적인 신체기능(심장박동, 호흡, 콩팥기능 등) • 75%의 베타 수준은 이러한 생명신체기능을 모니터하는 데 사용됨
알 파	• 25%만 의식적 사고활동에 사용됨(25%의 집중성) • 잠재의식상태－최면, 명상, 바이오피드백, 백일몽, 잠들기 직전 상태 • 95~100%의 집중성 • 자연적인 마음의 상태(수면상태가 아님) • 최면중에 의식기능이 살아 있음 • 신체이완상태 • 부동상태
세 타	• 가벼운 수면상태－무의식상태
델 타	• 깊은 수면상태－무의식상태 • 가장 깊은 휴식 • 매일 밤 30~40분 정도 경험 • 최면 유도가 듣지 않음

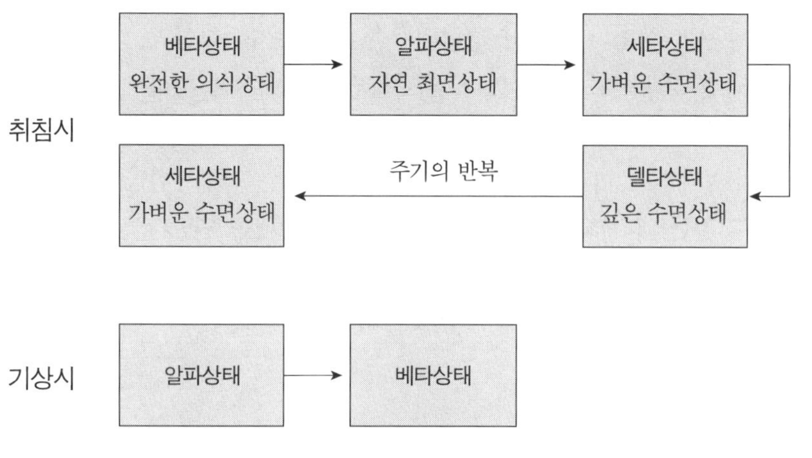

〈그림 3-4〉 취침시와 기상시의 뇌파의 변화

의 식	무의식
의식 베타(β)	가벼운 수면상태 세타(θ)
잠재의식 알파(α)	깊은 수면상태 델타(δ)

〈그림 3-5〉 의식수준에 따른 뇌파

5. NLP와 감각양식

최면을 좀더 잘 이해하기 위해서는 인간의 감각양식에 대한 이해가 필요하다. 감각양식과 관련한 내용은 NLP 이론에서 잘 설명하고 있는데, 이 이론에 따르면 감각양식이란 외부 세계의 정보와 자극들을 감각기관을 통해 받아들이고 인식하는 양식을 말한다고 할 수 있다. 다시 말해서 그것은 외부 세상에 있는 현상들을 어떻게 인식하고 받아들이느냐 하는 지각(perception)의 문제와 관련된다. 따라서 여기서는 먼저 NLP에 대해서 알아본 후에 감각양식에 대한 내용을 설명하고자 한다.

(1) NLP의 개념

NLP는 비교적 최근에 발달한 인간변화와 성취를 위한 심리학의 이론체계이자 심리치료의 원리와 기법이다. 이러한 NLP의 개념과 원리들을 살펴보면 다음과 같다.

1970년대에 미국에서 처음으로 개발된 뒤, 특히 구미 지역에서 크게 활용되고 있는 신경-언어 프로그래밍, 즉 NLP(Neuro-Linguistic

Programing)는 인간의 언어가 어떻게 신경 생리학적으로 입력되고 프로그래밍되어 인간의 삶에서 적용되는지를 밝히며, 보다 긍정적인 변화와 치료를 위해서 그러한 언어적 프로그래밍의 원리를 인간의 삶에 어떻게 활용할 수 있는가를 가르치는 원리와 기법이라고 할 수 있다(설기문, 2000).

NLP에서 매우 중요하게 다루고 있는 주제 중에서도 특히 감각양식에 관한 내용은 최면은 물론 일반적인 인간관계와 상담 및 심리치료 장면, 인사관리, 영업 등의 분야에서 폭넓게 활용되고 있다. 이 NLP에서는 인간의 행동이란 결국 신경-언어적인 프로그래밍의 결과라고 설명한다. 즉 바람직한 행동, 성공적인 행동은 바람직하고 성공적인 프로그래밍의 결과이지만 그렇지 않은 행동은 역시 프로그래밍의 내용이 그 반대의 경우라고 할 수 있다. 따라서 프로그래밍의 원리를 제대로 이해하고 활용하는 것이 NLP 심리학의 목표라고 할 수 있을 것이다.

NLP는 원래 캘리포니아 대학교(University of California, Santa Cruz)의 언어학 교수였던 그라인더(John Grinder)와 심리학 대학원 학생이었던 밴들러(Richard Bandler)가 개발한 인간성취 및 변화를 위한 이론 및 기법체계이다. 여기서 N(신경을 뜻하는 neuro)은 인간의 모든 경험 - 의식적인 것이든 무의식적인 것이든 - 은 감각과 중추신경계를 통해 이루어진다는 것을 의미하고, L(언어를 뜻하는 linguistic)은 인간의 심적 과정(mental process)은 언어를 통해 부호화, 조직화되며 의미 부여가 이루어진다는 것을 뜻한다. 마지막으로 P(컴퓨터에서 프로그래밍을 뜻하는 programming)는 목표달성을 위해서는 특정한 구조화, 일련의 패턴, 체계적인 일련의 신경과정이 작용하고 내적・외적 의사소통이 이루어진다는 것을 뜻한다. 이 프로그래밍의 과정에서 인간의 감각양식이 모두 활용되는 것이다.

NLP의 이론적 기초로는 미국 가족치료 창시자의 한 사람인 새티어(Virginia Satir), 게슈탈트(Gestalt) 심리치료의 창시자인 펄스(Fritz Perls), 인류학자이며 의사소통 이론가인 베이트슨(Gregory Bateson), 정신과 의사로서 당대 최고의 최면치료사였던 심리학자 에릭슨(Milton

Erickson)의 이론들을 꼽을 수 있는데 결국 이들의 이론과 기법들은 최면치료에서도 잘 활용될 수가 있다.

(2) 레몬 실험과 침 분비

NLP의 실제를 보다 잘 이해하기 위하여 다음과 같은 레몬 실험의 예를 들어보자.

독자 여러분들은 지금 이 책을 읽으면서(또는 눈을 감은 상태로) 레몬을 생각해 보라. (마음으로) 눈앞에 레몬이 하나 있다고 생각하고 그것을 떠올려 보자. 이제, 레몬의 색깔이 어떠한지를 떠올려 보자. 빨간색? 하얀색? 갈색? 노란색? 레몬의 촉감은 또 어떠한가? 까칠까칠한가? 부드러운가? 손가락으로 레몬의 표면을 살짝 누른다고 생각해 보자. 느낌이 어떤가? 말랑말랑한가? 딱딱한가? 자, 이번에는 레몬을 칼로 반으로 이등분해 보자. 그리고 그 속살을 보자. 어떤가? 레몬의 속살이 보이는가? 어떻게 생겼는가? 냄새가 나는가? 어떤 냄새인가? 마음으로 충분히 상상하고 느껴 보자. 그리고 레몬을 두 손으로 살짝 눌러 보자. 어떤 현상이 생기는가? 즙이 나오는가? 그 즙을 혀에 대어 보고 맛을 보자. 어떤가?

이상의 예에서 독자들은 벌써 입에 침이 돌고 실제로 레몬 맛을 본 것 같은 경험과 느낌을 가졌으리라 믿는다. 다만 개인차가 있어서 어떤 이는 처음에 레몬을 생각해 보자고 했을 때 이미 침이 입 안에 도는 것을 느꼈을 것이고, 또 다른 독자들은 레몬을 칼로 자를 때 침이 나오는 것을 느꼈을 수도 있다. 하여간 레몬을 상상하기만 했음에도 불구하고 실제로 오감이 작용하는 경험들을 해 보았을 것이다. 그것은 실제로 레몬을 보고 만진 효과와 거의 다를 바가 없다. 결국 우리의 감각기관은 현재 상황에서 실제의 경험 여부와 상관없이 생각(상상)만으로도 작용한다고 할 것이다. 이러한 예는 얼마든지 있다.

어릴 때 할머니에게 귀신얘기를 들으면서 무서워 떨던 기억이 있는가? 실제로 귀신을 보지도 않고 이야기를 들으며 상상하는 것만으로도 오감은 작용하는 것이다. 과거에 어떤 불행한 일을 겪은 사람이 세월이 지난 후에도 그 일을 생각만 하면 가슴이 아프고 눈물이 나오는 경우도 마찬가지이다. 똑같은 논리로 과거 행복했던 일들을 떠올릴 때 입가에 미소가 번지고 기분이 좋아지는 것도 우리는 경험할 수 있다.

물론 이상과 같이 생각을 통해서 감각기관이 작용하기 위해서는 사전에 그와 관련한 경험이 있어야 할 것이다. 즉 실제로 레몬을 (만지거나 먹어) 보았던 경험이 있을 때라야 가능한 것이다. 레몬이 무엇인지 알지도 못하거나 한 번도 만지거나 보지도 못한 사람에게는 아무리 레몬을 떠올리라고 해도 같은 효과는 생기지 않을 것이다. 즉 실제로 레몬을 만질 때 느끼는 레몬에 대한 감각적 느낌 그것은 바로 신경적인 반응으로 나타나는 것이다. 이 경우 레몬이라는 단어(언어)는 감각적 느낌이라는 신경작용을 일으킴으로써 오감으로 나타나는 것이다. 이러한 것은 우리가 과거에 처음으로 레몬을 경험했을 때 대뇌에 입력된다. 즉 컴퓨터 용어로 표현한다면 프로그래밍된다는 것이다.

(3) 프로그래밍과 조건형성

이상에서 말한 프로그램의 원리는 특정의 언어적 작용과 관계된다. 다시 말해서 특정한 프로그래밍의 결과로 특정의 언어는 특정한 신경반응을 자동으로 불러일으키는 것이다. 이는 행동주의 심리학에서 말하는 학습(learning) 또는 조건형성(conditioning)의 원리와 같은 것이라고 할 수 있다.

예를 들면, 첫사랑을 생각할 때 느끼는 가슴 두근거림이나 시험을 생각할 때 느끼는 가슴 두근거림도 결국은 그러한 프로그래밍의 결과인 것이다. 옛날에 처음으로 사랑을 알았을 때 느꼈던 이성에 대한 호기심과 관심, 그리고 사랑의 느낌과 같은 것들은 신경 · 언어학적으로 프로그래밍되어 대뇌에 입력되고 기억창고에 저장되는 것이다. 이것은 컴퓨터의 원리와도 같다. 마찬가지로 시험을 잘 못쳐서 낭패를 당했던 사람은 그 낭패를 당하면서 느꼈던 모든 감각반응이 입력되고 기억되는 것이다. 그것이 시험불안의 형태로 나타나는 것이다. 결국 NLP란 인간의 행동을 신경 · 언어학적으로 설명하는 하나의 설명방식이라고 할 수 있다.

이러한 NLP의 원리에서는 프로그래밍을 바꾸면 인간의 행동이 바뀔 수 있고 인간도 변화시킬 수 있다고 믿는다. 즉 시험을 생각할 때 실패해서 낭패당했던 경험 대신에 성공적인 경험을 새로이 프로그래밍하여 입력시킴으로써 시험불안을 극복할 수 있도록 하는 것이다. 다른 경우에서도 마찬가지이다. 어떤 사람이 사고로 인하여 심한 불안과 우울증세를 겪고 있다면 그것은 부정적인 프로그래밍의 결과로 볼 수 있기에 그것을 긍정적인 경험과 관련하여 새로이 프로그래밍을 하면 결국 부적응과 문제행동, 병리적 심리 현상 등은 극복되고 치료된다고 할 수 있다.

(4) 감각양식

모든 프로그래밍에 있어서 감각양식이 중요한 작용을 하는 것이다. 따지고 보면 최면 현상도 감각양식에 기초하여 프로그래밍된 잠재의식을 일깨우고 의식화시키는 것이고, 최면치료란 문제되는 심리 현상이나 행동, 또는 병과 관련하여 형성된 부정적인 프로그래밍을 제거하고 긍정적인 쪽으로 새로이 프로그래밍하는 것이라고 볼 수도 있을 것이다. 모든 최면치료가 감각양식에 기초한 프로그래밍 과정으로만 설명될 수 있는 것은 아니지만 감각양식이 중요한 방법으로 활용되는 것이 사실이다.

심리학에서는 감각심리학 또는 지각심리학이라는 분야가 있는데, 이는 인간이 외부 세계의 정보를 받아들이는 감각양식과 관계되는 분야라고 볼 수 있다.

일반적으로 인간의 감각기능은 다섯 가지로 나누어진다. 그것을 오감(五感)이라고 부르는데 시각, 청각, 후각, 미각, 촉각을 말한다. 사람들은 전체 정보의 거의 80%를 시각을 통해서 받아들이고 그 외에 청각을 통해서는 15% 정도, 기타 다른 세 개의 기관을 통해서는 5% 정도를 받아들인다고 한다. 그런데 최면 현상에서는 이러한 모든 감각 현상들이 총동원되어 나타나고 경험되기 때문에 이들에 대해 제대로 이해하는 것이 중요하다.

사람들은 개인차가 있어서 특정한 감각양식을 더 많이 사용할 수도 있고 그렇지 않을 수도 있다. 예를 들어 어떤 사람은 자기가 본 것은 잘 기억하지만 들은 소리는 잘 기억하지 못하는 사람도 있다. 반면에 소리에 민감하여 그것을 잘 기억하는 사람도 있고 냄새에 민감한 사람도 있다. 뿐만 아니라 촉감에 민감한 사람도 있다. 결국 이러한 것은 개인차로밖에 설명할 수가 없는데 이는 최면에 있어서도 마찬가지이다. 즉 어떤 내담자는 잠재의식의 내용을 뚜렷한 시각적 영상으로 떠올리는가 하면, 어떤 사람은 영상보다는 청각적인 것으로 잘 떠올리기도 한다. 따라서 이러한 감각양식에 대해서 미리 알고 최면을 경험하거나 최면 유도를 하면 도움이 될 것이다.

구체적으로 시각기능은 오감 중에서 가장 많이 활용되는 것이다. 이것은 심상 즉 마음에 떠올리는 그림, 상상, 보임, 색깔, 모양, 크기, 장면 등으로 설명될 수 있다. 청각기능은 주로 들림, 소리, 음악, 웃음소리, 울음소리, 음성 등의 형태로 경험된다. 촉감은 일명 신체적 감각이라고도 불린다. 특히 느낌, 촉감, 직감, 따뜻함, 두근거림, 숨이 참, 맥박이 뜀, 얼굴이 붉어짐, 소름과 같은 형태로 경험된다. 후각기능은 문자 그대로 냄새와 관계된다. 그래서 냄새를 맡거나 향기를 맡는 형태로 경험된다. 미각기능은 맛과 관계된다.

위에서 살펴본 오감은 별개로 경험되기도 하지만 실제로는 몇 개의 감각이 종합적으로 나타나기도 한다. 그래서 어떤 영상을 보면서 냄새를 맡기도 하고 가슴 두근거림을 느끼기도 하는 것이다. 또 어떤 사람은 뚜렷한 영상은 보지 않으면서 숨이 차는 느낌과 함께 어떤 소리를 듣기도 한다.

내담자가 주로 어느 감각유형을 사용하는지를 알면 그것에 따라 최면 유도를 쉽게 할 수 있다. 그러므로 내담자에게 효과적인 최면 유도를 하기 위해서 미리 감각유형을 알아보는 것도 좋을 것이다. 일반인들도 자기가 주로 사용하는 일차적인 선호 감각유형이 무엇인지를 알아본다면 자기를 이해하는 데 도움이 될 것이다. 왜냐하면 감각유형에 따라 행동방식이나 성격, 취미, 적성, 대인관계의 방식 및 학습의 방법 등이 달라질 수 있기 때문이다. 그래서 독자들을 위하여 자신의 감각유형이 어떠한지를 알아볼 수 있는 간단한 측정 방법을 부록에 소개하였다.

4

최면과 최면치료의 역사

제4장 최면과 최면치료의 역사

최면과 최면치료의 역사는 길다. 기원전부터 고대 문화권에서 사용된 최면은 18세기 이후에는 주로 유럽의 의사들을 중심으로 치료목적으로 발전하였다. 이러한 최면과 최면치료의 역사를 여러 문헌들에 근거하여 개관하면 다음과 같다(Baker, 1990; Powell & Forde, 1996; Sheehan, 1995).

1. 고대 시대

최면은 기원전 먼 옛날부터 다양한 고대 문화권에서 널리 사용된 것으로 알려지고 있다. 그러한 사실들은 무수한 문헌, 그림, 벽화에 나타난 여러 가지 증거들을 통해 잘 나타나 있다. 고대 문화에서 특히 병을 고치는 치유의 일은 반드시 환자로 하여금 바라는 결과가 일어날 것이라고 기대하게 하는 최면적 의식이나 트랜스를 유발하는 의식과 연결되어 이루어졌다. 이러한 과정에서 환자는 주술사나 샤만에게 치유와 관련한 믿음을 갖게 되었고 그들이 마술 같은 치료효과를 줄 것이라고 기대하게 되었다.

고대 사회에서 최면은 특히 제사장, 수도사, 승려를 비롯한 종교지도자, 샤만, 주술사, 민간요법사 등이 사용한 것으로 알려져 왔다. 이들은 주문과 함께 향을 태우면서 최면상태를 유도하거나 함께 춤을 추고 노래를 부르면서 집단적으로 최면상태를 유도하였으며, 암시적인 메시지를 통해 치료를 하였다. 이렇게 본다면 가장 오래된 최면치료의 형태는 바로 암시치료(suggestive therapy)라고 할 수 있다(Stillerman, 1996).

고대 사회의 최면에 대한 증거로서 고대 이집트에서는 약 3,000년에서 3,500년 전의 '에벨스 파필스'(Ebers Papyrus: 고대 이집트의 의학 문헌)와 그들의 상형문자를 들 수 있는데 여기서 최면의 흔적을 찾아볼 수 있다고 한다. 그리고 병에 걸린 환자들은 '잠의 신전'(sleep temple) 같은 곳에서 한달 정도의 기간 동안 아무 일도 하지 않으면서 트랜스와 같은 상태로 지내는데 그런 가운데 자연적 치료가 이루어졌다고 한다. 이것은 곧 마음과 몸이 하나가 되어 치료가 이루어지는 오늘날의 최면치료의 효과를 보여 주는 예가 된다. 그러한 예는 그리스에서도 찾을 수 있다. 고대 그리스에서는 '잠의 전당'이란 곳이 있었는데 많은 환자들이 병을 고치기 위해 이곳에 찾아와서 최면치료를 받았다고 한다.

오늘날 과학에서 생체에너지장이라고 하는 것은 동양적으로 말하면 기요, 인도에서 말하는 프라나(prana)라고 할 수 있다. 잘 아는대로 동양에서는 이미 기원전 3,000년 전부터 기가 흐르는 길인 경락을 찾아 여기에 침을 놓고 병을 고치는 침술이 있어 왔다는 것도 같은 맥락에서 이해할 수 있다.

고대 문명에서 춤을 추고 북을 치면서 종교적 의식을 수행한 것, 호주의 원주민, 뉴질랜드의 마오리족들이 병을 치유하기 위해 자석 손을 접촉했다는 것은 모두 최면의 원형으로 볼 수 있다.

기원전 350년경에 의학의 아버지로 불리는 그리스의 히포크라테스는 "모든 감정과 정서는 뇌에서 시작되는데 이는 신체 질병의 근원이 된다"고 말했다. 이러한 논리에 따를 때 우리가 만약 뇌에 영향을 미칠 수 있다면 신체에도 영향을 미칠 수가 있음을 알게 된다고 하였다. 히포크라테스의 생각은 몸과 마음이 하나로 연결되었음을 말해 주는 것으로 최면의 이론적 배경이 된다고 할 수 있으며, 심신일원론은 거의 모든 고대 문명권에서 그 흔적을 발견할 수 있다.

그런데 고대인들은 최면 현상을 신비적인 현상, 자기학(磁氣學), 초능력, 영능력과 같은 입장에서 생각하였던 것 같다. 이러한 전통은 아직까지 이어져 최면을 마치 초능력적인 현상인 것처럼 인식함으로써 사람들이 최면을 신비한 것으로 받아들이게 되었다. 그래서 최면은 오랜 역사와 전통을 갖고 있는데도 불구하고 일반인들로부터는 신비스럽고 '이상한' 것으로 인식됨으로써 '호기심'의 대상이 되었을는지 모르지만 동시에 '두려움'의 대상도 되었고, 임상방법으로서 또는 학문으로서 정상적인 발전을 하는 데 방해를 받아 온 것 같다.

그러나 많은 과학이나 예술, 학문적인 발전도 처음에는 천재적인 선각자에 의해서 시작되어 일반인들이나 다른 전문가들로부터 불안한 시각으로, 이단적인 것으로 불신과 의심을 받았다. 차츰 시간이 지나면서 뜻있는 다른 전문가들이 새 이론을 받아들이고 세월이 지난 후에는 일반 대중에게도 수용되어 왔다는 점을 생각해 본다면 최면도 예외가 아닌 것 같다.

예를 들면 과거의 점성학(astrology)은 천문학(astronomy), 연금술(alchemy)은 화학(chemistry), 민간요법 및 향토의학은 대체의학으로 각각 발달한 것을 볼 수 있다. 과거에는 사람이 하늘을 날 수 없다고 생각했으나 오늘날 비행기, 로켓, 우주선이 발명됨으로써 그 생각이 틀렸음이 증명되었고 우주에 대한 막연한 생각을 바탕으로 하여 우주탐사 및 우주여행이 이루어졌다. 아울러 한때 진리로 믿었던 천동설은 지동설로 대체되었으며, 절대적 진리로 군림했던 구교의 세계에는 종교개혁의 영향으로 신교가 등장하였고, 기타 무수한 지리적 발견과 과학적 발명들은 과거의 무지나 오해가 잘못되었음을 보여 주었다.

그러나 수세기 동안 최면은 유럽인들의 관심에서 멀어졌다. 그것은 아마도 종교적인 영향이 작용한 것으로 보인다. 왜냐하면 유럽사회에서는 다양한 종교가 강력한 영향을 미치고 있었는데 종교지도자들은 대중을 통제하고 다스리기 위하여 나름대로의 최면적 형태의 의식을 활용했기 때문이다. 그러는 가운데 18세기가 되면서 최면은 새로운 모습으로 유럽에서 다시 부활하였다. 그것은 일반인들이 의사에 대한 마음이 멀어지게 되고, 일부 의사들이 보편적이고 만병통치적인 치료법을 찾고자 정통의학에서 이탈하게 된 사실과 무관하지 않은 것 같다.

2. 준과학 시대

근대에 와서 최면학은 고대 시대의 그것과는 달리 체계적이고 학문적인 기틀을 갖추어 나갔다. 특히 의사들을 중심으로 최면을 활용한 치료가 이루어지면서 본격적인 최면 발전의 발판이 마련되었다. 현대적 최면 발전과정에서 '최면의 아버지'라고 불리는 메스머, 브레이드, 리보의 공헌이 지대하였다. 이들을 중심으로 근대 이후의 최면역사를 살펴보자.

(1) 메스머

메스머(Franz Anton Mesmer : 1734~1815)는 최면의 역사에 있어서 가장 유명한 이름이라 할 수 있으며 뒤에 나올 브레이드 및 리보와 함께 '최면의 아버지'라고 불리고 있다. 왜냐하면 그가 자기가 하는 일을 처음으로 과학적으로 설명하고자 했기 때문이다. 그러나 그는 당시에 최면 트랜스를 사용하지 않았고 최면의 완전한 토대를 구축하지는 못했으며, 당대에는 오늘날과 같은 최면이라는 용어를 사용하지 않았다고 한다.

메스머

그는 오스트리아 출신으로 독일에서 신학과 의학을 공부하고 의사가 되었는데 동물자기설(animal magnetism)을 주창하였다. 여기서 말하는 자기(磁氣)란 자석의 기운을 의미한다. 그의 박사학위 논문의 제목이 '행성이 신체에 미치는 영향'(The influence of the planets on the human body)이었다는 사실은 흥미로운 일이다. 그의 초기 이론은 우주에는 물리적 힘이 작용하여 인체에 보이지 않는 영향력을 행사한다는 것이었다. 이러한 이론은 당시에는 받아들여지지 않았지만 그가 예수회의 신부인 헬(Maximillian Hell)을 만나면서 지지를 얻게 되었다. 헬은 자석을 환자의 몸에 부침으로써 기적과 같은 치료효과를 얻을 수 있었다. 아마도 이 두 사람은 행성의 영향력도 자기적인 것이라고 생각하였던 것 같다.

그는 후에 자신의 초기 이론을 수정하여 행성은 보이지 않는 유동체를 통하여 인체에 영향을 미치며, 이 유동체는 자석으로부터 유래된다고 주장하였다. 그리하여 특히 빈을 중심으로 활동을 하면서 '우주 유동체'(cosmic fluid)가 자석과 같은 비생물체에 저장되어 있다가 환자에게 전이되어 병을 치료할 수 있다고 믿었을 뿐만 아니라 사람의 몸과 손에서도 자기가 작용한다고 생각하였다.

또한 그는 자신의 몸과 손에서는 치유적인 힘과 자기적인 힘이 방출된다고 믿었다. 그는 이러한 일을 완전히 자연적인 현상이라고 받아들이고 자신의 동물자기설을 완성시켰는데, 이 이론이 오늘날 최면을 뜻하는 '메스메리즘'(mesmerism)의 바탕이 되었다. 여기서 동물자기나 우주 유동체라고 하는 것은 동양적으로 보았을 때 기에 해당하는 것으로 보이며, 메스머는 기의 현상과 치료적 효과를 동물자기설로 설명한 것으로 이해할 수도 있다.

그러나 그의 이론과 치료적 실제는 정통 의학계로부터 인정받지 못하였다. 그는 동업자의 박해를 받아 고향을 떠나 프랑스 파리로 이주할 수밖에 없는 처지가 되었으며, 그곳에서 유수한 과학자들을 초청하여 자신의 일을 직접 보게 하고 가난한 사람들을 위해 치료해 주고자 노력하였다. 그러나 그는 가끔 환자에게 오진을 하여 평판이 더욱 나빠졌고, 이 과정에서 과학계와 의학계의 반발이 컸다.

이에 따라 루이 16세 치하의 프랑스 정부는 1784년에 메스머의 동물자기설의 타당성을 검증하기 위하여 당시 프랑스 주재 미국대사였

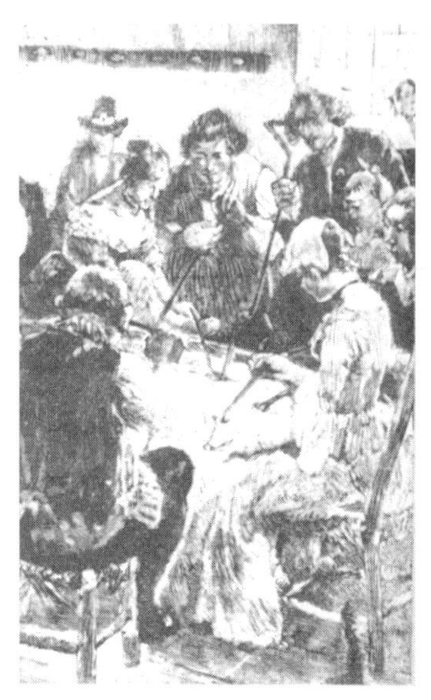

메스머의 치료장면

던 프랭클린(Benjamin Franklin)을 단장으로 하여 조사위원회를 구성함으로써 메스머에 대해서 조사하는 작업을 실시하였다.

7년간 실시되었던 조사 결과 조사위원회는 메스머의 치료효과가 환자 몸 속의 알 수 없는 생리적 원인 때문에 일어난 것이고, 신비적인 자기적 유동체의 활동을 검증할 수 없다며 그를 완전히 불신하는 결과를 발표하였다. 특히 왕에게 보고된 비밀문서인 두 번째 보고서에서는 많은 여성환자들이 신체적 접촉을 통해 성적으로 농락당할 수가 있다고 하면서 메스메리즘이 공중 도덕에 해를 끼친다고 하였다. 이러한 과정에서 그는 좌절 끝에 벨기에로 갔다가 다시 파리로 돌아왔다.

그의 최초의 성공사례로는 신경증의 하나인 발작증세를 보이는 29세의 여성환자였다. 그는 환자가 발작을 할 때 세 개의 자석을 환자의 위장 부위와 다리에 적용하였는데 이것이 효과를 보여 다음에도 그렇게 반복함으로써 환자가 치료되는 것을 확인하였다. 메스머는 나중에 스스로 자석을 버리고도 치료를 할 수 있었는데 그 자신을 자석으로 생각하기도 했다. 그리고 그는 자신을 통하여 환자에게 자성(磁性)이 전달된다고 여기기도 하였다.

그는 현란한 장식옷을 입고 희미한 조명과 거울이 걸린 방에서 환자들을 치료하였는데 그의 성공적인 치료효과 때문에 많은 환자들이 모여들었다. 이런 과정에서 그들은 차츰 자신들이 치료될 수 있다는 믿음과 기대를 가진 메스머와 같은 사람처럼 되어 갔다. 즉 그들은 결과적으로 '메스머화'(mesmerized) 되었다고 할 수 있다. 여기서 메스메리즘이라는 용어가 생기고 이것이 바로 현대적 최면의 용어인 hypnosis의 초기 용어가 되기도 하였다. 메스머는 파리에서 성공은 하였으나 여전히 이상한 짓을 하는 것으로 오해를 받자 모든 것을 그만두고 스위스로

가서 여생을 마쳤다.

메스머는 비록 최초로 최면 현상을 과학적으로 설명하고자 했으나 동료들뿐 아니라 동물자기설의 심리학적인 시사점에 대해서는 이해하지 못했고, 환자 자신의 자기암시나 마음 또는 치료에 대한 믿음과 같은 심리적 작용에 의한 치료효과에 대해서는 아직 생각하지 못하였다. 그러므로 메스메리즘은 뒤에서 설명될 hypnosis로 설명되는 오늘날의 최면과는 다소 거리가 있다고 해야 할 것이다. 어쩌면 오늘날의 최면법은 동물자기설을 연구하는 과정에서 부수적으로 얻어진 것이라고 해야 할 것이다.

그럼에도 불구하고 그의 실험적인 노력과 치료적 성공이 후세의 최면발전을 위한 길을 크게 열어 놓았다는 사실은 그가 이룩한 큰 공헌임에 틀림없다. 최근의 양자물리학 분야의 연구 결과들에 따르면 메스머의 동물자기설이 어느 정도 타당성이 있는 것으로 인정된다. 왜냐하면 양자물리학에서는 메스머가 말하는 동물자기 대신에 전기적 자성(electromagnetism)이 신체 내의 화학적 반응에 일정한 영향을 미치는 것으로 설명하기 때문이다.

(2) 드 퓌세귀르

같은 시기에 메스머의 제자들이 그의 이론을 발전시켰는데, 드 퓌세귀르(Marquis Chastenet De Puysegur)는 '우주 유동체'는 자성이 아니라 전기적인 것이며, 전기적 유동체는 모든 식물과 동물의 생물체에서 발생된다고 생각하였다. 그는 환자를 치료하기 위해 환자에게 치유 전기 유동체를 보내 주고자 하였는데 이를 위하여 자연환경을 사용하기도 했다. 그래서 그의 치료실은 주로 야외였는데, 특히 마을의 녹지대 중앙에 있는 느릅나무 밑에서 치료를 하였다고 한다.

드 퓌세귀르

치료 도중에 그는 이상한 현상을 목격하였다. 즉 환자가 메스머화된 상태의 결과로 몽유병적인 상태(깊은 수면상태와 같은)에 빠졌다고 한다. 이 상태에서 환자는 여전히 의사소통을 할 수 있었고 최면사의 암시에 반응을 할 수 있었다. 이 과정에서 그는 몽환(夢幻)상태, 즉 트랜스 상태를 처음으로 발견하였지만 그것이 트랜스라는 사실을 몰랐다고 한다. 그리고 그는 의학사에서 처음으로 질병진단을 실시하였는데, 특이한 것은 육감을 통하여 진단을 실시하였다.

(3) 가스너

메스머와 같은 시기에 활동을 한 사람으로 가스너(Johann Joseph Gassner) 라는 신부가 있었다. 그는 최초의 현대 신앙요법가였으며 18세기 당시의 가장 유명한 무당(exorcist)이기도 했는데, 주로 암시법을 사용함으로써 신앙치료를 하였다.

가스너는 어느 날 두 명의 의사를 초빙하여 한 여성피험자의 심장박동과 호흡을 떨어뜨리는 최면시범을 보였다. 이 광경을 처음으로 본 의사들은 피험자가 죽었다고 하면서 너무도 놀라워 했다. 그러나 그는 피험자를 3분 후에 다시 정상으로 깨웠고, 피험자가 다시 소생하였다는 사실이 외부로 알려지면서 차츰 교구에서도 최면을 인정하게 되었다. 그는 하늘에서 신통력을 받았다고 알려지면서 비교적 다른 선구자들보다는 유리한 조건에서 최면의 일을 할 수가 있었다.

그는 주로 희미하게 불이 켜진 성당에서 피험자들에게 촛불이 켜진 다이아몬드가 박힌 십자가를 들고 "잠자라"는 라틴어를 중얼거리며 빙빙 돌게 함으로써 트랜스 상태를 유도하였다. 이러한 방법이 효과를 발휘하여 사람들은 최면에 잘 걸렸다. 이로써 그는 최면에서 조용히 잠자는 상태를 이끈 최초의 사람이 되었다.

(4) 드 빼리아와 엘리엇슨

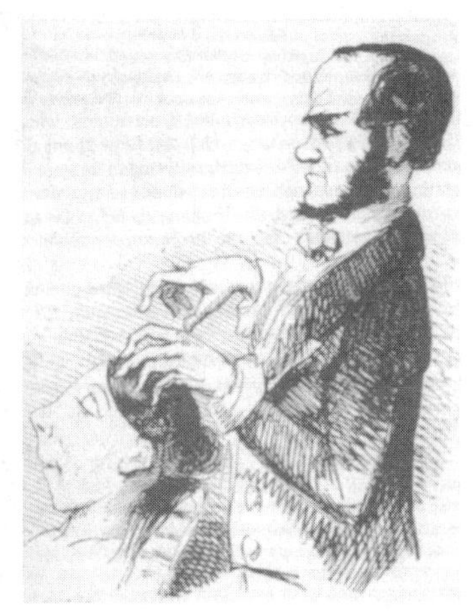
최면을 걸고 있는 엘리엇슨

1815년에는 드 빼리아(Abbe Jose Castodi De Faria)라는 사람이 최초로 과학적 최면실험을 하였다. 그는 특히 심리적 태도가 최면과 관계가 있으며 피험자의 의지가 허락하지 않는 한 누구도 최면에 걸리지 않는다는 사실을 처음으로 밝혔다.

엘리엇슨(John Elliotson)은 런던의 저명한 의사로서 대학병원의 교수이기도 하였는데 드 빼리아의 제자를 통해 자기학에 관심을 갖고 최면을 배우기 시작하였다. 1837년에 최면실험을 시작한 이래로 환자들이 고통 없이 수술을 받을 수 있음을 발견하고 그 기술을 적용하였는데 결과적으로 최면 트랜스를 통증치료에 활용하였다. 이 과정에서 그는 최면을 통해 1,834건의 외과적 치료를 통증 없이 실시했음을 보고하였다.

그러나 치료에는 고통이 필수적이라고 믿었던 많은 동료의사들은 통증 없이 외과적 치료를 실시했다는 사실을 제대로 이해하지 못하고 비난을 하게 되었다. 그는 공개적인 비난과 적대감에도 불구하고 계속 자신의 기법을 활용하였고 이에 따라 젊은 의사들은 많은 관심을 표명하며 그를 따랐다. 그의 추종자들은 비교적 전통에 구속받지 않는 젊은 사람들로서 숫자가 많았다. 그는 희망자면 누구나 자신의 치료 장면을 직접 볼 수 있도록 병원 강당에서 수술을 실시하기도 하였다.

그는 수술 외에도 암시를 통해 직접 치료가 가능함을 밝혔다. 그리고 트랜스 진단과 예언을 하는 실험도 실시함으로써 앞 시대의 어느 누구보다도 최면을 의료계에 도입하려는 과학적인 노력을 많이 하였다. 그러나 그러한 노력들은 별로 호응을 얻지 못하고 결국은 실험을 중지해 달라는 요청을 받았다. 이에 따라 그는 병원과 교수직을 그만두게 되었고 동시에 그가 일하던 자취는 깨끗이 청소되고 없어져 버렸다. 그는 의학계에서 자신의 실험이 받아들여지도록 근 30년 이상을 투쟁하였고 이 과정에서 저널 「Zoist」를 발간하기도 하였으나 자신의 업적은 제대로 인정받지 못한 가운데 생을 마쳤다.

(5) 브레이드

이 시기에 또 다른 영국인 외과의사인 브레이드(James Braid)는 메스메리즘, 즉 자기학의 원리에 대해 최초로 과학적인 실험을 하고 설명을 한 사람으로 인정받았다. 그는 메스메리즘은 곧 신경성 수면(nervous sleep)이라고 생각하고 1842년에 잠을 의미하는 그리스어의 hypnos에 기초하여 hypnosis란 최면의 용어를 처음으로 만들었다. 그래서 메스머와 함께 최면의 아버지로 인정받게 된 것이다. 이 과정에서 그는 환자들이 언어적으로 표현되는 암시에 민감하게 반응함을 알게 되었다.

그는 최면 현상을 과학적으로 밝히려는 노력을 하면서 메스머의 '우주 유동체설'을 거부하고 대신에 눈의 피로가 시신경을 마비시킴으로써 수면과 같은 최면 현상을 야기시킬 수 있음을 밝혔다. 그럼에도 불구하고 그도 역시 보수적인 동료들로부터 제대로 인정을 받지 못

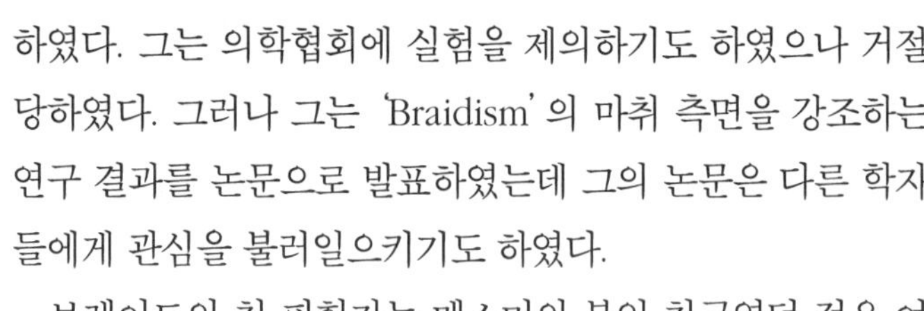

하였다. 그는 의학협회에 실험을 제의하기도 하였으나 거절당하였다. 그러나 그는 'Braidism'의 마취 측면을 강조하는 연구 결과를 논문으로 발표하였는데 그의 논문은 다른 학자들에게 관심을 불러일으키기도 하였다.

브레이드

브레이드의 첫 피험자는 메스머의 부인 친구였던 젊은 여성으로 히스테리 환자였다. 그는 자석을 환자의 발과 목 근처에 붙이고 치료를 실시하였는데 이 과정에서 환자는 온몸에 통증을 느꼈다. 당시 의학계에서는 자석을 새롭고 신비로운 것으로 받아들였다. 자석이 큰 힘을 갖고 있다고 생각하고 환자들도 치료효과를 믿었기에 치료의 효과가 생긴 것

으로 생각하였다. 즉 기대와 믿음이 최면의 기초가 된 셈이었다.

당시에는 고통이 치료의 필수 조건이라고 생각되었기에 '기대'를 통하여 자석이 급속하고 강렬한 통증을 유발한 것으로 보이고, 이것이 결과적으로 심리적 증상을 치유하였다. 이로써 수면상태를 포함하지 않고도 최면이 가능하다는 사실이 밝혀졌다. 그래서 그는 잠의 의미가 담긴 원래의 hypnotism이란 용어 대신에 새로이 monodeism이라는 용어를 사용하고자 하였으나 앞의 용어가 이미 유명해진 뒤라서 그렇게 하지는 못했다고 한다.

(6) 에스데일

비슷한 시기에 인도에서는 에스데일(James Esdaile)이라는 스코틀랜드 출신의 외과의사가 스스로 자기적 수면(magnetic sleep)이라고 이름 붙인 최면상태에서 최면수술을 실시함으로써 최면이 보다 과학적 인정을 받는 데 크게 기여하였다. 그는 인도에 있는 동안 엘리엇의 글을 통해 메스메리즘에 관심을 갖고 최면을 통해 수천 회의 소수술과 300회의 대수술을 통증 없이 시행하였다.

다행히 그러한 업적이 의학협회로부터 인정받아 그는 캘커타 병원으로 파견되었고 그곳에서 계속 최면수술을 할 수 있게 되었다. 그것은 교육받지 못한 인도인들에게 필요한 것으로 여겨졌기 때문이었는데 결과적으로 신비과학의 본고장인 인도에서 최면이 인정받았다는 것은 재미있는 사실이기도 하다. 그러나 뒷날 새로운 마취약이 개발되면서부터 최면마취의 매력은 떨어졌고, 최면마취가 임상 현장에서 사용되는 회수는 차츰 줄어들었다.

3. 과학적 실험 시대

실제로 최면을 실험함으로써 최면이 단순히 주술적이거나 신비한 대상이 아니라는 사실을 밝히는 과학적 실험 시대가 1800년대에 열리기 시작하였다. 이로써 최면의 암흑기가 지나고 특히 의학 분야에서 최면이 자리를 잡기 위한 큰 발전을 이룩하였는데 대표적으로 리보, 베르넹, 브로이어, 프로이트 등이 여기에 포함된다.

(1) 낭시학파 : 리보와 베르넹

프랑스에서는 처음으로 최면을 정상적인 현상으로 여기고 이론과 실제 모두의 측면에서 과학적으로 연구한 사람들이 있었다. 프랑스 낭시(Nancy) 의과대학의 리보(Ambroise August Liebault)와 베르넹(Hippolite Bernheim)이었다. 특히 리보는 낭시의대 출신의 의사로 최면 유도에 있어서 내담자의 기대가 가장 중요한 요인이 된다는 점을 주장하기도 하였다. 그리고 최면이 단순히 '이상한' 것이 아니라는 점을 인정받을 수 있도록 하는 데 기여하였다.

그는 무료로 최면치료를 해 줌으로써 인기를 얻을 수 있었고 자신에게 어떤 초자연적인 힘이 있다고는 생각하지 않았다. 오늘날 널리 알려져 있듯이 최면은 순수한 암시의 문제라고 설명하고 가르친 최초의 사람이었다. 이런 이유로 그는 또 다른 '최면의 아버지'로 불리게 되었다. 그는 과학적인 입장에서 최면을 연구하고 그것을 책으로 펴내기도 했는데 이러한 그의 노력들이 인정을 받아 현대적인 입장에서 최면의 아버지가 되었다.

치료실에서의 리보

이 시기에 낭시 의과대학의 교수였던 베르

베르넹

넹은 처음에는 리보를 인정하지 않았으나 후에는 그를 인정하고 그와 함께 역사상 가장 유명한 최면치료센터를 세웠다. 그는 최면치료에서 85%의 성공률을 보였는데, 성공사례를 모아 1886년에 『암시치료』(Suggestive Therapeutics)라는 책을 펴냈다. 이 책은 가장 널리 사용되는 의료최면의 안내서 구실을 한 것으로 인정되고 있다.

결과적으로 베르넹은 리보와 함께 낭시학파의 창시자가 되었다. 이 학파의 이론에 따르면 최면을 위해서는 브레이드가 말하는 눈의 피로조차도 필요없으며 최면은 순수하게 주관적인 것이라고 할 수 있다. 이 이론이 일반적으로 받아들여지면서 오늘날 우리가 아는 과학적 최면은 처음으로 학문의 역사에 자리를 잡는 계기가 되었다.

한편 그는 오늘날 최면에서 자주 활용되는 관념운동반응(ideo-motor response) 기법의 선구자 역할을 하였다. 원래 관념운동반응은 프랑스 파리의 유명한 화학자요, 국립역사박물관의 관장이던 쉐브럴(Chevreul)의 펜듈럼(pendulum)으로부터 시작되었다고 할 수 있다. 쉐브럴은 1854년에 고대의 마술적인 최면 전통에 대해 실험적 비판을 시도한 글을 발표하였다. 그런데 당시에는 임신한 여인이 자신의 배 위에 펜듈럼이라고 불리는 추를 들고 그것의 움직임을 통하여 태아의 성별을 감별하는 풍습이 있었다고 한다. 즉 추가 어느 한 방향으로 움직이면 태아는 남자이고, 반대 방향으로 움직이면 여자라는 것이다.

이와 같은 현상에 대해 아무도 이유를 설명할 수 없었던 때에 쉐브럴은 실험을 통해 무의식적 관념작용이 근육 움직임에 영향을 미쳐 추가 움직인다는 것을 밝힐 수 있었다. 그래서 오늘날 미지의 대상이나 사실을 알아맞추기 위해 사용하는 추를 쉐브럴의 펜듈럼(Chevreul's pendulum)이라고 부른다(Ousby, 1990 : Rossi & Cheek, 1988). 펜듈럼이 그렇게 작용할 수 있는 것은 무의식적 지식이나 신념이 신체의 근육에 영향을 미쳐 운동반응을 일으킬 수 있다는 원리 때문이다. 그러한 원리를 관념운동반응 또는 관념역동과정(idoedynamic process)이라고 하며, 최면의 원리와 직결된다. 펜듈럼의 활용에 대한 보다 구체적인 내용을 위해서는 설기문(1998)을 참고하기 바란다.

베르넹은 최면의 본질적인 성질을 관념운동과정으로 설명한 최초의 사람이라고 할 수 있다. 앞에서 소개한 그의 '암시치료'라는 것도 관념운동과정과 관계가 있다. 이는 기본적으로 최면사에 의한 직접적인 암시보다는 내담자가 가진 내적 자원과 자발성 및 자연스러움을 활용하는 특징이 있다. 바로 이런 점에서 베르넹은 20세기의 에릭슨의 허용적이며 비지시적인 최면법과 심리학자 헐의 최면실험에 영향을 미쳤다.

(2) 살뻬뜨리에르 학파 : 샤르꼬

리보와 베르넹이 낭시에서 최면을 연구하고 있던 같은 시기에 샤르꼬(Jean Martin Charcot) 박사가 살뻬뜨리에르(Salpetriere)의 치료소에서 최면실험을 하였다. 그는 당대의 가장 앞서 있는 신경학자 중의 한 사람으로 의과대학에서 신경학을 가르치기도 했으나 최면에 관해 다소의 오해를 한 것으로 알려졌다. 왜냐하면 그는 최면이란 기본적으로 히스테리 현상이기에 비정상적인 신경활동으로 분류된다고 하였으며, 히스테리 환자들만 최면에 걸릴 수 있다고 생각하였으나 그것이 사실이 아님이 드러났기 때문이다. 그가 그 당시에 가졌던 최면에 관한 생각은 비록 오늘날 우리의 기준에서 볼 때 옳지 않고 비과학적이었지만 트랜스 현상에 대한 그의 탐구는 현재까지 가장 완전한 것으로 인정되고 있다.

1878년에 그와 제자들은 최면 수면(hypnotic sleep)에는 여러 단계가 있다는 사실과 최면 피험자들은 각 단계에서 서로 다른 증상을 보인다는 사실을 증명하였다. 이것이 트랜스 현상을 과학적으로 분류한 최초의 시도였는데 그의 노력은 후에 최면의 여러 수준을 측정하는 도구에 반영되었다. 또한 그는 처음으로 최면의 세 가지 수준을 정의하였는데 비록 이후의 다른 연구자들이 서로 다른 몇 가지 수준을 주장하기도 했으나 그의 단계론이 널리 알려지고 활용되었다. 또한 그가 최면에 기여한 공로와 신경학 분야의 명성 때문에 다른 많은 의사들이 최면을 받아들이게 되었다.

치료중인 샤르꼬

이로써 리보, 베르넹, 샤르꼬의 노력에 힘입어 최면연구는 전 유럽을 통틀어 일반인과 의학계에서 크게 받아들여지게 되었다. 그러나 이 당시에는 정신역동에 대한 이해가 부족했기 때문에 암시기법만 주로 사용되었다.

(3) 최면분석과 정신분석 : 브로이어와 프로이트

오스트리아 비엔나 출신의 프로이트(Sigmund Freud : 1856-1939)는 25세의 나이에 의과대학을 졸업하고 1885년에 프랑스 파리로 건너가 그곳의 유명한 신경학 교수인 샤르꼬 밑에서 최면을 공부하였다. 샤르꼬는 당시에 학생들에게 신경적인 문제를 가진 것으로 보이는 일부 환자들이 실제로는 신경증 환자라는 점을 시범으로 보여 주었다. 즉 그러한 환자들은 신경적 장애 증상을 보이는데 귀가 먹고 눈이 멀고 마비가 된다는 것이다.

그러나 샤르꼬는 최면하에서 그들의 증상을 일시적으로 완화시킬 수 있었다. 이로써 그는 환자들의 진정한 문제는 겉으로 나타나는 신체적인 것이 아니라 심리적, 정서적, 성격적 이상일 수 있음을 보여 주었다. 프로이트는 샤르꼬의 강의와 최면시범에 감명을 받았고 신경증에 있어서 무의식적 역동이 큰 영향을 미친다는 생각을 갖게 되었다.

한편 프로이트는 비엔나에서 정신과 개업의로 활동하는 동안에 같은 정신과 의사로서 큰 성공을 거두고 있었던 선배 겸 친구였던 브로이어(Josef Breur : 1842~1925) 박사와 친하게 지냈다. 브로이어는 프로이트에게 자신의 환자를 보내고 임상사례를 함께 토론하고 돈까지 빌려 줄 정도로 가까운 관계를 유지하였다. 이로써 그는 샤르꼬와 함께 프로이트의 초기 이론형성에 있어서 지대한 영향을 미쳤다.

브로이어의 환자 중에는 파펜하임(Bertha Pappenheim)이라는 젊은 여인이 있었다. 흔히 '안나 O'로 알려진 그녀의 문제는 다양한 신경증적 증상이었다. 브로이어는 그녀의 증상은 최면 속에서 자유롭게 이야기하도록 하면 크게 경감될 수 있다고 생각하였다. 그는 자신의 치료를 '말하기 치료'(talking cure)라고 하였다. 그녀의 진정한 문제는 정서적인 것이었기 때문에 그녀는 심리적 고통을 겪고 있었고 이야기할 때는 울었다.

브로이어와 프로이트는 어떻게 하여 말하기 치료가 효과를 내는지에 대한 이론을 수립하기 위해 함께 연구하였고 이 과정에서 남에게 자신의 생각이나 감정을 말하고 털어놓음으로써 고통스런 감정이 경감되는 정서적 해소 현상이 일어남을 발견하고 그것을 정화(abreaction)라고 불렀다. 그들은 이러한 정화야말로 증상 개선에 본질적이며, 핵심 사건과 연루되어 있으면서도 해소되지 않는 감정은 반드시 발산되어야 한다는 점을 이론화하였다. 그러나 이후에 두 사람은 연구 결과의 출판과 관련하여 의견충돌이 생기면서 서서히 멀어져 결국은 결별하였다(Bruno, 1977). 그리고 후에 브로이어와 프로이트는 모두 최면을 그만두고 말았다(Rossi & Cheek, 1994).

그러나 그 전에 브로이어는 히스테리 소녀를 치료하면서 새로운 치료기법이 필요함을 깨달았다. 환자가 의식상태에서는 불가능하던 증상의 원인을 최면상태에서 밝혀 낼 수 있었으며 분명하고도 이성적으로 의사소통을 할 수 있었고 저항도 줄어드는 현상을 보였다. 환자가 가졌던 증상은 물을 마시지 못하는 것이었는데 최면상태에서 자기가 사용하던 컵의 물을 개가 마시는 것을 보고 심한 메스꺼움을 느꼈던 사실을 알게 되었다. 의식상태에서 설명했을 때 환자는 그 사실을 기억할 수 있었을 뿐만 아니라 곧 물을 다시 마실 수 있게 되었고 증상이 치료되었다. 이로써 새로이 최면분석(hypnoanalysis)이 성립되었다.

이것은 직접적 암시가 아닌 방법으로 시행된 정신병에 대한 최초의 심리치료가 되었는데 그 효과는 오래 지속되었다. 그가 최면분석에 남긴 또 다른 기여는 자유연상(free association)의 발견이다. 그는 저항, 체면, 정신적 저항이나 불충분한 트랜스 상태 등으로 인해 달리 어찌할 수 없었던 환자를 자유연상의 방법을 통해 치료할 수 있었다. 가벼운 수면단계에서 활용되는 자유연상의 방법은 곧 프로이트로 하여금 정신분석학을 창시하게 한 계기로 작용하였다.

프로이트는 브로이어의 연구에 매력을 느끼고, 앞에서도 언급한 바와 같이 1885년 프랑스 파리의 낭시와 살뻬뜨리에르 의대에서 최면을 연구하고 샤르꼬의 가르침을 받기도 했다. 그리고 한동안은 최면분석의 다양한 기법들을 연구하고 활용하였으나 그의 최면은 별로 성공적이지 못하였다. 그는 수면암시의 단조로움에 싫증을 느끼기도 하였으며 그의 권위적인 기법에 반응을 하지 않는 환자가 많다는 사실을 깨닫기도 하였다. 또한 이 과정에서 전통적인 최면의 방법으로는 과거의 심각한 외상적 사건에 대한 기억을 제대로 되살릴 수 없거나 때때로 환자 자신이 기억 내용을 꾸미기까지 하는 현상을 경험하였다.

비록 이러한 경험들이 그가 나중에 최면을 그만두게 된 원인으로 작용하였지만 많은 환자들이 보이는 최면상태의 경험을 통해서 그는 무의식의 존재를 인식할 수가 있었다. 비록 그가 무의식적 세계를 처음으로 발견한 것은 아니었지만 결과적으로 무의식을 정신병리의 주된 원천으로서 인정한 최초의 사람이 된 것은 사실이다. 그는 이러한 점들에 기초하여 새로이 정신분석학을 창시할 수 있었다.

그가 어느 날 한 환자를 최면치료 하고자 했을 때 최면이 잘 걸리지 않았는데, 이 때 자유연상의 방법을 생각해 냈다. 다행히 그 방법이 성공함으로써 그는 최면을 버리게 되었다. 프로이트는 최면이 저항을 없애지 못할 뿐만 아니라 회피하게 하며 불완전한 정보와 제한된 치료효과밖에 얻을 수 없다고 생각하였다. 그의 많은 추종자들은 그의 가르침을 받아들여 최면을 버리게 되었다. 비록 그가 말년에 다시 최면에 새로운 관심을 가졌으나 1900년이 되었을 때 이미 최면은 정신분석학으로 대체되었기에 그의 최면에 대한 새로운 관심은 별다른 의미가 없게 되었다.

프로이트의 정신분석학은 인간의 정신 현상 또는 심리 현상을 기존의 차원이나 방식과는 전혀 다르게 설명함으로써 최초의 성격이론으로 인정받게 되었다. 뿐만 아니라 정신분석학은 당시까지 정신적인 장애를 신경학적인 장애 현상으로 보고 신체치료 차원에서만 다루던 정신과적 치료전통에 대한 대안으로 제기됨으로써 최초의 심리치료 이론체계로 인정받게 되었다. 그는 정신분석학을 통하여 자유연상, 꿈의 해석과 같은 기법을 중심으로 환자의 억압된 과거의 기억들을 의식으로 떠올릴 수 있음을 밝히기도 하였다.

앞에서 언급한 대로 프로이트는 초기에 최면을 활용하였다가 기대만큼 효과를 얻지 못하자 최면을 버리게 되었다. 그러나 또 다른 한편으로는 정신분석학이라는 자신의 이론체계를 발전시키고 적용하고자 노력하는 가운데 자연히 최면을 멀리할 수밖에 없었다고 할 수 있다. 특히 자유연상이나 꿈의 해석과 같은 기법들을 발전시키면서 그는 더욱 최면을 거부한 것으로 알려졌다. 이러한 과정을 거치면서 20세기에 들어와서 정신분석학이 새로이 대중의 관심을 끌게 되었는데, 결과적으로 최면이 프로이트와 그의 정신분석학에 의해 차츰 인기를 잃고 쇠퇴의 길을 걷게 되었다는 것은 아이러니라고 할 수 있다.

비록 프로이트가 최면을 그만두었다고 하지만 현대 정신분석학은 그렇게 제한적이지는 않은 것 같다. 오히려 최면을 보조 수단으로 사용하여 분석작업을 하기도 한다. 그래서 일부 정신분석적 치료자들은 최면을 사용하기도 한다. 프로이트도 1919년의 논문 「Turnings in the ways of analysis」에서 자신의 정신분석적 방법과 더불어 보다 직접적인 다른 치료방식을 혼합하는 문제에 대해 언급하였으며 궁극적으로는 심리치료 과정에 있어서 최면을 비롯하여 다른 형태의 단기적인 치료방식이 통합되어야 한다는 점을 예견했다(Fisher, 1991).

한편 초기에 프로이트와 함께 정신분석적 입장에서 함께 일했고 분석심리학을 창시했던 융도 한때는 유능한 최면치료사였다. 그러나 그도 프로이트와 마찬가지로 전통적 최면이 갖고 있던 한계, 그 중에서도 특히 최면상태에서 내담자가 최면사의 암시에 영향을 받을 뿐 아니라 유사기억을 만들어 냄으로써 기억 내용 자체를 완전히 신뢰하기 어렵다는 이유로 최면을 그만두었다(Rossi & Cheek, 1994).

(4) 미국에서의 최면

유럽에서 크게 유행하면서 긍정적 평가와 부정적 평가를 동시에 받고 있던 최면, 구체적으로 메스메리즘은 1838년에 미국으로 도입되었다. 특히 이 과정에서는 큄비(Phineas Parkhurst Quimby: 1802-1846)라는 사람의 공헌이 컸다. 당시에 미국에서 새로이 발흥한 종교운동인 심령주의(Spiritualism : 미국에서 1848년에 시작되어 영국에서 번창한 종교운동으로 심령 현상을 믿고 영매를 통한 영적 치료를 실시하는 특징을 갖고 있음)와 크리스찬 사이언스(Christian Science : 약을 쓰지 않고 신앙요법을 특색으로 하는 기독교의 한 종파)뿐만 아니라 일반적인 미국의 종교적 사고는 큄비가 도입한 메스메리즘 운동의 영향을 직 · 간접적으로 받았다(Gauld, 1992; Guiley, 1991).

큄비는 원래 정규교육을 받지 않은 동부의 뉴잉글랜드 지역의 시계제조업자로서 어느 최면강의에 참석하여 큰 감명을 받은 적이 있었다. 그는 메스머의 주장을 감응력과 암시성에 관한 본격적인 철학으로 발전시키는 공로를 세웠는데 이 과정에서 훌륭한 피험자이며, 자칭 '천리안의 사나이' 라는 최면감수성이 아주 높았던 19세의 버크마(Lucius Burkmar)라는 청년을 만나 그와 함께 많은 최면실험을 수행했다. 그는 이러한 실험을 통해 관찰과 본능에 의해 그가 알게 된 것, 즉 정신과 그 정신이 영향을 미치는 육체는 비교적 쉽게 조종될 수 있다는 점을 확신하게 되었다.

처음에 그는 치료보다 텔레파시에 더 관심이 있었던 것으로 보인다. 한 실험에서 그는 어떤 야생동물을 생각함으로써 버크마를 공포에 떨게 만들 수 있었다고 주장했다. 그 후에 큄비와 버크마가 이룬 연구는 스키너의 연구를 한 세기나 앞지른 것으로 보인다. 즉 버크마로 하여금 더 이상 참을 수 없을 때까지 레몬을 하나씩 빠는 상상을 하게 함으로써 레몬을 빨아대는 버크마의 어릴적 버릇을 고쳐 버렸다. 그가 다른 사람들로 하여금 자신의 생각에 반응하게 만들 수 있다는 사실을 알게 된 것은 매우 중요한 일이었다. 그는 여러 가지 실험과 경험을 통하여 정신이 얼마든지 변화할 수 있다는 사실을 깨달았다.

그는 버크마와 함께 뉴잉글랜드 지역을 순회하면서 최면시범을 보이고 환자들을 대상으로 천리안적 진단과 처방을 내리고 또 다른 의사가 처방한 약을 처방하여 환자에게 투약했다. 그런데 묘하게도 다른 의사들의 약은 듣지를 않았으나 그의 약은 효과를 발휘하였다. 이로써 그는 환자의 치료는 약에 의한 것이 아니고 마음 속에 있는 긍정적인 생각(idea)에 의한 것이라는 사실을 알았다.

이런 과정을 거치는 중에 그는 1862년에 현대 크리스찬 사이언스의 창시자인 페터슨(Mary Patterson)의 지병을 치료할 수 있었다. 그녀는 오늘날 에디(Mary Baker Eddy : 1821-1910)란 이름으로 더 잘 알려졌는데 그녀가 큄비를 처음 만났을 때는 거의 평생 동안 병으로 거동을 하지 못하는 불구에 가까웠다. 그러나 큄비의 치료로 병을 회복하고 수년 내에 설득력 있는 자신의 치료철학을 세웠다. 그러한 것을 기초로 정통파 기독교도였던 그녀는 큄비와 자신의 이론을 종합하여 크리스찬 사이언스라는 종파를 만들었다(리더스 다이제스트, 1994 ; Gauld, 1992).

4. 프로이트 이후의 최면치료

자네

프로이트 이후 제1차 세계대전까지 클로로포름(chloroform), 에테르(ether)와 같은 각종 마취약의 개발로 최면은 의학 분야에서 쇠퇴하였고 그 결과 최면이 대중의 관심 영역에서 거의 사라지는 것 같았다. 그러나 20세기가 막 시작할 즈음에 영국의학회는 최면의 의료적 적용 가능성을 조사하였다. 마침 이때는 무대최면이 성행하고 있었는데, 그 이유 때문에 최면은 의학적인 가치를 제대로 인정받지 못하는 과정도 겪었다.

이러한 상황에서 의학적이고 학문적인 최면의 역사를 계승한 소수의 사람들이 있었다. 프랑스의 신경학자이자 심리학자였던 자네(Pierre Janet : 1859-1947), 꾸에(Emile Coue : 1857-1926), 심리학자 보드윈(Charles Baudouin), 영국의 브람웰(J. Milne Bramwell), 미국의 시디스(Boris Sidis)와 같은 사람들이었다.

(1) 자네

자네는 처음에는 최면을 반대했으나 최면이 갖는 이완효과와 치유를 촉진하는 효과를 발견한 이후에 열성적인 최면학도가 되었다. 그는 의식에는 여러 층이 있으며 외현적인 병리적 증상에는 숨겨진 중요한 원인이 있다는 점을 가정하였다.

(2) 꾸에

같은 시기에 꾸에는 최면 분야에서 독특한 공헌을 하였다. 그의 이론은 암시의 심리학으로 설명할 수 있다. 그는 원래 약사였으나 약과 함께 암시를 주었을 때 치료효과가 배가한다고 믿었다. 다시 말해서 약물 자체가 갖는 약리적 치료효과와 함께 환자가 치료효과에 대해 믿는 믿음과 자기암시가 실질적인 치료효과를 높인다고 믿었다.

꾸에는 원래 낭시최면학교의 최면전문가였던 리보 박사의 강의를 듣고 최면에 매료되었다. 그 후 몇 년 동안 리보의 기법에 따라 최면암시를 연구하고 실습하였다. 이 과정에서 그는 약사로서 환자에게 약을 조제해 주면서 암시를 함께 줄 때 치료효과가 높다는 사실을 발견하였다. 그 효과는 약만 조제해 주었을 때 얻을 수 있는 효과보다 훨씬 컸다. 그는 암시의 효과를 수년간 계속 연구하였고 독특한 약 처방으로 수입을 크게 올려 경제적 여유를 갖게 되자 아예 약국을 그만두고 그 자리에 최면 클리닉을 개설하여 최면기법만 연구하였다.

그는 최면연구 과정에서 환자의 10분의 1 정도만 완전한 최면에 걸리며 환자들이 최면에 대해서 두려움을 갖고 최면을 거부한다는 사실을 발견하였다. 그리고 치료에 있어서 환자의 마음이 더 중요하다는 사실을 깨달으면서 최면이 반드시 필요하지는 않다는 생각을 갖게 되었다. 그 대신에 깨어 있는 동안에도 암시가 가능하며 그러한 각성암시(waking suggestion)가 치료효과를 높인다는 사실을 확인하였다.

그의 발견은 특정 약물이 갖는 약리적 작용으로만 설명할 수 없는 암시 자체의 치료효과를 확인하는 것이었다. 결국 꾸에의 사상은 암시와 의식상태의 자기암시(conscious autosuggestion)라는 개념으로 정립되어 발전하였다.

꾸에의 사상은 심리학자 보드원에게 영향을 주었다. 보드원은 『암시와 자기암시』(Suggestion and Auto-Suggestion : 1920)라는 책을 저술하기도 했는데, 이 책으로 꾸에와 보드원은 당시 유럽에서 큰 관심의 대상이 되기도 했다. 꾸에도 암시의 원리를 중심으로 한 『의식상의 자기암시를 통한 자기완성』(Self Mastery Through Conscious Autosuggestion : 1922)과 『나의 방법』(My Method)이라는 책을 저술하였다.

꾸에의 암시사상은 특히 무의식적인 암시가 아니라 각성적인 암시(waking suggestion), 의식상의 암시(conscious suggestion)란 측면에서

혁명적인 사상으로 평가되었으나 불행히도 당시의 다른 최면학자들의 지지를 크게 받지는 못하였다.

(3) 보크트

꾸에와 보드윈이 프랑스에서 활동하던 같은 시기에 독일의 의사이자 정신분석학자였던 보크트(Oskar Vogt)는 수면과 최면, 자기암시 기법의 임상적 활용 가능성에 대해서 연구하였다.

이 과정에서 그는 지적인 환자들은 자기암시상태를 스스로 유도할 수 있다는 사실을 발견하였다. 또한 자기암시상태는 환자로 하여금 이완과 상쾌함을 경험하게 하며 정신분석적으로 가치 있는 내면의 무의식적 내용을 떠올릴 수 있도록 도와 준다는 점도 아울러 깨달았으며, 환자의 지적인 수준이 높을수록 더 쉽게 이완하며 자신의 신체를 통제할 수 있음을 알았다.

(4) 슐츠

보크트의 연구 결과에 자극을 받은 또 다른 독일의 의사인 슐츠(Johannes Schultz)는 1905년에 정상적인 사람들이 어떠한 상황하에서 환각상태를 경험할 수 있는지를 연구하기 시작하였다. 그는 대부분의 환자들이 최면상태에서 환각적 암시를 받았을 때 비록 서로 다른 유도기법이 적용되었다고 해도 일련의 비슷한 주관적 최면경험을 한다는 사실을 알았다. 그러한 예가 바로 극도의 나른함(heaviness)과 이에 따른 따뜻한 감각이라고 할 수 있다.

그는 근육의 이완(나른함)과 혈관확장(vasodilation), 즉 따뜻함(warmth)이야말로 최면 현상을 초래하는 두 가지 기본적인 요소가 된다고 결론지었다. 만약 자기암시를 통하여 그러한 나른함과 따뜻함을 유도할 수 있는 심리생리학적인 메커니즘을 작동시킬 수 있다면 최면상태와 유사한 증폭된 이완상태가 유발될 수 있을 것이라는 사실을 계속적인 연구를 통하여 추가로 밝혀 내었다. 수개월의 시행착오를 통하여 그는 자율훈련(autogenic training)이라고 이름붙인 기법을 개발하였다.

그는 12년 동안 수백명의 심인성 및 신경증적 장애로 고통을 겪는 다양한 환자들에게 자신의 기법을 적용하여 효과를 보았다. 그는 1932년에 『자율훈련』(Das Autogenic Training)이란 책을 처음으로 출판하였는데, 이 책은 1930년대에 출판된 제이콥슨(Edmund Jacobson)의 『점진적 이완법』(Progressive Relaxation)과 함께 이 분야의 대표적인 저서로 인정되고 있다. 자율훈련 기법이 시작된 1920년대부터 지금까지 자율훈련과 기법을 다룬 저작물이 주로 유럽지역을 중심으로 600편 이상 출판되었는데, 자율훈련 기법은 미국에서보다는 유럽에서 더욱 유명한 것으로 알려져 있다.

5. 최면의 부흥기

(1) 제1차 세계대전

제1차 세계대전과 함께 전쟁신경증으로 고통받는 환자들을 치료하는 과정에서 최면은 외과 의사와 정신의학자에게 유용한 도구로 다시 각광을 받게 되었다. 실제로 전후에 전쟁신경증 환자들이 늘어나는 반면에 심리치료사의 수가 부족하여 사회적으로 문제가 생겼다. 이에 따라 자격을 갖춘 치료자와 신속한 치료효과에 대한 필요성이 제기되었고 자연히 최면으로 눈을 돌리는 현상이 나타났다. 그리하여 최면을 통하여 전쟁의 악몽으로 시달리던 많은 군인들과 퇴역군인들이 전쟁공포증이나 전쟁과 관련한 부정적인 정서로부터 벗어나는 데 크게 도움을 받았다.

(2) 린드너, 월버그, 왓킨스, 긴드스

최면이 다시 관심을 받기 전까지는 정신분석학이 지배하였기에 사람들은 정서적 문제에 대한 무의식적 원인을 밝히는 일에 최면이 유용하다는 점에 별 관심을 기울이지 않았다.

그런 가운데 1944년에는 린드너(R. M. Lindner)가 최면과 정신분석을 혼합하여 최면분석(hypnoanalysis)이라 부르고 최면 동안의 저항을 성공적으로 처리하기 위해 노력하였다. 1945년에는 월버그(L. R. Wolberg)가 최면분석이 이전의 강박적 부적응행동을 일으키는 무의식적 충동을 의식화하는 데 도움이 된다는 사실을 밝혔다. 1949년에 왓킨스(J.G. Watkins)는 최면의 방법으로 전쟁신경증 환자를 치료하고 빨리 효과를 본 사례를 발표하였다. 특히 이 사례는 증상의 심층적 원인을 찾아 내고 해결하는 일에 최면이 유용하다는 사실을 보여 줌으로써 최면에 대한 관심을 한층 더 불러일으키게 되었다. 1951년에는 긴드스(B. Gindes)가 『최면의 새로운 개념』(New Concepts of Hypnosis)에서 최면분석의 방법을 더욱 개발하였다.

(3) 헐

1930년대에는 예일 대학교의 실험심리학자였던 헐이 엄격한 실험실적 통제를 가한 실험을 통해 최면을 과학적으로 연구하는 기초를 마련하였다. 그는 최면의 정확한 본질에 대해 알아보기 위하여 일련의 체계적인 실험을 시작하였다. 즉 똑같은 실험적 조건하에서 최면에 걸린 피험자와 일반 피험자 간에 어떠한 차이가 있는지를 알아보았다. 그 차이는 최면에 의한 차이라고 볼 수 있는데, 그는 최면상태에서 피암시성이 작용한다는 사실을 발견하였다. 즉 최면상태가 되면 고도의 피암시 상태가 되는데 피험자는 최면사의 암시를 잘 받아들이게 되는 것이다. 이러한 내용은 헐의 대표적인 저서인 『최면과 피암시성』

(Hypnosis and Suggestibility : 1933)에서 잘 설명되고 있다.

헐의 노력으로 최면은 보다 표준화되고 객관적인 실험절차에 따라 실험실에서 통제된 실험을 통하여 연구될 수 있는 기반이 조성되었고, 이후에 수백편의 최면 관련 실험논문이 발표될 수 있었다.

(4) 에릭슨

1941년에 헐의 제자이자 정신과 의사였던 에릭슨(Milton Erickson)은 환자로 하여금 어릴 때의 결정적 시기로 돌아가게 함으로써 급성 히스테리적 우울증을 최면으로만 치료하는 데 성공할 수 있었다. 이후 1950년대부터 1980년대까지 이루어진 그의 활동은 치료상황에서의 최면의 유용성을 보다 높여 나갔다.

그는 갈등해결을 위한 환자의 내적 자원을 동원하기 위해 무의식적 마음을 유도하는 수단을 고안하는 데 대단한 수완을 발휘하였다. 이 과정에서 그는 손가락과 같은 신체기관의 움직임을 통하여 무의식적 세계를 찾아 들어가고, 치료를 촉진하는 관념운동반응의 원리나 기법을 발달시켰으며, 대부분의 그의 업적은 최면을 통하여 간접적 암시를 줌으로써 가능하였다. 그의 최면은 일명 간접최면법(indirective hypnosis), 또는 간접적 최면치료법(indirect hypnotic therapy : Sharp, 1980)으로도 알려지면서 직접적이며 지시적인 전통적 최면법과는 대조적인 최면의 한 분야를 이루게 되었다.

그는 특히 심리치료 분야에서는 역설적 치료(paradoxical therapy)로도 유명한데, 인간중심 치료를 창시한 로저스(Carl R. Rogers)와 비교될 정도로 많은 업적을 쌓았다(Gunnison, 1985 ; Lopez, 1987). 그의 접근은 주로 제자인 헤일리(Jay Haley)를 중심으로 캘리포니아의 팔로 알토(Pale Alto) 지역의 정신건강연구소(Mental Research Institute)에서 활동한 팔로 알토 그룹(Palo Alto Group : Gregory Bateson, John Weakland, Paul Watzlawick), 의사소통 이론을 중심으로 한 가족치료,

전략적 치료(strategy therapy)와 해결중심(solution orientation) 치료 분야에 계승되었다. 특히 해결중심 치료는 기존의 최면이 문제의 근원을 따지고 '왜' 문제나 증상이 생겼는지를 밝히는 데 많은 시간을 소비하는 것에 비해, 내담자가 바람직한 결과를 얻기 위하여 '어떻게' 변화를 이룩할 수 있느냐 하는 점에 더욱 관심을 갖고 치료를 한다는 데 특징이 있다.

에릭슨의 이론은 구니슨(Gunnison 1985, 1990)과 오타니(Otani 1989) 등이 일반상담과 심리치료의 원리와 기법으로 적용하고 활용하는 계기를 마련하기도 했다. 또한 그의 이론은 밴들러와 그라인더의 신경-언어 프로그래밍 즉 NLP 체계의 기초가 되기도 하여 NLP가 성립하고 발전하는 데 크게 기여하였다. 아울러 이 NLP에 의하여 최면은 더욱 급속도로 발전할 수 있게 되었다.

에릭슨은 1959년에 미국임상최면학회(American Society for Clinical Hypnosis)를 설립하여 초대회장을 맡기도 하였고, 사후에는 그를 기념하는 재단(The Milton H. Erickson Foundation)이 설립되어 운영되고 있다(부록 참조).

(5) 엘맨

1964년에는 엘맨(Dave Elman: 1900-1967)이 저서인 『최면』(Hypnotherapy)에서 퇴행요법(regression therapy)을 실시하는 데 있어서 최면의 유용성을 밝혔다.

그는 여덟살이란 어린 나이에 최면사인 아버지의 영향으로 최면이 치료적 가치가 있음을 알게 되었고, 십대의 시기 동안에 최면으로 연극을 하거나 쇼를 하기도 함으로써 일찍부터 자질을 인정받았다. 1923년부터 약 5년 동안 라디오 방송국에서 일을 했으며 그것이 기반이 되어 1948년에는 처음으로 공개방송 현장에서 최면쇼를 선보였다. 이 일이 대성공을 거두었고 이후로 그는 전국적인 명성을 얻게 되었는데 이와 같은 과정을 통하여 최면을 보급하는 데 큰 공헌을 하였을 뿐만 아니라 무대최면가로도 유명해졌다. 그는 비록 학문적인 배경은 없으나 타고난 최면 능력으로 인해 많은 의료인을 비롯한 치료전문가들에게 도움을 주고 영향을 끼쳤다. 이 과정에서 최면이 일반의료와 치과적 치료에도 적용될 수 있음을 밝히기도 했다.

특히 1950년대와 1960년대 기간 동안에 엘맨이 전국적으로 가르친 최면 기법은 오늘날도 대단한 것으로 인정되고 있으며, 그는 환자로 하여금 재빨리 증상의 원인으로 돌아갈 수 있도록 퇴행시키는 방법인 급속유도법(rapid induction methods)을 개발하기도 하였다. 그는 49세의 나이에 많은 의사들의 요청을 받아들여 "데이브 엘맨 임상최면강좌"(Dave Elman Course in Clinical Hypnosis)를 개설하였는데, 이로써 그는 현대 미국에서 가장 훌륭한 최면전문가 중의 한 사람으로 인정받게 되었다.

(6) 시코트, 치크, 크론

1966년에는 시코트(Walter Sichort)가 이전에 샤르꼬가 밝힌 최면의 세 가지 수준에 덧붙여 세 가지의 더 깊은 최면의 수준이 있음을 밝혔다. 1968년에는 치크와 르 크론(Cheek & Le Cron, 1968)이 에릭슨의 허용적, 간접적 최면이론에 기초하여 최면에서 잠재의식에 의해 통제되는 불수의적 신체반응을 활용하는 관념운동반응법(ideomotor response)을 개발하였다.

구체적으로 말해서 관념운동법이란 최면상태에서 무의식의 힘에 의해 손가락을 비롯한 신체의 일부가 저절로 운동반응을 보이도록 하여 무의식의 내용을 알아보는 방법이다. 다시 말해서 내담자가 직접 말을 하지 않더라도 신체적 운동반응을 통하여 무의식의 정보를 확인할 수 있다. 이 방법을 통해 가벼운 최면 수준에서도 과거의 결정적 경험을 찾아낼 수 있고 출생시의 기억조차도 밝혀낼 수 있음을 알았다.

(7) 새티어

앞에서 소개한 에릭슨의 허용적 방법을 채택한 또 다른 최면치료자는 가족치료 창시자 중의 한 사람인 새티어(Virginia Satir)이다.

새티어는 여성치료자로서 동참적 가족치료(conjoint family therapy)의 창시자인데 내담자가 자신이 최면상태에 있다는 사실을 거의 인식하지 못하게 하는 방법으로 최면을 걸었다. 그녀는 특히 '분아(分我)치료'(parts therapy)라는 독특한 기법을 개발하였는데, 인간의 마음은 서로 다른 많은 부분들로 이루어져 있어서 서로 다른 성격적 특성들의 모습을 종합하고 있다는 이론에 기초한 것이다. 이론은 현대 최면치료에 있어서 보다 진보된 기법의 기초를 형성하였고, 에릭슨과 함께 NLP 이론과 기법의 기초가 되었다.

(8) 초월적 최면치료

최근에는 인본주의 심리학(humanistic psychology)과 초월심리학의 방법들을 통합한 초월적 최면치료(transpersonal hypnotherapy)가 발달하였다. 이것은 의식, 잠재의식적 과정뿐만 아니라 초의식(supercons-conscious) 또는 초월적인 측면에까지 관심을 가짐으로써 총체적인 건강, 즉 전일적 건강을 성취할 수 있는 단계라고 할 수 있다. 이 치료의 궁극적인 목표는 단순히 정상행동이 아니라 충분한 심신의 안녕상태라고 할 수 있다.

(9) 애트킨슨-볼

영국에서는 애트킨슨-볼(Bill Atkinson-Ball)의 업적이 지대하였는데, 그는 자기의 이름을 딴 애트킨슨-볼 최면치료 및 최면치유대학(Atkinson-Ball College of Hypnotherapy and HypnoHealing)이라는 최면대학을 영국에 설립하기도 하였다.

애트킨슨-볼은 1960년대 초에 최면치유(HypnoHealing)라는 기법을 개발하였다. 이 기법은 특히 비행기 사고를 겪은 공군조종사들의 부상을 치료하는 가운데 큰 효과를 발휘한 것으로 알려졌다. 물론 이 기법은 마음이 몸을 치유할 수 있다는 믿음에 근거하여 개발되었기에 다양한 심인성 장애를 극복하는 데 도움을 주었다.

6. 현대 최면의 발전

이상에서 살펴보았듯이 20세기 이후 특히 두 차례에 걸친 세계대전 이후에는 많은 연구자와 임상가들의 노력에 힘입어 최면이 본격적으로 발전하게 되었다. 특히 제2차 세계대전 이후에 전쟁에 참가한 많은 사람들의 노이로제 치료에 최면이 매우 유용하다는 점이 확인되면서 최면에 대한 관심이 새로이 일어나게 되었다는 점은 다시 한번 인식할 만하다.

1949년에 임상 및 실험최면학회(Society for Clinical and Experimental Hypnosis)가 창립되었고, 10년 후에 이 기관은 국제적인 조직으로 발전하였다. 1959년에는 이미 앞에서 소개하였듯이 에릭슨이 미국임상최면학회(American Society for Clinical Hypnosis)를 창설하였다. 그리고 1951년에는 최면치료자의 양성과 훈련을 위한 조직체로서 전국최면사협회(National Guild of Hypnotists)가 창설되었고, 이후에 다양한 최면 관련 단체 또는 조직이 창설되었다. 그 중에는 전국 공인 임상최면치료사협회(National Board for Certified Clinical Hypnotherapists), 미국최면치료협회(American Board of Hypnotherapy)와 같은 단체도 포함되어 있다.

1945년경에 미국에서 최면을 활용하는 전문가는 200명 정도였다. 1955년에는 영국의학회(British Medical Association)가 신경증 치료와 수술 및 출산시의 고통을 경감시킬 수 있는 치료기법으로, 최면과 암시기법을 공식적으로 합법화하였다. 그리고 1958년에는 미국의학회(American Medical Association)가 최면을 과학적으로 증명된 치료수단으로 인정하였다. 같은 해에 미국치과협회(American Dental Association)는 치의학 분야에서의 치료수단으로 최면을 받아들일 뿐만 아니라 미국의학회와 함께 의학 및 치의학 전공학생들이 최면훈련을 받도록 권고하는 정책을 두기도 하였다. 또한 1960년에는 미국치과최면 자격위원회(American Board of Hypnosis in Dentistry)가 최면암시를 사용하는 치과의사를 자격화하는 제도를 확립하였다.

이와 같은 시기에 미국심리학회(American Psychological Association : APA)는 최면과 관련된 두 개의 분과, 즉 실험최면(experimental hypnosis)과 임상실제(clinical practice) 분과를 각각 설립하였는데 오늘날에는 이 두 분과가 하나의 분과로 통합되어 미국심리학회의 제30분과, 즉 심리최면분과(Division 30, the Division of Psychological Hypnosis, APA)로 등록되어 있다. 1961년에는 미국정신의학회(American Psychiatric Association)가 최면을 받아들이게 되었다(Baker, 1990; Pulos, 1990). 그리하여 오늘날 미국 주요 대학의 심리학과 중에서도 최면을 정식과목으로 채택하고 있는 경우가 늘고 있다.

이상과 같은 최면의 역사와는 별도로 1950년대를 전후하여 최면에서 전생을 기억해 내는 전생퇴행(past-life regression)의 기법이 알려지면서 전생치료(past-life regression)의 시대가 열리게 되었다. 1980년에는 전 세계의 52명의 최면치료자들이 미국의 캘리포니아에 모여 전생연구 및 치료학회(Association for Past Life Research and Therapies : APRT)라는 전문단체를 조직한 뒤, 1984년부터 최면을 통한 전생치료의 원리와 기법을 일반에 보급하고 전문가를 양성하는 훈련을 실시하였다. 특히 이 학회는 1986년부터 전문학술지인 「Journal of Regression Therapy」를 발간하고 워크숍이나 세미나의 형태로 정기적인 학술모임을 개최하고 있다. 그리고 2000년부터는 조직의 이름을 국제 전생연구

National Guild of Hypnotists의 최면 워크숍 장면

및 치료학회(International Association for Regression Research & Therapies : IARRT)로 개명하고 국제적인 조직으로 발전하였다. 또한 최근에는 전생치료 및 전생관련 연구 전문가들의 자격을 인정하고 자질을 관리하기 위하여 국제 전생퇴행치료협회(International Board for Regression Therapy)라는 독자적인 협회가 조직되었다. 이로써 전생퇴행 및 치료 분야가 학문적으로나 전문적으로 한층 더 발전하고 정착될 수 있는 계기가 만련되었다.

한편 미국과는 별도로 영국을 비롯한 유럽국가들과 캐나다에서는 독자적으로 최면조직을 만들어 운영하고 있다. 특히 영국은 미국과 함께 세계적으로 최면이 발달한 나라라고 할 수 있는데 다양한 최면단체와 치료자들이 활동하고 있다.

참고로 미국의 전국 공인 임상최면치료사협회(National Board for Certified Clinical Hypnotherapists)에서는 정신건강 분야의 석사학위 이상의 전공자(예 : 의사, 정신의학자, 카운슬러, 심리학자, 심리치료사, 간호사, 사회사업가, 가족치료사 등)로서 최소 60시간의 최면에 관한 이론학습과 실습 및 슈퍼비전을 통한 훈련을 쌓은 사람이 소정의 과정을 거치면 일반 최면치료사의 자격을 취득할 수 있도록 하고 있다. 그리고 이들에 대하여 추가적인 별도의 기준에 근거하여 '위원회 공인 최면치료사'(Board certified Hypnotherapist)를 양성하고 있다. 이러한 공인 기준은 일부 최면 단체에 따라 조금씩 다르다. 예를 들어 전국최면사협회(National Guild of Hypnotists)와 같은 단체는 특별한 학력조건을 두지 않지만 임상 및 실험최면학회(Society for Clinical and Experimental Hypnosis)와 같은 단체는 박사학위 소지자를 원칙으로 하여 자격을 인정하기도 한다.

미국을 비롯한 영국, 캐나다 등지의 선진국에서는 다양한 형태의 최면훈련기관이 있어서 최면치료사를 양성하고 있다. 특히 미국최면치료연구대학(American Institute of Hypnotherapy)과 같은 기관은 캘리포니아 주 정부로부터 학력 인정을 받는 일종의 최면전문 대학교로서 최면학사와 최면박사학위까지 수여하고 있다. 이 기관을 비롯한 일부 다른 비슷한 기관에서는 통신과정을 두고 최면교육을 시키기도 한다. 그리고 미국 내의 일부 주 정부에서는 최면치료사 자격을 법적으로 인정하여 보험으로 치료를 받을 수 있도록 하고 있기 때문에, 최면치료 전문가가 의료기관이나 상담기관에 소속되어 있거나 독자적인 개업을 함으로써 최면치료와 상담 서비스를 제공하고 있다.

7. 우리 나라 최면의 역사

우리 나라에서 최면이 이루어지고 임상적으로 활용된 역사는 아주 짧다. 의학적인 차원에서 활용된 예도 많지 않지만 심리학과 상담 분야에서는 더욱 그러하다. 비록 지난 몇 십 년 동안, 특히 최근에 와서 최면에 대한 서적이 많이 출판되고 TV를 비롯한 언론매체에서 최면을 비중 있게 다루면서 일반인들 사이에서 최면에 대한 관심은 많이 증가해 왔지만(설기문, 1999) 학문적인 논의를 거치거나 과학적인 연구가 제대로 이루어진 예는 드물다.

가까운 일본의 경우에 우리보다 훨씬 빠른 시기에 서양으로부터 최면을 받아들이고 최면 관련 학회를 만들고 최면에 대한 보급이 이루어진 것으로 알려져 있다. 우리 나라의 초창기 최면사들은 거의 대부분 일본에서 또는 일본 서적을 통해 최면을 배우거나 접했던 것으로 보이지만 일본 최면의 현황에 대한 구체적인 정보는 얻기 어렵다. 다만 변학봉(1975)에 따르면 이미 지나간 1970년 현재 일본 최면의학 심리학회가 조사한 일본 내의 최면 서적이 모두 206권이나 된 것을 보면 현재는 어떠하리라는 점을 짐작할 수 있다.

우리 나라의 경우에는 최면이 언제 도입되고 소개되었는지에 대한 정확한 기록을 찾기 어렵다. 다만 여러 기록들을 참고해 볼 때 최면에 관한 최초의 책은 1960년대에 출판된 것으로 보인다. 류한평(1998)은 우리 나라의 최면 역사를 밝히는 가운데 흥행 목적의 무대최면이 아닌 과학 차원의 최면이 우리 나라에 소개된 것은 1960년대 초에 이용만이 일본책을 번역한 『최면술의 입문』이라는 책을 출판한 때부터라고 할 수 있다고 했다. 초창기에 최면을 보급했던 김한강(1991)에 따르면, 비슷한 시기에 김한강이 『최면술의 비결』이라는 제목으로 미국의 책을 번역하여 펴냈다. 또한 최면연구소를 열어 직접 강습회를 열고 회원을 모집하여 최면을 보급했지만 현실적인 여건상 크게 성공하지 못하였다고 한다.

한편 1966년부터 독자적으로 대한심리연구소를 열고 최면요법을 실시해 온 류한평은 국내에서 가장 일찍부터 최면을 보급하는 데 앞장선 사람으로 평가받고 있다. 대한심리연구소와 대한최면심리학회를 중심으로 활동을 해온 류한평은 특히 많은 범죄수사에 최면을 활용하여 성과를 높인 것으로 유명하며, TV와 라디오 등의 각종 언론매체 프로그램에 출연하여 대중들에게 최면을 소개하는 데 기여하였다. 그리고 여러 스포츠팀에 최면 기법을 활용한 훈련을 도입하여 성과를 거두기도 하였다. 무엇보다도 그는 최면에 관한 많은 저서(류한평, 1970, 1982, 1984, 1993)를 쓰고, 최근에는 자기최면용 도구를 개발하기도 했는데(1998a, 1998b), 불면증, 스트레스 해소용, 학습 능력과 집중력 · 시험 잘 치르기용 비디오 및 오디오 테이프와 자기최면유도기 등이 있다.

학교교육과 상담심리 차원에서의 최면 기법은 1970년대 초기에 변학봉(1971, 1972 a, 1972b, 1974, 1975)이 소개하였다. 그는 중등학교 교도 교사로서 일반 교사들을 대상으로 최면의 교육적인 활용에 대한 소개와 기법 연수 활동을 하였다. 이러한 일은 주로 한국카운슬러협회의 연차대회나 서울지회의 연수회에서 이루어졌다. 한국카운슬러협회 연차대회에서는 고무원(1972), 이균형(1986, 1987), 김남성(1974, 1982)이 각각 최면 기법의 일종이라고 볼 수 있는 자율훈련법(automatic training : AT)과 행동치료에서 주로 많이 활용되는 체계적 탈감법(systematic desensitization)에 대한 소개와 발표를 하였다(한국카운슬러협회, 1993). 이현수(1995)는 제이콥슨 박사의 긴장이완법을 번역 소개하였고, 김문주(1997)는 슐츠의 이완요법과 제이콥슨의 긴장이완법을 활용하는 『마음을 다스리면 공부가 잘 된다』라는 책을 저술하였으며 책과 함께 이완유도용 오디오 테이프도 제작하였다.

우리 나라에서 상담과 심리치료 계통의 전문 학술 서적에서 최면 또는 최면치료가 제일 먼저 소개된 것은 1975년에 서울시 카운슬러협회가 펴낸 『학교 카운슬링의 실제』라는 책을 통해서인데 이 책에서 변학봉(1975)은 「최면 요법」을 소개하였다. 그리고 약 10년 뒤에는 서봉연과 이관용(1984)이 번역한 『심리치료와 카운셀링』에서 「최면치료」가 소개되었다.

설기문(1997, 1998a, 1999)은 국내 상담심리학자로서는 처음으로 미국에서 최면치료사 자격증을 취득하고 미국 최면 단체의 공인 최면치료사로서 활동하면서 최면 서적을 출판하였을 뿐만 아니라 최면 관련 연구를 해 오고 있다. 그는 특히 최면치료와 병행하여 전생치료를 통하여 기존의 심리치료 및 상담적 방법과는 다른 차원에서 치료적 효과를 보이는 새로운 접근을 시도하였다. 이 과정에서 그는 '한국최면-전생 상담연구회'를 조직하여 체계적인 최면치료와 전생치료의 원리와 기법을 교육하고 보급하기 위한 노력을 기울이고 있다.

비록 우리 나라에서 최면이 시작된 지 30여 년의 세월이 지났으나 의학계 일부를 제외하고는 아직 최면에 관한 깊이 있는 학술적인 연구가 이루어져서 논문으로 발표된 예는 드물다(변영돈, 1998). 체육 분야에서는 이길범(1984), 임성만(1984)이 석사학위 논문으로, 그리고 최창국(1988)이 박사학위 논문으로 최면 기법을 적용한 실험결과를 보고하였고, 상담심리학 분야에서는 유동수(1974)가 「최면분석의 일례」라는 최초의 석사학위 논문을 발표하였다. 최근에는 배선영(1998)이 최면감수성에 대한 석사학위 논문을 발표하였다.

한편 설기문(1997, 1998)은 최면치료의 심리치료적 가치와 치료보다는 상담 차원에서 최면 상담적인 접근(설기문, 1999)의 필요성을 지적하였고, 고기홍(1999)은 국내에 소개된 여러 최면전문가의 최면이론과 기법을 기초로 최면상담 모형에 관한 연구를 발표하기도 했다.

한편 의학계에서 최면의학이 우리 나라에 처음으로 소개된 것은 1984년으로 알려져 있다(변영돈, 1998). 재미 정신과 의사인 김병석이 서울대학교 병원에서 최면 관련 강연을 하면서 최면의학을 소개한 것이 계기가 되었다. 그는 1986년에 다시 같은 장소에서 이틀간의 최면 워크숍을 열면서 본격적으로 최면의학을 정신과 의사들에게 알렸다. 이때 이루어진 최면 워크숍에서 변영돈도 함께 지도를 하였는데 그는 의학 분야에서 최면에 대한 최초의 학술논문이라고 할 수 있는 '최면 : 개관'을 1987년에 「을지의보」에 발표하였다(변영돈, 1987).

변영돈은 미국에서 최면전문의 자격을 취득한 개업 최면정신과 의사로서 대한최면치료학회를 조직하여 일반인과 정신과 의사들을 중심으로 최면과 최면치료를 보급하는 일과 함께 학술활동을 병행하고 있다(변영돈, 1991, 1997, 1998a, b). 1996년에는 전화(ARS)를 통한 최면치료를 시작하였고, 2000년에는 컴퓨터를 통한 인터넷 최면서비스(www. choimyun.co.kr)를 개통하였다(주간 조선, 2000. 4. 6).

의학계의 또 다른 최면전문가는 김영우(1996, 1998a)이다. 그는 개업 정신과 의사로서 최면치료와 함께 전생치료를 병행함으로써 전생의 사실성, 전생의 유무, 새로운 치료기법으로서의 전생요법에 대한 학문적인 논쟁과 사회적인 관심을 크게 불러일으켰다. 그는 국내 정신과 전문의들의 모임인 '임상 및 실험최면연구회'를 조직하였고 직접 환자를 만나지 않고도 상담적 도움을 주는 유료상담전화를 개설하여 운영하고 있다. 이것은 전화의 자동안내 지시에 따라 환자가 자신의 증상과 문제점을 녹음해 놓으면 그가 적절한 조언이나 치료방침을 제시하는 일대일 방식의 전화상담이다. 최근에 그는 최면암시 기법과 음악요법을 활용한 집중력 강화 프로그램 CD를 개발하여 상용화하였으며(김영우, 1998b), 빙의치료라는 새로운 차원의 정신치료 기법을 개발하고 활용하는 쪽으로 최면치료의 범위를 확대시켰다(김영우, 1999).

경영학계에서는 광고심리를 전공한 김영국(1998)이 최면을 일반에게 알리는 데 공헌하고 있다. 그는 특히 TV 등의 대중매체에서 최면의 신비 또는 마력을 소개하는 데 기여하였고, 살빼기, 담배끊기, 집중력 강화를 위한 자기최면을 할 수 있도록 하는 그림최면책을 출판하기도 하였다(김영국, 1999a, 1999b, 1999c). 그림최면은 원래 19세기에 독일의 한 최면카운셀러가 말로는 최면을 걸 수 없는 유아나 외국인, 청각장애인들에게 그림을 사용하면서 시작됐다고 한다.

우리 나라에서는 1999년에 처음으로 국립과학수사연구소와 대한최면수사연구회가 최면 기법을 이용해 범죄 목격자나 피해자가 잠재의식 속에 기억하고 있는 장면을 진술케 함으로써 범죄해결의 단서를 찾고자 하는 목적으로 최면수사관을 양성하기 위한 과정을 개설하기도 했다(중앙일보, 1999, 1. 16).

같은 시기인 1999년부터 암환자를 진료하는 원자력 병원이 항암치료 등에 최면을 활용하기 시작했다. 최면은 수술전 최면상태에서 암시를 주어 수술경과를 좋게 하거나 항암치료시 구토, 우울 등을 극복하며 통증을 완화하는 데 효과적인 것으로 밝혀졌다. 그리고 연세대학교 세브란스 병원에서도 통증클리닉에 최면치료를 도입하여 운영하고 있는 것으로 알려졌다(주간조선, 2000. 4.6).

5

최면 유도의 실제

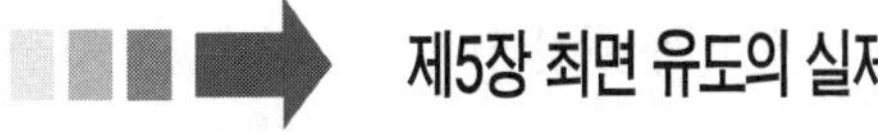

제5장 최면 유도의 실제

이 장에서는 효과적인 최면 유도의 실제에 대해서 살펴보고자 한다. 이를 위해서 먼저 효과적인 최면 유도의 원리와 최면에 대한 불안과 저항 현상을 처리하는 문제에 대해서 알아본 후에 다양한 최면유도기법들을 살펴보고자 한다.

1. 효과적인 최면 유도의 원리

(1) 최면 유도 언어의 원리

최면 유도를 하거나 암시를 줄 때 갖추어야 할 필수적인 언어의 조건들을 살펴보면 다음과 같다.

① 현재형을 사용하라

최면에서는 내담자가 앞으로 어떻게 될 것이라는 미래형 대신에 현재형을 사용하는 것이 좋다. 미래는 아직 이루어지지 않은 가상이기 때문에 최면에서는 효과가 적다. 그 대신에 어떤 현상이 지금 이루어지고 있는 것으로 생각하고 그 내용을 암시로 활용하는 것이 현실성이 있다. 따라서 최면암시에서는 미래형 대신에 현재형을 사용하는 것이 효과적이다. 다음의 예를 보자.

미래형　　당신은 잠시 후에 몸이 이완되고 편안해지는 것을 느끼게 될 것입니다. 편안한 마음으로 들판 길을 걸을 것입니다. 그곳에서 예쁜 꽃을 보게 될 것입니다. 어떤 꽃을 보게 될지 상상해 보십시오.

현재형　당신은 지금 몸이 이완되고 편안합니다. 그래서 맑은 물이 흘러가는 소리를 듣고 있습니다. 자, 들어보세요. 어떻습니까? 주변에 있는 예쁜 꽃들이 잘 보입니다. 자, 보십시오. 어떤 꽃이 있는지? 꽃의 색깔을 보십시오. 무슨 색입니까? 그리고 향기를 맡으면서 당신은 상쾌한 기분 속으로 들어가고 있습니다. 얼마나 시원한지 느껴 보십시오.

② 이미 이루어진 사실로 여기고 진술하라

어떤 변화나 치료에 대한 암시를 줄 때 미래에 이루어질 것이라는 차원에서 가능성이나 잠재성을 말하지 말고 이미 이루어진 사실로 여기고 진술하는 것이 좋다. 다시 말해서 가능성이나 잠재성 대신에 변화와 치료를 기정 사실화하고 그것을 현실적으로 진술하는 것이 효과적이다. 다음의 예를 보자.

가능성이나 잠재성　당신은 잠시 후에 온몸이 시원하고 가벼워지는 것을 느낄 것입니다. 오늘의 최면치료 작업을 통하여 아주 큰 효과를 볼 것입니다. 그래서 아주 가벼운 몸과 마음의 상태로 다시 태어날 것입니다. 그렇게 변화될 당신의 모습을 그려 보십시오.

기정 사실화　당신은 이제 몸이 가볍고 시원해졌습니다. 얼마나 가벼운지를 지금 느껴 보십시오. 오늘의 치료를 통해 당신은 변화되었습니다. 변화된 당신의 상태를 보고 느끼십시오. 상처가 어떻게 치료되었는지, 그리고 얼마나 마음이 가벼운지 지금 느껴 보십시오. 당신은 이제 변화되었습니다. 당신은 이제 치료되었습니다. 당신은 이제 아주 가벼운 몸과 마음으로 다시 태어났습니다.

③ 긍정적으로 진술하라

무의식은 부정문을 이해하지 못한다. 그러므로 최면 유도나 암시에 있어서 부정적인 진술은 효과적이지 못하다. 예를 들면, "뱀을 생각하지 마시오"라고 했을 때 민감한 사람은 아주 짧은 순간이지만 무의식적으로 이미 뱀을 상상하게 된다. 그래서 징그러움을 느끼거나 섬뜩한 기분으로 몸을 움츠리고 인상을 찌푸리는 반응을 보이게 된다. 그렇기 때문에 그 뒤에 "하지 말라"는 암시를 주었어도 그 암시는 의미를 잃게 되는 것이다. 결국 그것은 "뱀을 상상하시오"라는 암시와 별로 다를 바 없는 암시가 되어 버리는 것이다.

마찬가지로, 이번에는 최면사가 "불안한 감정을 갖지 마십시오"라고 암시를 주었다고 하자. 이것은 전형적인 부정적 진술문이다. 무의식은 부정문을 해독하지 못하기 때문에 최면에서 "…을 하지 말라"고 암시를 주는 것은 "…을 하라"고 하는 것과 같은 효과를 나타낸다. 그래서 "불안한 감정을 갖지 말라"고 하는 것은 결국 "불안한 감정을 가져라"라고 하는 것과 같다는 것이다.

다시 또 다른 예를 보자. "당신은 고통에서 벗어날 것입니다." 이 암시는 어떤가? 여기서는 비록 "…을 하지 말라"는 표현은 없다. 그러나 '고통' 이라는 단어는 역시 부정적인 의미를 담고 있는 단어가 아닌가? 그래서 이 암시를 듣는 순간 내담자는 이미 무의식적으로 고통을 떠올리게 되고 고통의 생리적 조건을 경험하게 되는 것이다. 그런 상태에서 벗어나라고 하는 암시를 주는 것은 역시 치료적 의미를 크게 보태기는 어렵다고 할 수 있다. 아울러 '벗어난다' 라는 표현도 마찬가지로 부정적인 내용을 전제로 하고 있다. 따라서 이러한 표현들은 바람직하지 못하다.

그렇다면 앞의 암시 내용을 바람직한 방향으로 다시 표현하면 어떻게 될까? 다음과 같이 해 보자.

"당신은 더 편안해집니다. 몸이 더 가벼워지고 생기로 가득찹니다. 이제는 새로운 기운을 느끼며 힘차게 생활합니다."

어떤가? "고통에서 벗어난다"는 내용과 크게 다르지 않으면서 얼마나 긍정적이고 희망적인가?

그렇다면 결론은 분명해진다. 무의식은 부정문을 해독하지 못하기 때문에 가능하면, 최면암시에서는 부정문으로 진술하지 말고 부정적인 내용보다는 긍정적인 내용으로 암시를 주도록 하는 것이 효과적이다.

④ 극적인 용어를 사용하라

최면상태는 어차피 일상적인 의식상태가 아니므로 다소 비현실적인 암시라도 잘 적용된다. 그러므로 필요한 상황에서는 극적인 용어를 사용하여 강력한 암시를 줄 필요가 있다. 물론 그러한 암시를 일상의 각성상태에서 들으면 무척이나 어색하게 들리고 너무나 작위적인 느낌이 들기도 한다. 그러나 최면상태에서는 피암시성이 높고 어떠한 암시라도 받아들일 수 있는 개방된 상태이기 때문에 극적인 용어가 잘 활용될 수 있다. 그리고 이때 가능하다면 목소리의 고저, 장단, 그리고 강약을 함께 맞추어서 전체적인 분위기를 조화롭게 맞추는 것이 중요하다. 그렇지 않으면 오히려 어색해지고 실감이 덜 나는 수도 있기 때문이다. 이제 다음의 예를 참고해 보자.

일상적인 표현　당신은 맑은 공기를 마시며 가벼운 기분으로 들판 길을 걷고 있습니다. 햇살이 따뜻하며 바람이 시원합니다. 이 모든 것들이 당신을 행복하게 해 줍니다.

극적인 표현　당신은 이제 맑은 공기를 마음껏 마십니다. 가슴 속 깊—숙—이 공기를 빨아들이십시오. 그 공기가 얼마나 맑고 시원한지를 느껴보십시오. 자, 한 번 더 가슴 속 깊—이 쭉— 빨아들이십시오. 아, 좋습니다! 당신은 그러한 가—벼—운 느낌으로 들판 길을 걷고 있습니다. 햇살이 따뜻합니다. 그 햇살이 얼마나, 얼마나 따뜻한지를 느껴보십시오. 온-몸에 비치는 햇살의 따—뜻—함을 마음껏! 마음껏! 느끼십시오. 그리고 바람의 시원함도 느끼십시오. 시—원—한 바람이 당신의 온- 몸을 휘감고 돕니다. 정말! 시—원—합니다.

⑤ 강력한 긍정적 정서를 싣고 진술하라

앞에서 이미 긍정적인 진술과 극적인 용어의 사용에 대해서 설명했는데 여기서는 그러한 내용과 부분적으로 중복될 수도 있지만 효과적인 최면 유도와 치료를 위해서는 강력한 긍정적 정서를 싣고 진술하는 것이 필요하다는 점을 말하고 싶다. 왜냐하면 최면적 상황에서는 가능하면 긍정적 강화를 많이 해 주고, 긍정적 정서를 많이 경험시켜 줄수록 도움이 되기 때문이다. 그래서 긍정적 표현과 함께 긍정적 감정과 정서를 느낄 수 있도록, 강력한 용어와 표현으로 암시를 주고 유도를 하는 것이 효과적이다. 다음의 예를 보자:

> 아주 밝은 태양이 당신을 향해 뜨거운 열기를 뿜어 내고 있습니다. 당신은 그 열기를 온몸으로 받으며 새로운 에너지로 충만함을 느낍니다. 저 푸른 바다의 힘찬 파도를 보십시오. 바다의 힘찬 몸부림이 엄청난 파도가 되어 당신에게 달려오고 있습니다. 당신은 그 파도소리를 들어 보십시오. 그 파도소리가 심장의 박동소리가 되고 온몸으로 피가 흘러 도는 소리로 변하여 들립니다. 당신의 심장고동 소리가 얼마나 힘찬지 온몸이 얼마나 뜨거운 피로 끓는지, 그래서 당신이 얼마나 생기가 넘치고 얼마나 젊음으로 들끓는지를 경험하십시오.

⑥ 일인칭의 원리

최면에서는 암시의 내용을 주관화하고 경험으로 몰입하고 연합하는 것이 중요하다. 다시 말해서 암시의 내용을 객관적으로 받아들이면 효과가 떨어진다고 할 수 있다. 그래서 직접적으로 내담자에게 암시를 주고 그 암시를 내담자가 주관적으로 느끼고 경험하도록 하는 것이 중요하다. 그래서 많은 경우 "당신이… 당신을… 당신에게…"와 같은 표현으로 암시를 주게 된다.

그러나 이러한 암시는 지시적이거나 명령적으로 받아들여질 가능성이 있고, 내담자의 성향이나 최면적 조건과 상황에 따라 다소 거부감을 주거나 강요하는 듯한 느낌을 줄 수도 있어 비효과적일 수 있다. 최면암시를 제대로 수용할 수 있는 심신의 준비가 미처 덜 되었거나 충분한 래포의 형성이 미진한 상태의 내담자에게는 더욱 그러할 가능성이 있다.

그래서 때로는 내담자 자신이 일인칭의 입장에서 스스로 경험할 수 있는 내용을 그의 입장에서 말해 주는 것도 좋다. 즉 이인칭으로 "당신은…하십시오"라는 지시형 대신에 "나는 …하다"고 일인칭화하고 주관화하여 표현하고 암시를 주는 것이다. "나는 기분이 가볍고 상쾌합니다. 온몸으로 태양의 열기를 받으며 …경험합니다."와 같이 표현할 수 있는 것이다. 다음과 같이 좀더 구체적인 예를 보자:

이인칭 표현　　당신은 사랑하는 사람과 손을 잡고 아주 행복한 미소를 띠면서 등산을 하고 있습니다. 그러한 모습을 그려 보세요. 그리고 그 느낌을 느껴 보십시오. 얼마나 행복합니까? 그러한 기분을 느끼며 계속 산을 오르는 장면 속으로 들어가십시오. 그리고 주변의 풍경들을 마음의 눈으로 보십시오.

일인칭 표현　　자, 나는 지금 사랑하는 사람과 손을 잡고 아주 행복한 미소를 띠면서 등산을 하고 있습니다. 그러한 모습이 아주 선명하게 보입니다. 그리고 그 느낌이 참으로 좋습니다. 행복합니다. 그러한 기분을 느끼면서 계속 등산을 하고 있습니다. 주변의 풍경들이 아주 좋습니다. 우거진 숲과 나무들, 계곡의 물, 그리고 시원한 바람… 이 모든 것이 너무도 행복하게 느껴져 옵니다.

⑦ 구체적인 용어로 진술하라

목표가 구체적이고 분명할수록 치료의 효과가 큰 것처럼 암시를 줄 때도 구체적이고 분명한 용어로 표현하는 것이 효과적이다. 막연한 표현을 하면 내담자가 그것을 심상화하거나 구체적인 경험으로 떠올리기 어렵다. 그러나 구체적인 표현이 될수록 심리적으로나 생리적 조건상 암시내용을 받아들이고 실제적 차원에서 경험하기가 좋다. 다음의 예를 보자.

막연한 용어　　당신은 이제 건강해졌습니다. 이제 아주 행복한 사람이 되었고 과거와는 다른 삶을 살아갑니다. 당신이 얼마나 달라졌는지 보고 느끼십시오.

당신은 배우자의 얼굴을 보면서 편안해졌습니다. 이제는 두 사람의 관계가 회복되어 모처럼의 행복을 느끼며 함께 식사를 하고 있습니다. 그러한 모습을 그려 보십시오. 그리고 그 기분을 느껴 보십시오.

당신의 위장을 느끼십시오. 이제는 위장이 편안해졌고 어떠한 음식을 먹어도 잘 소화를 시킵니다. 그래서 아주 기분이 좋습니다.

구체적인 용어 당신은 이제 건강해졌습니다. 얼굴빛이 얼마나 환해졌는지를 보십시오. 그래서 남들이 당신을 바라보는 눈이 얼마나 달라졌는지 보십시오. 혈색이 좋아지고 호흡이 안정되었습니다. 그래서 편안한 숨을 쉬면서 여유롭게 남과 대화할 수 있습니다. 그래서 아주 행복한 사람이 되어 늘 웃는 얼굴입니다. 과거와는 다른 삶을 살아가는 당신의 모습이 얼마나 건강하고 행복해 보이며 또 생기가 넘쳐 보입니까? 더 여유롭고 더 활기찬 당신의 모습을 보며 친구들이 좋아합니다. 축하를 해 줍니다. 그 모습을 보고 축하의 소리를 들어 보십시오. 당신은 가슴이 벅차고 뿌듯합니다.

당신은 배우자의 얼굴을 봅니다. 편안한 마음으로 눈동자를 봅니다. 입술을 보면서 행복해 합니다. 얼굴 전체의 윤곽과 주름살이 얼마나 편안하게 와 닿는지…. 정말 모처럼 느껴 보는 행복감입니다. 이제 두 사람의 관계가 더 편안해졌고 더 자유로워졌고 더 친밀해졌습니다. 그러한 기분으로 함께 식사를 하는 기분은 정말로 벅찹니다. 그 기분이 가슴의 박동으로 느껴지고 당신 얼굴의 미소와 부드러운 표정 등으로도 느껴집니다.

당신의 위장이 이제는 아주 편안하게 규칙적으로 소화운동을 하고 있습니다. 위장의 빛깔이 더욱 맑고 깨끗해졌습니다. 모든 세포들이 더욱 생기 있게 성장하고 정상적인 위장의 소화 기능을 돕고 있습니다. 어떤 음식이 들어와도 여유 있게 그리고 충분히 소화를 해내고 있습니다. 그렇게 잘 소화된 음식의 영양분이 피가 되어 온몸의 핏줄을 타고 신체 각 부위로 골고루 전달되고 있습니다. 그래서 몸의 기운이 에너지로 넘치고 기분 또한 아주 좋습니다.

⑧ 수용할 수 있는 사실로부터 시작하라

최면에서 아무리 암시가 잘 듣고, 극적인 용어를 사용하는 것이 효과적이라 하더라도 비현실적인 내용을 남발하는 것은 좋지 않다. 어느 정도 사실에 근거하고, 내담자가 수용할 수 있는 범위 내에서 암시를 주고 유도를 하는 것이 바람직하다. 그래서 시간이 걸리더라도 낮은 강도로부터 서서히 높은 강도로 높이는 유도, 평이하고 일상적인 유도에서 서서히 극적인 표현을 강화하는 유도를 하도록 하는 것이 좋을 것이다. 그런 의미에서 처음에는 수용할 수 있는 사실로부터 시작하는 것이 좋다.

수용할 수 있는 사실이란 내담자가 처해 있는 현실을 근거로 하고 부정할 수 없는 현실로부터 출발하는 것을 말한다. 다음의 예를 들어보자.

당신은 지금 침대에 누워 있습니다. 누워 있는 상태가 참으로 편안하고 좋습니다. 그러한 편안함이 지속되면서 당신의 몸은 더욱 쉽게 이완됩니다. 그 이완상태야말로 당신이 누리고 싶었던 상태입니다. 그렇기 때문에 당신은 시간이 지날수록 더욱 편안해지고 이완이 잘 됩니다. 당신이 깊은 이완상태를 경험할수록 더욱 쉽게 최면으로 빠져듭니다. 이미 당신은 최면상태와 가까워졌습니다. 이제 그 상태를 그대로 받아들이고 그 속으로 들어갑니다.

나는 지금 내가 좋아하는 명상음악을 듣고 있습니다. 내가 좋아하는 음악이기 때문에 마음이 편안하고 즐겁습니다. 그렇기에 보다 쉽게 음악에 집중하여 음악 속으로 빠져듭니다. 음악의 리듬과 그것으로 인해 이루어지는 상상의 세계 속으로 점차 더 깊이 빠져듭니다. 내가 좋아하는 음악을 듣는 이 기분을 계속 유지하면서 보다 깊은 이완을 경험합니다. 이제 나는 최면상태로 들어갑니다. 음악과 함께… 아주 자연스럽게….

⑨ 환경적 요소들을 잘 활용하라

최면 유도에 있어서 환경적 요소나 물리적 조건이 중요하다는 사실은 이미 앞에서 밝힌 바가 있다. 환경적 요소에는 실내의 조명상태나 온도, 분위기 같은 것이 포함될 수 있다. 너무 밝지 않고 적절하게 어두운 상태의 조명이 최면 유도에 효과적일 것이다. 어떤 내담자는 명암의 정도에 따라 전혀 영향을 받지 않을 수도 있지만, 밝은 상태에서는 집중이 잘 되지 않아 최면 유도에 어려움을 경험하는 내담자들도 많다. 일반적으로는 약간 어두운 조명의 상태가 최면 유도에 좋다. 너무 어둡거나 깜깜하면 오히려 내담자의 비언어적인 요소들을 관찰하기가 어렵고 치료상황과 내용을 기록하는 데도 문제가 있을 수 있으므로 적절하게 어두운 조명 상태를 조성할 필요가 있다. 그러나 어느 정도 최면에 들어간 후에는 불을 밝히거나 환하게 하더라도 별로 문제될 것이 없다.

주변의 소음이 들리지 않도록 하거나 실내의 소리가 바깥으로 새어 나가지 않도록 주변을 단속하고 환경을 조성하는 것도 필요하다. 그래서 내담자가 다른 신경을 쓰지 않고 편안하게 눈을 감고 최면에 임하도록 하는 것이 좋다. 특히 사적인 비밀과 관계되는 내용을 다룰수록 더욱 그러하다.

최면 유도를 돕기 위한 도구를 적절히 활용하는 것도 좋다. 예를 들어 향, 화초, 음악과 같은 것을 도구로 활용할 수 있다. 이들 내용에 대해서는 이미 앞의 제2장에서 충분히 설명했기에 여기서는 생략하고자 한다.

(2) 최면 유도의 기본 원리

최면 유도를 하기 위해서는 나름대로의 요령이 필요하다. 그러므로 여기서는 최면 유도의 기본적인 원리를 소개하고자 한다.

① 신체 감각화

최면 유도를 하기 위해서는 내담자로 하여금 가능하면 어떠한 현상에 대해서 상상하도록 유도할 뿐만 아니라 상상한 내용을 신체감각적으로 느끼고 경험하도록 하는 것이 중요하다.

일반적으로 각성상태에서의 상상과 최면에서의 상상은 차이가 나며, 특히 후자의 경우를 시각화(visualization) 또는 심상화(mental imagination)라고도 한다. 최면에서의 시각화를 위해서는 오감을 최대로 활용하여 마치 실제처럼 느끼도록 유도해야 한다. 그래서 실제로 눈을 떠서 사물의 색깔과 모양을 보듯이, 귀로 소리를 듣듯이, 냄새를 맡듯이, 촉감을 느끼듯이, 맛을 보듯이 경험하도록 유도를 해야 한다. 그렇게 함으로써 상상한 내용이 단순한 상상이 아니라 현실적인 경험인 것처럼 느껴질 수 있을 때 최면 유도는 성공하며 최면의 효과 또한 극대화된다. 신체감각화를 위한 최면 유도의 예를 보면 다음과 같다:

시각화 자, 지금 당신은 들판 길을 걷고 있습니다. 주변 풍경을 보십시오. 어떤 나무들이 있으며 풀은 어떠합니까? 혹시 들꽃이 피어 있는지 살펴보십시오. 나무의 색깔을 보고 풀의 색깔을 보십시오. 그리고 꽃은 어떤 꽃이 있는지 색깔은 어떠한지 잘 살펴보십시오.

촉감화 이제 길을 걸으면서 발의 느낌을 느껴 보세요. 지금 무엇을 밟고 있는 것처럼 느껴지나요? 흙? 풀? 돌? 무엇이든 밟는 느낌을 느껴 보십시오. 갑자기 싱그러운 바람이 불어옵니다. 당신을 스치고 지나가는 바람의 결을 느껴 보십시오. 그래서 머리카락이 날리고 옷자락이 날립니다. 그 기분을 느껴 보십시오.

청각화 당신이 걸어가는 바로 옆으로 시냇물이 흘러갑니다. 이제 흘러가는 그 시냇물 소리를 들어 보십시오. 그 소리가 어떻습니까? 아주 시원하게 들리지 않습니까? 문득, 어디선지 새가 지저귀며 날아갑니다. 날아가는 새소리를 들어 보십시오. 무슨 새 소리와 같은지 잘 들어 보십시오.

후각화 이제 풀냄새를 맡아 보십시오. 싱그러운 풀냄새말입니다. 당신의 코 끝으로 전해지는 풀의 냄새를 맡아 보십시오. 이제는 조금 전에 보았던 꽃을 다시 보십시오. 그리고 꽃의 향기를 맡아 보십시오. 어떤 꽃의 향기가 느껴지나요? 심호흡을 하고 꽃의 색깔을 생각하면서 향기를 맡을수록 잘 맡아질 것입니다.

미각화 아주 편안한 기분으로 들판을 걸어가고 있습니다. 문득 풀숲 사이로 산딸기가 달려 있는 것이 보입니다. 빨갛게 잘 익은 산딸기를 따 보십시오. 그리고 그것을 입으로 넣고 씹으면서 맛을 느껴 보십시오. 맛이 어떠합니까? 신맛이 느껴지나요? 단맛도 느껴지나요? 입에서 침이 나는 것이 느껴집니까? 그 맛을 음미해 보십시오.

② 점증성

최면 유도에 있어서 처음부터 강하게 유도를 하면 내담자는 거부감을 갖거나 제대로 유도에 따르지를 못한다. 그래서 처음에는 약한 강도로, 조금씩, 작은 것부터 유도를 하되 내담자의 상태를 살피면서 서서히 강력한 유도를 실시하는 것이 좋다. 이때 유도내용에 따라 목소리도 점차 크게, 강하게, 힘차게 하면서 유도하는 것이 좋다. 다음의 예를 보자.

> 자, 이제 당신은 동해에 조용히 떠오르는 태양을 생각하십시오. 조금씩 붉은 빛을 내면서 떠오르는 태양입니다. 조금씩 더 밝아지는 태양을 상상하십시오. 그 태양이 붉은 빛을 내면서 바다를 적시고 있습니다. 바다 위로 비치는 태양이 내뿜는 붉은 빛깔을 보십시오. 이제 그 태양이 온전한 모습으로 하늘로 떠오르면서 더욱 더 찬란한 빛, 강력한 빛, 빨간 빛을 내뿜고 있습니다. 이제 서서히 태양의 열기가 느껴집니다. 자, 보십시오. 타오르는 태양의 빨간 빛깔을 말입니다. 그리고 느끼십시오. 뜨거운 태양의 열기를… 태양은 점차로… 점차로… 더 환하게 더 빨갛게… 더 뜨겁게… 타오릅니다… 뜨거운 그 태양의 열기 속에서 당신의 고통은 녹아 없어집니다. 뜨겁고 찬란한 태양의 열기를 상상하고 그 속에서 당신의 고통이 점차로 녹아 없어지고 아주 작은 모습으로 작아졌다가 완전히 사라지는 것을 마음의 눈으로 보고 느끼십시오.

③ 래포 형성

최면 유도와 치료의 시작은 래포 형성으로부터이다. 이것이 모든 생산적인 인간관계의 기본이기도 하고 일반 상담과 심리치료의 핵심이기도 하다는 것은 이미 앞에서 충분히 밝힌 바 있다. 그러므로 최면 유도 과정에서도 치료자는 내담자와의 래포 형성에 특별한 신경을 쓰면서 임해야 한다.

④ 점진적 문제 영역의 확대

처음부터 여러 가지 문제를 한꺼번에 해결하려고 하면 효과적이지 못하다. 그러므로 처음에는 한 가지의 문제로부터 시작하는 것이 좋다. 그렇지 않으면 치료의 초점이 분산됨으로써 치료효과가 떨어지는 경향이 있으므로 반드시 상담과 치료를 받고자 하는 내담자의 핵심이 되는 문제가 무엇인지, 핵심감정이 무엇인지를 정확하게 파악하여 그것에 초점을 두고 작업을 시작해야 한다. 그 문제가 어느 정도 해결되었을 때 관련되는 다른 문제로 초점을 옮기거나 확대하여 치료를 계속할 수 있을 것이다. 그러나 그렇게 하다 보면 의외의 시간이 별도로 더 소요될 수 있기 때문에 한 회기에 문제를 모두 처리하려 하는 것보다는 몇 회기에 걸쳐서 치료를 마무리하는 것도 좋을 것이다.

⑤ 기대 효과

모든 상담 및 심리치료에서는 내담자의 기대가 중요하다. 그러므로 치료자는 가능하면 내담자가 기대하는 구체적인 치료의 효과가 무엇인지를 미리 파악하고 그것에 초점을 맞추는 것이 좋다. 그것은 치료의 목표가 될 수도 있겠지만 그것이 분명할 때 치료 전략의 수립도 쉬워질 것이다. 뿐만 아니라 치료 후에도 치료의 성과를 판단할 수 있는 중요한 준거가 될 수 있을 것이다. 그러나 너무 큰 기대를 갖는 것은 바람직하지 못하다. 그 경우에는 치료에 대한 일종의 환상을 갖게 됨으로써 오히려 치료에 방해가 된다. 아울러 분명한 치료효과에 대해서도 내담자가 그것을 기대에 미치지 못한 것으로 판단하고 실망할 수도 있거니와 치료효과 자체를 인정하지 않는 일도 생길 수 있다. 그러므로 치료자는 사전 면접시에 내담자의 치료에 대한 기대가 무엇인지를 분명히 하되 그로 하여금 비현실적인 과잉기대를 갖지 않는 범위 내에서 가능하면 적절한 기대를 갖도록 격려할 필요가 있다.

⑥ 변형된 의식상태

최면 현상은 변형된 의식상태(Altered States of Consciousness : ASC)에서 나타난다. ASC는 일종의 트랜스적인 상태인데 잠들기 직전이나 잠에서 덜 깬 상태에서 경험되기도 하고, 백일몽의 상태에서도 경험된다. 술에 많이 취할 때 경험되는 몽롱한 상태, 마약을 복용했을 때의 상태 등이 모두 트랜스 상태이며, 그것은 곧 평상적인 각성상태의 의식상태와는 다른 상태이다. 최면 유도란 정상적인 각성상태에 있는 내담자를 트랜스 상태 또는 ASC 상태로 이끄는 것이라고 할 수 있다.

ASC 상태는 일상적인 감각기능이 마비되거나 변형되어 경험된다. 그렇기에 망상을 비롯한 환각과 같은 경험을 할 경향이 높아지게 되는 것이다. 그런데 개인에 따라 ASC 상태로 빠져드는 유형이 다르다. 즉 개인에 따라 트랜스 상태 또는 최면적 상태로 진입하는 유형이 다양하다는 것이다. 그것은 개인의 주된 감각유형, 즉 선호감각유형에 따라 많은 지배를 받기 때문에 개인이 주로 활용하는 감각기능, 또는 일상에서 우세하게 활용되는 감각기능을 통해 최면적 상태로 진입되기가 쉽다. 그러므로 치료자는 내담자의 감각유형을 파악하고 그의 주된 감각유형에 따라 최면 유도를 하는 식으로 다양한 유도기법을 활용할 수 있어야 한다.

⑦ 나이에 따른 효과 차이

나이에 따라 최면 유도의 효과 차이가 날 수 있다. 일반적으로 어리거나 젊은 나이일수록 최면에 쉽게 걸리는 경향이 있다. 그러므로 치료자는 연령적 요소를 고려하여 최면에 임하는 것이 좋다. 그렇지 않으면 보다 빨리 쉽게 최면 유도가 가능할 때도 불필요하게 긴 시간 동안 유도를 하느라 시간을 낭비할 수도 있고, 좀더 시간을 갖고 여유 있게 유도를 해야 할 경우에도 성급하게 유도를 마침으로써 효과를 제대로 보지 못하는 경우가 생긴다. 따라서 치료자는 연령에 따른 차이를 예상하고 대비해야 한다.

일반적으로 아동의 경우는 불과 몇 초 내에 최면으로 진입하는 경우가 많으며 일반 성인과는 다른 방식으로 유도하는 것이 더 효과적이기도 하다. 뒤에서 아동을 위한 최면 기법을 별도로 소개하였으니 참고하기 바란다.

⑧ 반복효과

최면치료는 대뇌에 입력된 과거의 부정적인 기억정보를 수정하거나 제거하고 새로운 정보를 입력하는 과정에서 이루어지는 치료라고 볼 수 있다. 이 과정에서 반복 학습의 원리가 적용된다. 행동주의 학습이론에서 말하는 자극-반응의 조건형성의 원리와 연합이론이 그대로 적용된다고 볼 수 있다. 그래서 같은 최면 유도를 반복하거나 암시를 되풀이함으로써 기억의 강도를 높이고 최면 유도 및 암시의 영향력을 극대화할 수 있다.

최면감수성이 낮은 사람의 경우에는 한두 번의 최면 유도로는 최면에의 진입이 잘 이루어지지 않는다. 그러나 계속하여 여러 차례에 걸쳐 최면 유도를 시도하면 연습효과가 작용하여 최면에 걸릴 확률이 높아진다. 물론 한 번에 수차례 동안 같은 내용으로 유도를 반복하면 지루할 뿐만 아니라 내담자가 식상해 할 우려가 있기에 며칠 또는 몇 주간 시간적인 간격을 두고 수차례에 걸쳐서 반복 유도를 하는 것이 좋을 것이다.

⑨ 관념운동반응법

최면감수성이 낮은 사람에게 활용될 수 있는 기법 중의 하나가 관념운동반응법이다. 이것은 직접 기억의 형태로 떠오르지 않는 무의식적 정보를 손가락과 같은 특정 신체 부위의 불수의적 운동반응을 통해 얻고자 하는 목적으로 활용된다. 구체적인 내용은 앞의 장에서 상세하게 설명하였기에 여기서는 생략하고자 한다. 다만 이 기법은 최면감수성이 낮은 사람에게만 해당하는 것이 아니라, 깊은 최면상태 속에서도 특정의 정보를 제대로 얻을 수 없을 때 활용될 수 있는 수단이기도 하다. 치료자는 최면 유도시에 이것에 대해 미리 설명을 하고 필요하다면 이 기법이 활용될 수 있음을 미리 말해 주는 것이 좋다.

참고로 예를 들면, 미국의 산부인과 의사와 외과 의사들이 협동으로 임산부들에게 손가락 반응이나 펜듈럼을 통해 태아의 성별을 알아보게 하는 실험을 시도한 적이 있다. 총 402명을 대상으로 실시된 실험에서 360명이 태아의 성을 알아맞혔다. 그 중에는 세쌍둥이까지 포함되어 있었는데 산모는 태아가 쌍둥이라는 사실과 함께 쌍둥이 각자의 성을 정확하게 맞혔다(Le Cron, 1964).

2. 최면에 대한 불안과 저항 다루기

저항 현상은 일반적인 상담과 심리치료 장면에서도 얼마든지 발생한다. 마찬가지로 최면 상황에서도 저항 현상은 자주 발생할 수 있다. 저항은 내담자의 불안을 반영하는 것으로도 볼 수 있으므로 치료자는 그 불안을 무시하거나 과소평가하기보다는 오히려 직접 다루어 주고 현장에서 해소하도록 도와 주는 것이 좋다. 그렇게 한 다음에 최면으로 들어가지 않으면 최면 유도가 제대로 이루어지지 않을 뿐만 아니라 최면 유도가 되었다고 해도 치료적 진전을 기대하기가 어렵다.

대부분의 최면에 대한 불안은 최면에 대한 오해에서 비롯되기 때문에 별로 근거가 없다고 할 수 있다. 그리고 그 불안은 스트레스나 심리적 긴장으로 연결되기 때문에 최면 전에 충분히 해소하도록 해야 한다. 이와 관련해서는 이미 앞에서 충분히 다루었기 때문에 여기서는 상세한 논의는 생략하고 다만 최면과 관련하여 내담자가 경험할 수 있는 일반적인 불안과 대처요령을 간략히 소개하고자 한다.

① 최면중에 일어났던 일을 알지 못하거나 기억하지 못할 것이라는 불안

최면에는 의식이 살아 있기 때문에 최면중이라 하더라도 기억과 경험내용을 다 의식하거나 느낄 수 있다. 그리고 최면에서 깨어나더라도 그러한 경험 내용들을 다 기억할 수 있기 때문에 알지 못하거나 기억하지 못할 것이라는 불안을 느낄 필요는 전혀 없다.

② 최면에 안 걸릴 것이라는 불안

개인의 최면감수성에 따라 최면에 쉽게 걸리는 사람도 있지만 그렇

지 않고 여러 번 시도 끝에 겨우 최면에 들어가는 사람도 있다. 일반적으로는 웬만하면 누구나 최면에 들어갈 수 있다. 그럼에도 불구하고 소수의 사람들은 여러 가지 이유로 최면에 잘 걸리지 않을 수도 있다. 따라서 무조건 자기는 최면에 걸리지 않을 것이라고 믿고 불안해 하는 것은 별로 도움이 되지 않는다. 일단 수회에 걸쳐서 시도를 해 본 후에 자신의 경험에 대해서 분석해 보고, 그 결과에 따라 대책을 세우는 것이 현명하다.

③ 자신의 의지와 관계없이 타인에 의해 조종(통제)될 것이라는 불안

앞에서 설명한 대로 최면에서도 의식은 살아 있기 때문에 타인에 의해 조종되거나 통제될 것이라고 믿고 불안해 하는 것은 역시 근거가 없고 불필요한 것이다. 최면 중이라 하더라도 내담자가 원하지 않을 때는 언제라도 최면을 그만둘 수 있고 거부할 수도 있으며, 경우에 따라서는 눈을 떠버려도 된다. 그리고 제대로 교육을 받은 치료자라면 내담자의 자유의지와 거부권을 충분히 인정하고 배려하기 때문에 염려할 것이 전혀 없다.

④ 최면상태에서 깨어나지 못할 것이라는 불안

최면에서도 의식은 살아 있기에 내담자가 최면에서 깨야겠다고 마음을 먹으면 언제라도 깨어날 수 있고, 그 과정에서 치료자가 충분히 도와 준다. 가끔 깊은 최면 속에서 깨어나는 데 다소 곤란을 느끼는 내담자도 있으며, 심지어는 깨어난 후에도 최면의 연장상태에서 다소의 혼미한 경험을 하는 수도 있다. 그러나 훈련받은 치료자는 이러한 문제를 충분히 해결해 줄 수 있는 능력이 있기 때문에 두려워할 필요가 없다.

⑤ 남의 우스갯거리가 될 것이라는 불안(무대불안)

때때로 공개최면 상황에서는 무대불안을 경험하는 내담자가 많다. 실제로 많은 사람들이 지켜보는 곳에서 최면 현상을 경험하고 자기가

의식하지 못하는 돌출행동을 하지 않을까 하는 걱정을 하기도 한다. 그리고 어떤 내담자는 최면중에 부끄러운 과거나 남이 알아서는 곤란한 비밀스러운 내용이 노출되면 어떻게 할까 하는 문제로 고민하거나 불안을 겪는 경우도 있다.

그러나 최면 경험은 일상의 경험과 다르기 때문에 일상에서는 잘 소화하지 못하는 자신의 문제나 행동이라도 최면에서는 비교적 객관적으로 받아들일 수 있고, 현재의 일상과는 다르게 문제를 인식할 수 있기 때문에 실제로 크게 염려하지 않아도 된다. 그리고 다른 사람들도 내담자의 '이상스런' 행동과 문제를 남의 것인 양 구경하며 흉을 보기보다는 자기의 것으로 받아들이고 공감하기 때문에 오히려 그들로부터 위로받고 도움받기가 좋다. 따라서 남의 우스갯거리가 될 것이라는 무대불안은 가지지 않아도 될 것이다.

그러나 혹시라도 내담자가 그러한 불안을 가질 조짐이 보인다면 치료자는 내담자의 마음을 충분히 공감하고 극복할 수 있도록 분위기를 조성하고 도와 주어야 할 것이다.

⑥ 최면 중에 귀신이 달려들 것이라는 불안

때때로 최면 중에 빙의 현상이 일어날 수 있다. 빙의란 자기가 아닌 제3의 영적 존재가 내담자에게 침입하여 내담자의 마음과 몸을 지배하는 현상을 말한다. 그렇게 빙의된 환자를 빙의환자라고 부르는데, 일반적인 환자와 여러 가지 면에서 구별되는 특성을 갖고 있다. 가장 전형적인 특성은 일반적인 의료적 진단으로는 진단이 잘 되지 않을 뿐만 아니라 치료가 어렵다는 것이다.

그러나 최면치료 장면에서는 그러한 문제가 생기더라도 치료자가 처리를 잘 해 줄 수 있기에 크게 염려하지 않아도 된다. 그리고 대부분의 최면 현상은 귀신과는 관계 없이 내담자 자신의 무의식 내에 저장된 정보와 과거 경험에 의해 표출되는 것이기 때문에 두려워할 필요가 없다. 설사 빙의 현상이 생기더라도 오히려 치료의 기회로 삼는다면 다행스럽게 받아들일 수가 있을 것이다.

3. 최면감수성 실험

자기가 얼마나 최면에 잘 걸리는지, 즉 최면감수성이 얼마나 높은지를 알아보기 위하여 다음과 같은 최면감수성 실험을 해 보면 도움이 된다. 이 실험내용은 치료자가 내담자에게 최면치료를 하기 전에 준비 차원에서 활용을 할 수도 있고, 스스로 자기최면 연습을 위해서도 활용해 볼 수 있다. 다만 한번에 성공하지 않는다고 포기할 것이 아니라 반복해서 연습하면 효과를 더 크게 볼 수 있을 것이다.

여기에서는 필자의 『최면과 전생퇴행』(설기문, 1998a)에서 소개된 피암시성 기법과 함께 다른 기법들을 추가적으로 소개하고자 한다.

손깍지끼기

〈그림 5-1〉과 같이 두 개의 손바닥을 마주 보게 한 후에 서로 손가락을 낀 채로 손을 잡게 하는 실험이다. 이때 실험자는 다음과 같이 유도할 수 있다.

A : 자, 눈을 감은 채로 두 개의 손바닥을 펴십시오. 그리고 상상하십시오. 당신은 두 손바닥에 강력한 접착 본드를 바릅니다. 본드를 칠하는 장면을 상상하고 느껴 보십시오. 그리고 본드의 냄새와 촉감을 느껴 보

스탠포드 대학교 심리학강좌의 최면실습 장면

동아대학교에서의 집단최면 실습 장면

〈그림 5-1〉 손깍지끼기

십시오. 어때요? 끈적끈적한 상태를 느껴 보십시오. 이제 두 손바닥을 서로 붙이되 손가락을 끼어 보십시오. 본드끼리 서로 달라 붙는 것을 느낄 것입니다. 두 개의 손바닥은 손가락이 낀 채로 붙었습니다. 본드의 힘으로 강력하게 붙었습니다.

이제 심호흡을 하면서, 당신의 손바닥과 손가락이 서로 붙어서 더욱 단단해진다고 느껴 보십시오. 강력한 본드의 힘을 느끼십시오. 점점 단단해집니다…. 점점 단단해집니다…. 점점 단단해집니다……(강한 어조로) 점점 단단해집니다! 점점 단단해집니다! 이제 단단해졌습니다! 손바닥과 손가락이 딱! 붙었습니다! 강력하게 붙었습니다! 힘있게 붙었습니다! 힘있게 붙은 손바닥과 손가락의 힘을 느끼고 경험하십시오. 당신은 느낍니다. 그리고 경험합니다….

이제 당신은 손을 떼려고 하면 더욱 강하게 손이 서로 붙는 것을 느껴 보십시오. 그렇습니다. 손을 떼려고 하면 할수록 더욱 강하게 붙습니다. 점점 더 강하게….

이제 손을 떼십시오. 자, 손을 뗍니다!

손을 떼라는 지시에 따라 피험자가 실제로 손을 잘 떼는지를 관찰하도록 하고, 피험자는 손이 잘 떨어지는지 경험하도록 하라. 이런 경우에 실험자가 암시를 제대로 주고 효과적으로 최면을 거는 능력이 있는 사람이면 몰라도 그렇지 않으면 대부분의 사람들은 쉽게 손을 뗀다. 그러나 피암시성이 강한 피실험자는 뜻밖에 손을 떼는 데 어려움을 느낄 것이다. 그리고 아예 손을 떼지 못해서 고통을 겪을 수도 있다. 그러면 본인도 당황을 하지만 실험자도 당황을 할 수 있다. 이럴 때는 다시 손을 떼도록 지시를 하면 손을 떼는 수도 있지만 그렇게 해도 잘 되지 않고 계속 손이 붙어 있어 난감해 하거나 눈물을 흘리는 경우도 있다. 이때는 당황하지 말고 침착하게 다음과 같이 암시를 주면서 손을 떼게 하면 도움이 된다.

B : 자, 이제 심호흡을 하면서 몸의 긴장을 풉니다. 그리고 마음으로 상상을 해 보십시오. 두 손을 따뜻한 물을 담은 큰 그릇에 담그십시오. 그 물에는 본드를 녹게 하는 특수약품이 용해되어 있습니다. 그래서 독특한 냄새가 나는 물인데, 그렇다고 그 냄새가 싫지는 않습니다. 손을 물에 담근 채 따뜻한 액체가 손의 본드를 녹이는 장면을 상상하고 느껴 보십시오. 본드가 힘을 잃고 서서히 녹아내립니다. 본드가 녹아 내리는 장면을 상상하고 느껴 보십시오.

손에 다시 힘이 들어오고 조금씩 움직일 수가 있군요. 손바닥이 움직입니다. 느껴 보십시오. 손에 조금씩 힘이 들어오는 것이 느껴지고 손이 움직여집니다. 본드가 다 녹아서 그냥 물 속으로 용해됩니다. 미끌미끌하게 용해되는 본드액을 보십시오. 그리고 그것을 느끼고 경험하십시오. 본드가 녹습니다. 점점 더 많이 녹습니다. 점점 더 많이…. 그 장면을 보면서 느끼고 경험하십시오. 예…. 좋습니다……

깨끗해졌습니다. 이제 당신의 손은 자유롭게 되었습니다. 손을 움직여 보십시오. 편안해졌습니다. 좋습니다. 그 상태에서 손을 떼겠다고 생각하고 마음의 준비를 해 보십시오. 이제 하나부터 다섯까지 세겠습니다. 마지막 다섯에 손을 뗄 것입니다.

하나, 손에 힘이 들어옵니다….

둘, 이제 손을 떼겠습니다.

셋…. 넷…. 다섯!

손을 떼십시오!

이상과 같은 경험을 한 후에 실험 동안에 무엇을 느끼고 경험했는지에 대한 소감을 서로 나누어 보라.

손자석(1)

그림과 같이 두 개의 손바닥을 서로 약 3~5cm 정도 떨어진 상태에서 마주 보게 하고 눈을 감은 채로 약 1분 정도 가만히 있으면서 심호흡을 하도록 한다. 그때 다음과 같은 유도를 조심스레 하도록 하라.

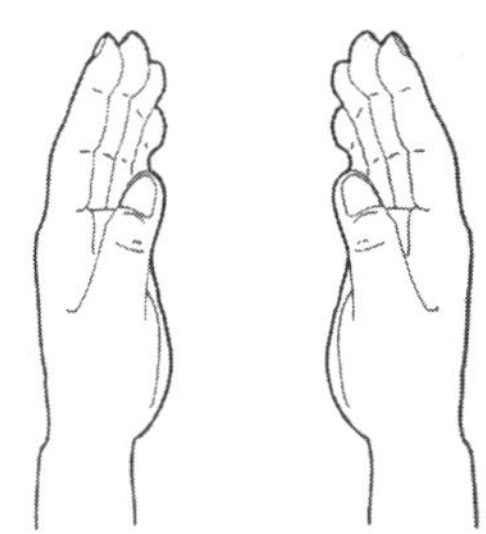

〈그림 5-2〉 손 자석

A : 자, 이제 당신은 심신의 이완과 함께 정신집중을 하십시오. 그리고 잠시 후에 모든 의식의 초점을 두 손바닥에 두고 당신의 손바닥을 직접 느껴 보십시오. 민감한 사람은 손바닥이 따뜻하거나 화끈거림을 느낄 수가 있습니다. 또는 손바닥이 전기가 통하듯이 찌릿찌릿하거나 따끔거리는 것을 느낄 수도 있습니다. 물론 전혀 아무런 느낌을 가지지 않을 수도 있으니 억지로 무엇을 느껴야겠다고 노력을 할 필요는 없습니다. 그냥 자연스럽게 느낌이 오는 대로 느껴 보십시오.

이제 다시 1~2 분의 시간이 경과한 후에 다음과 같은 유도를 계속하라.

B : 이제 손바닥이 마치 자석처럼 느껴집니다. 그것도 서로 극이 다른 양극과 음극과 같이 잡아당기는 힘으로 작용합니다. 그래서 손바닥이 점점 안으로 빨려들어가는 것이 느껴집니다. 손바닥이 자석이 되었습니다. 손바닥이 점점 안으로 빨려들어갑니다. 숨을 빨아들일 때마다 손바닥은 더욱 강력하게 안으로 안으로 빨려들어갑니다. 강력한 자석의 힘

이 느껴집니다…. 강력한 자석의 흡인력을 느껴 보십시오…. 숨을 들이쉴 때마다 손바닥은 서로를 더욱 강하게 잡아당겨 안으로 빨려들어갑니다. 더 안으로…. 더 강하게…. 더 안으로… 더 강하게…. 서서히 손바닥이 서로 붙는 것이 느껴집니다. 손바닥이 서로 붙었습니다. 손바닥이 강력한 힘으로 붙었습니다. 손바닥이 붙었습니다…. 예…. 이제 손바닥을 떼려고 하면 할수록 더욱 강력한 힘으로 붙는 것을 느낄 수 있습니다. 예…. 손바닥이 강력한 힘으로 붙었습니다…… 느끼십시오….

손자석(2)

이것은 위의 손자석(1)과 같으나 뒷부분에서 조금 다르다. 그래서 일단 손자석(1)의 A로부터 시작하여 그것이 끝나면 다음의 B로 넘어가도록 하라.

B : 두 개의 손바닥 사이에 무엇인가 기운이 작용하는 것을 느껴 보십시오. 솜처럼, 풍선처럼, 구름처럼 부드럽고 말랑말랑한 어떤 물질이 두 손바닥 사이에 느껴질 것입니다. 마음으로 그것을 만지려고 해 보십시오. 천천히…. 느낌이 어떤가요? 무엇인가가 만져지고 느껴집니까?

그리고 두 손바닥 사이에 양극과 음극의 자석처럼 서로 잡아당기는 힘이 작용하는 것을 느껴 보십시오. 손바닥이 조금씩 안으로 빨려들어가는 것 같습니다. 손바닥이 자석이 된 것같이 느껴집니다. 느끼십시오.

이제는 의도적으로 두 손바닥을 서로를 향하여 안으로 아주 조금씩 밀어 보십시오. 그러면 아마도 손바닥이 서로를 오히려 바깥으로 밀어내고자 하는 강한 힘이 작용함을 느낄 수 있을 것입니다. 조금씩 안으로 밀면 밀수록 손바닥은 바깥으로 밀리는 것을 느낍니다. 계속 느껴 보십시오.

이제는 다시 손바닥을 조금씩 서로 바깥으로 떨어지게 해 보십시오. 그러면 두 손바닥은 같은 극의 자석이 서로 잡아당기듯이 서로가 안으로 당겨지는 것이 느껴질 것입니다. 손바닥을 조금씩 바깥으로 당기면 당길수록 서로를 안으로 잡아당기는 힘이 작용하여 잘 떨어져 나가지 않음을 느낄 것입니다. 계속 시도하면서 느껴 보십시오. 바깥으로 떨어지려고 하면 할수록 손은 더 붙으려고 하는 것이 느껴집니다. 계속 느끼십시오.

그렇습니다. 지금까지 우리는 손을 떼려고 하면 오히려 강하게 잡아당김이 느껴지고 손을 붙이려고 하면 오히려 밀어 내는 힘을 느낄 수 있었습니다. 이제 손이 자석이 되었습니다. 이런 과정을 계속 반복하면서 손바닥의 기운을 느끼고 손자석을 느껴 보십시오. 강력하게 작용하는 것이 느껴질 것입니다. 충분히 느끼고 경험할 수 있었으면 이제 눈을 뜹니다.

팔 올림-팔 내림

이 실험은 앞의 실험들보다 더 많은 정신집중을 필요로 한다. 그래서 실험하기에 조금 더 힘이 들지 모르나 실험의 효과가 가장 분명하게 나타날 수 있는 것이기도 하다.

먼저 피험자로 하여금 앉은 상태에서 편안하게 차렷자세를 취하도록 하라. 〈그림 5-3〉과 같이 팔을 90도 정도로 굽힌 다음 전방으로 내게 하고 왼손과 오른손을 서로 같은 높이에서 손바닥은 펴고 위로 향하게 하라. 그리고 다음과 같은 유도로 실험을 시작해 보라.

A : 자, 당신은 이제 이 유도에 따라 행동해 주십시오. 먼저, 오른쪽이 어느쪽이지요? 그 오른쪽 손을 가볍게 주먹쥐어 보십시오. 좋습니다. 이제는 펴 보십시오. 한 번 더 합니다. 오른손을 주먹쥐어 보십시오. 그리고 펴 보십시오. 좋습니다.

이제 오른쪽 팔과 손에 의식을 집중하십시오. 오른쪽 팔과 손이 점점 가벼워짐을 느끼십시오. 오른팔과 손이 점점 가벼워집니다. 오른팔과 손이 가볍다….(수회 반복)

하늘에 커다란 수소풍선이 떠 있는 장면을 상상하십시오. 집채만한 풍선이 떠 있습니다. 그 풍선에 달려 있는 줄들을 보십시오. 그리고 그 줄들이 당신의 오른팔과 손을 감고 있습니다. 풍선이 당신의 오른팔과 손을 잡아당깁니다. 오른팔과 손이 가볍다. 점점 가볍다. 오른팔과 손이 하늘로 점점 올라갑니다. 하늘의 풍선이 오른팔과 손을 점점 잡아당깁니다. 오른팔과 손이 점점 가벼워지면서 풍선을 따라 하늘로 하늘로 올라갑니다. 둥실둥실 따라 올라가는 오른팔과 손을 보십시오. 그리고 느

〈그림 5-3〉 팔 올림-팔 내림

껴 보십시오. 오른팔과 손이 가벼워짐에 따라 팔과 손이 점점 더 높이 올라갑니다!. 올라갑니다!…… 올라갑니다!…. 높이! 더 높이! 더 높이! 올라갑니다…. 올라갑니다…. 느끼고 경험하십시오….

이상과 같은 유도에 따라 피험자의 오른팔과 손이 위로 올라감을 확인하고 어느 정도 올라가면 멈추고 다음과 같은 유도를 하라.

B : 자, 이제는 마음의 눈으로 왼팔과 손을 보십시오. 그리고 왼팔과 왼손에 의식을 집중하십시오. 그리고 왼팔과 손이 점점 무거워짐을 느끼십시오. 왼팔과 손이 점점 무거워집니다….(수회 반복) 땅 속에 커다란 쇳덩어리가 있는 장면을 상상하십시오. 집채만한 쇳덩어리가 있습니다. 그 쇳덩어리에 달려 있는 줄들을 보십시오. 그리고 그 줄들이 당신의 왼팔과 손을 감고 있습니다. 그리고 아래로 잡아당깁니다. 왼팔과 손이 가볍다. 점점 무겁다. 왼팔과 손이 땅으로 점점 내려갑니다. 땅 속의 쇳덩이가 왼팔과 손을 점점 잡아당깁니다. 왼팔과 손이 점점 무거워지면서 쇳덩이를 따라 땅으로 땅으로 내려갑니다. 아래로 아래로 내려가는 왼팔과 손을 보십시오. 그리고 느껴 보십시오. 왼팔과 손이 무거워짐에 따라 팔과 손이 점점 더 아래로 내려갑니다. 내려갑니다…… 내려갑니다…. 아래로! 더 아래로! 더 아래로! 내려갑니다!…. 내려갑니다!…. 느끼고 경험하십시오!….

잠시 후에 왼팔과 손이 바닥으로 내려가거나 떨어지는 것을 확인하고 몸을 움직이지 말도록 하고 그대로 눈을 뜨도록 한다. 피험자에게 자신의 오른팔과 손, 왼팔과 손이 어떻게 되어 있는지 확인하도록 한다. 피암시성이 강하고 민감한 사람은 분명하게 오른쪽과 왼쪽이 차이가 나게 위와 아래로 올라가고 내려가 있는 것을 볼 수 있으나 전혀 그러한 경험을 하지 못하는 사람도 있을 수 있다.

눈꺼풀 붙이기

앞의 실험에서 손가락 붙이기를 했듯이 이번에는 눈꺼풀을 붙이는 실험을 해 보고자 한다. 요령은 비슷하므로 1번에서 성공을 한 피험자는 이번에도 잘 될 수 있을 것이다. 그러나 개인에 따라 1번에서 실패한 피험자가 이번에 성공할 수도 있다.

다음과 같은 유도를 함으로써 실험을 시작하도록 하라.

A : 자, 눈을 감은 채로 상상하십시오. 당신은 눈꺼풀에 강력한 접착본드를 바릅니다. 본드를 칠하는 장면을 상상하고 느껴 보십시오. 그리고 본드의 냄새와 촉감을 느껴 보십시오. 어때요? 끈적끈적한 상태를 느껴 보십시오. 이제 두 눈꺼풀을 서로 붙이고 느껴 보십시오. 아래와 위의 눈꺼풀이 서로 달라 붙는 것을 느낄 것입니다. 두 개의 눈꺼풀은 서로 강력하게 붙었습니다. 본드의 힘으로 강력하게 붙었습니다.

이제 심호흡을 하면서, 당신의 눈꺼풀이 서로 붙어서 더욱 단단해진다고 느껴 보십시오. 강력한 본드의 힘을 느끼십시오. 점점 단단해집니다…. 점점 단단해집니다…. 점점 단단해집니다…… (강한 어조로) 점점 단단해집니다! 점점 단단해집니다! 이제 단단해졌습니다! 눈꺼풀이 딱! 붙었습니다! 강력하게 붙었습니다! 힘있게 붙었습니다! 힘있게 붙은 눈꺼풀의 힘을 느끼고 경험하십시오. 당신은 느낍니다. 그리고 경험합니다….

이제는 눈을 뜨려고 하면 할수록 두 눈은 더욱 단단하게 붙는다고 느끼십시오. 예… 눈을 뜨려고 하면 할수록 눈은 더욱 단단하게 더욱 강력하게 붙습니다…. 경험하고 느끼십시오……

이제는 곧 눈을 뜨겠습니다. 눈을 뜨십시오. 자, 눈을 뜹니다!

눈을 뜨라는 암시에 따라 피험자가 실제로 눈을 잘 뜨는지를 관찰하도록 하고, 피험자는 눈이 잘 떠지는지 경험하도록 하라. 이런 경우에 실험자가 암시를 제대로 주고 효과적으로 최면을 거는 능력이 있는 사람이면 몰라도 그렇지 않으면 대부분의 사람들은 쉽게 눈을 뜬다.

그러나 피암시성이 강한 피실험자는 뜻밖에 눈을 뜨는 데에 어려움을 느낄 수도 있을 것이다. 그리고 아예 눈을 뜨지 못해서 고통을 겪을 수도 있다. 그러면 본인도 당황을 하지만 실험자도 당황해서 어쩔줄 몰라하게 된다.

이럴 때는 다시 눈을 뜨도록 지시를 하면 눈을 뜰 수도 있지만 그렇게 해도 잘 되지 않고 계속 눈꺼풀이 붙어 있어 난감해 하거나 눈물을 흘리는 경우도 있다. 이때는 당황하지 말고 침착하게 다음과 같이 암시를 주면서 눈을 뜨게 하면 도움이 된다.

B : 자, 이제 심호흡을 하면서 몸의 긴장을 풉니다. 그리고 마음으로 상상을 해 보십시오. 당신의 얼굴을 따뜻한 물을 담은 큰 그릇에 담그십시오. 그 물에는 본드를 녹게 하는 특수약품이 용해되어 있습니다. 그래서 독특한 냄새가 나는 물인데, 그렇다고 그 냄새가 싫지는 않습니다. 얼굴을 물에 담근 채 따뜻한 액체가 눈꺼풀의 본드를 녹이는 장면을 상상하고 느껴 보십시오. 눈에 붙어 있던 본드가 힘을 잃고 서서히 녹아 내립니다. 본드가 녹아 내리는 장면을 상상하고 느껴 보십시오.

눈꺼풀에 다시 힘이 들어오고 조금씩 움직일 수가 있군요. 눈꺼풀이 움직입니다. 느껴 보십시오. 본드가 다 녹아서 그냥 물 속으로 용해됩니다. 미끌미끌하게 용해되는 본드액을 보십시오. 그리고 그것을 느끼고 경험하십시오. 본드가 녹습니다. 점점 더 많이 녹습니다. 점점 더 많이…. 그 장면을 보면서 느끼고 경험하십시오. 예…. 좋습니다…… 이제 새롭게 맑은 물을 담은 그릇에 눈을 씻어 보십시오. 그리고 개운함을 느껴 보십시오.

눈꺼풀이 깨끗해졌습니다. 눈이 시원해졌습니다. 이제 당신의 눈은 자유롭게 되었습니다. 눈꺼풀을 움직여 보십시오. 편안해졌습니다. 좋습니다. 그 상태에서 눈을 뜨겠다고 생각하고 마음의 준비를 해 보십시오. 이제는 눈을 뜨겠다고 생각하면 아주 기분좋게 그리고 쉽게 잘 뜰 것입니다. 그렇습니다. 눈을 뜨겠다고 생각하면 눈이 떠집니다. 이제 서서히 눈을 뜨겠다고 생각하고 하나부터 다섯을 셀 동안에 눈을 뜰 준비를 하십시오. 이제 곧 세겠습니다. 그리고 마지막 다섯에 눈을 뜰 것입니다.

하나, 눈꺼풀에 힘이 들어옵니다….

둘, 이제 눈을 뜨겠습니다.

셋…. 넷…. 다섯!

이제 눈을 뜨십시오!

매번의 실험이 끝난 후에는 실험 동안에 무엇을 느끼고 경험했는지 소감을 서로 나누어 보고 자신의 경험에 대해서 분석하고 평가해 보는 것도 좋다. 그리고 타인의 경험도 들어보면 도움이 된다.

이상의 실험들은 모두가 별개의 실험이고 또 각 실험을 할 때 피험자의 심리적인 영향이 다 다를 수가 있으므로 개인에 따라, 모든 실험에서 성공적으로 반응하거나 경험하는 피험자도 있을 수 있지만 어느 일부분에서만 반응이 일어날 수도 있다. 또는 어느 실험에서도 아무런 반응을 느끼지 못하거나 경험하지 못하는 피험자도 있을 수 있다. 그것은 실험내용에 따른 차이 때문일 수도 있고 실험에 임하는 개인의 특성, 즉 최면에 대한 민감성이나 감수성의 차이 때문일 수도 있다. 그리고 잘 안 되는 피험자라 하더라도 앞으로 반복해서 연습하면 언젠가는 효과를 볼 수 있을 것이라는 점을 인식하는 것이 중요하다.

마지막으로 다음과 같은 조건들을 검토해 보고 반성할 점이 없는지 확인해 보는 것도 좋을 것이다.

- 피험자는 충분하게 이완되지 않았거나 긴장하지는 않았는가?
- 무리하게 무엇을 느끼거나 경험하려고 애를 쓰지는 않았는가?
- 급하게 서두르지는 않았는가?
- 실험자는 유도문을 너무 빨리 읽거나 너무 천천히 읽지는 않았나?

• 유도를 할 때 기분을 충분히 살리고 음성에 주의하면서 실감나게 하였는가?
• 방해할 만한 주변 환경은 없었는가?
• 긴장하거나 불안한 요소는 없었는가?

팔 떨어뜨리기

잠시 후에 당신의 팔을 들어 올리겠습니다. 그때 당신은 팔의 근육이 아주 이완되고 느슨해짐을 느끼십시오. 내가 팔을 들어올릴 때, 팔은 맥 빠진 상태에서 늘어질 것입니다. 내가 당신의 팔을 흔들수록 팔의 힘은 더 빠지고 근육은 더 풀려서 이완됩니다. 팔을 무릎 위로 떨어뜨릴 때 당신은 더욱 깊이 이완되는 것을 경험할 것입니다. 당신은 팔이 떨어지는 것을 느끼는 순간에 이완감이 배로 증가하고 아주 평화로운 이완의 상태로 깊이 빠지는 것을 경험하게 될 것입니다.

(피험자의 팔을 손가락으로 들어올린 상태에서 가볍게 흔들어 봄으로써 팔의 기운이 얼마나 빠져 있고 이완이 잘 되어 있는지를 확인할 수 있다. 만약 내담자가 팔에 힘을 주고 있거나 팔의 경직상태가 느껴지면 팔을 가볍게 흔들면서 다음과 같이 말해 준다.)

팔을 이완시키십시오. 팔이 편안하게 이완되도록 하십시오.

(완전히 이완할 때까지 몇 차례에 걸쳐 팔을 떨어뜨려 본다. 이런 과정을 통해 피험자의 이완상태 또는 최면에 임하는 심리적 상태를 짐작할 수 있기에 수차례에 걸쳐서 이와 같은 실험을 더 시도해 본다. 피험자의 팔에서 힘과 긴장을 느낄수록 그는 의식상태에 머물고 있다는 것을 의미하기에 그러한 의식상태에서 벗어나도록 하기 위해 계속적인 시도와 연습이 필요하다. 그러나 어느 정도 이완상태에 도달하면 이번에는 다른 쪽 팔을 대상으로 같은 시도를 반복한다.)

좋습니다. 당신은 상당한 정도의 이완상태에 도달했습니다. 아주 편안함을 경험할 것입니다. 이제는 다른 쪽 팔을 들어 보겠습니다. 모든 힘을 빼고 이완된 상태를 경험해 보십시오.

(위와 같은 요령으로 팔을 들었다가 흔들거나 떨어뜨리는 실험을 계속하여 두 팔의 긴장을 완전히 풀도록 한다.)

홀수-짝수 부르기

이것은 최면의 깊이를 강화할 수 있는 기법이다. 실험자가 '하나'를 시작으로 하여 홀수를 셀 때는 눈을 뜨게 하고 '둘'로 시작하여 오른쪽 손의 엄지와 중지를 활용하여 손가락 부딪치기를 하면서 짝수를 셀 때는 눈을 감도록 한다. 숫자가 올라갈수록 내담자는 눈이 무거움을 느끼며 눈 뜨기가 어렵게 될 것이다. 그렇게 되면 내담자는 최면상태로 깊이 들어간다는 것을 알 수 있다. 그래서 그가 더 이상 눈을 뜰 수 없을 때까지 이 과정을 반복해야 한다.

이제 숫자를 세겠습니다. 홀수에 눈을 뜨고 짝수에 눈을 감습니다. 다만 짝수를 말할 때는 손가락을 이렇게 '딱' 하고 부딪치는 신호를 주겠습니다. 자, 시작합니다. 하나, 눈을 뜨세요. 둘 (딱!), 눈을 감으세요. 더 깊이.. 더 깊이… 셋…. 넷 (딱!)… 더 깊이… 더 깊이… 다섯… 여섯 (딱!)… 더 깊이… 더 깊이…

(이상과 같은 과정을 내담자가 최면에 걸릴 때까지 계속 시행한다. 내담자가 눈을 감은 상태에서 더 이상 뜨지 못할 때 다음과 같은 암시를 준다.)

자, 당신은 이제 아주 이완된 느낌을 느낍니다. 그리고 더 깊은 최면 상태로 들어갑니다.

어깨 누르기

이것은 피험자의 어깨를 누르는 동안에 최면으로 유도하는 기법이다. 그러므로 먼저 피험자에게 어깨를 누를 것이라는 예고를 하는 것이 중요하다.

자, 저는 이제 당신의 등 뒤에 이렇게 서서 오른손을 당신의 오른쪽 어깨 위에 올려놓겠습니다. 그러면 당신은 깊이 숨을 들이마셨다가 잠시 숨을 멈추세요. 멈추고… 그리고 제가 이렇게 손으로 어깨를 살짝 누르면 숨을 천천히 내쉬도록 하십시오. 천천히 숨을 내쉬십시오. 천천히… 천천히… 그렇게 하는 동안에 당신은 더 깊이… 더 깊이… 이완됩니다… 이제 다시 왼쪽 어깨 위에 손을 올리겠습니다. 깊은 숨을 들이마셨다가 멈추십시오. 숨을 멈추시고… 다시 어깨를 누를 때 숨을 천천히 내쉬십시오. 그러면서 당신은 더 깊이… 더 깊이… 들어가십시오…

사라지는 숫자

당신의 몸은 이완되었습니다. 이제는 마음을 이완시키도록 하겠습니다. 제가 당신의 이마를 손가락으로 살짝 찌르겠습니다. 그러면 당신은 100부터 역으로 세어 내려가십시오. 그리고 하나씩 숫자를 세어 내려갈 때마다 더 깊이… 더 깊이… 라고 말하십시오. 그러면 그 숫자가 마음에서 사라질 것입니다. 당신이 더 깊이… 더 깊이… 라고 말할 때마다 당신은 더 깊이 이완되고 최면 속으로 들어갈 것입니다. 이제 시작하겠습니다.

(손가락 끝으로 피험자의 이마를 부드럽게 찌른다.)

100부터 시작하십시오….

(피험자가 숫자를 세어 내려가는 상황을 보면서 적절히 그를 격려하고 강화해 주는 것이 좋다. 그래서 좋아요! 더 천천히… 천천히… 라고 말해 주는 것은 도움이 된다. 그리고 다음과 같이 말해 주면 좋다.)

계속 그렇게 하는 동안에 숫자는 하나씩 사라지고… 당신은 더 깊이 이완됩니다. 그리고 깊은 최면상태로 들어갑니다… 더 깊이…

의식과 무의식의 상반된 메시지

이것은 피험자에게 심적 혼란상태를 조성함으로써 최면으로 들어가게 하는 기법이다. 특히 의식의 마음에게는 잊고 유도의 말을 듣지 말라고 하면서 무의식의 마음은 모든 것을 기억하고 경청하라고 암시를 준다. 이렇게 별도의 상반된 메시지를 의식과 무의식에게 각각 전함으로써 의식상의 혼란을 조성하고 결과적으로 최면으로 유도하는 효과를 거두게 하는 것이다.

이제 눈을 감으세요. 그리고 마음이 가는 대로 따라가십시오. … 당신은 온갖 것들을 의식합니다. … 그러면서 아무것도 의식하지 않습니다… 당신은 무의식의 마음으로 이 말을 듣고 있습니다…. 그동안에 당신의 의식의 마음은 휴식을 하고 아무것도 듣지를 않습니다…. 의식의 마음은 멀리멀리 떠나갑니다. 그래서 이곳으로부터 점점 멀어져 갑니다. 그래서 내가 하는 말이 점차로 희미하게 들립니다. 내 말에 대한 관심이 점차로 사라집니다. 반면에 무의식의 마음은 점차로 뚜렷해지고 살아납니다. 내 말을 분명하게… 또렷하게 듣습니다. 의식의 마음은 점점 더 이완되고 평화롭게 이완됩니다… 점점 더 이완됩니다. 편안하게… 더욱 깊이 이완됩니다…. 의식이 이완되고 깊은 휴식을 취할 수 있는 것은 무의식의 마음이 모든 것을 책임지고 있기 때문입니다.

무의식의 마음이 그렇게 하는 동안에 모든 생각이 의식의 마음에서 사라지고 벗어납니다. 무의식의 마음은 모든 것을 듣고 행합니다. 무의식의 마음이 그렇게 듣고 책임을 지기에 의식의 마음은 할 것이 아무것도 없고 알아야 할 것도 없습니다. 그리고 지금 이 순간 아무것도 알고 싶지 않습니다. 오직 무의식이 모든 것을 알고 느낄 수 있도록 하십시오. 의식의 마음에게는 얼마나 다행스런 일입니까? 당신은 무의식 속에 무한한 잠재력을 갖고 있습니다. 의식이 할 수 없는 엄청난 일을 할 수 있습니다. 마치 컴퓨터처럼, 모든 것을 기억하고 모든 것을 할 수 있습니다만 의식의 마음은 할 수 없습니다. 의식의 마음은 아무것도 기억할 수 없고 모든 것을 너무나 쉽게 망각합니다. 당신이 망각할 때 다른 것을 기억할 수 있습니다. 이 모든 것은 복잡합니다. 그러면서도 참으로 간단합니다. 당신이 기억하고자 하는 것은 기억할 수 있습니다. 그러나 잊기를 원하는 것은 잊어도 상관없습니다. 기억할 필요가 없습니다. 무의식은 당신이 알기를 원하는 것은 무엇이든 자동적으로 기억합니다. 무의식으로 하여금 기억하도록 할 수 있습니다. 그리고 의식의 마음은 최면에 들어가서 깊이 잠들고 마치 건넛방에 있는 라디오를 듣는 기분으로 휴식하고 있습니다. 당신이 무의식의 마음으로 내 말을 듣고 있는 동안에 의식의 마음은 아주 멀리 사라졌습니다. 이러한 마음의 상태를 경험하면 손가락을 들어 주세요.

(만약 손가락을 들지 않으면 유도작업을 계속 한다.)

알파벳 거꾸로 외기

이것은 의식의 상태에서 심적 혼란상태를 조성함으로써 최면상태로 몰고 가는 또 다른 기법이다. 다음과 같이 해 보자.

눈을 감고 다음과 같이 해 보십시오. 영어 알파벳을 거꾸로 외워 보십시오. 그와 동시에 숫자는 처음부터 세어 나가십시오. 예를 들어 Z1, Y2, X3… 과 같이 해보십시오. 편안한 심신의 상태에서 알파벳과 숫자가 사라지기 시작할 때까지, 또는 마음이 몽롱해지고 숫자와 알파벳을 더 이상 생각하기 싫을 때까지 계속 하십시오. 만약 하기 싫은 마음이 들고, 잘 되지 않는다면 그것은 최면에 들어가고 있다는 증거입니다. 그렇게 되었다고 생각되면 손가락을 들어보십시오… 더 깊이… 더 깊이…

머리 돌리기

이 기법은 실험자가 피험자의 바로 옆자리에 함께 앉아서 오른쪽 손을 목에 살짝 감싼 상태에서 시작할 수 있다. 이때 왼손은 그의 왼쪽 어깨에 올려놓은 상태를 유지한다. 그리고 그가 눈을 뜬 상태에서 먼저 그의 이마를 실험자의 오른쪽 어깨 쪽으로 잡아당기는 동작을 취해 보는 연습을 함으로써 실험을 시작할 수 있다.

당신은 나의 눈을 똑바로 쳐다보십시오. 그리고 계속 바라보십시오. 이제, 깊은 숨을 편안하게 들이마십시오.

(이때 실험자도 피험자와 함께 호흡을 같이 한다.)

천천히 숨을 마시며 가슴을 가득 채우십시오. 이제 숨을 내쉴 때에 아주 기분좋은 이완감을 충분히 느끼십시오. 머리 끝에서 발끝까지 이완감이 퍼져나갑니다.

이제 다시 깊은 숨을 들이마십시오. 그리고 잠깐 멈추고… 기다리십시오. 이제 숨을 내쉬면서 다시 한 번 온몸으로 깊은 이완감을 느끼도록 하십시오.

다시 한 번 더 숨을 들이마십시오.

(숨을 깊이 마시는 절정의 순간에 피험자의 머리를 앞으로 살짝 잡아당기고 소리를 지른다.)

잠 속으로 들어가세요!

(이제 오른손을 머리 위에 올린 상태에서 부드럽게 머리를, 한번은 시계방향으로 또 한번은 반대방향으로 돌리도록 한다. 이러한 움직임을 반복하는 동안에 다음과 같이 말한다.)

더 깊이… 더 깊이… 당신은 더 깊은 최면 속으로 들어갑니다. 잠시 후에 당신은 등 뒤쪽으로 기대면서 안락감을 크게 느끼십시오.

시선 마주치기

실험자는 피험자와 함께 시선을 마주친 상태에서 그를 최면으로 유도한다. 다시 말해서 피험자는 다음과 같이 실험자의 두 눈을 마주보는 동안에 최면 유도를 받게 된다:

A : 나의 눈을 바라보십시오. 내 눈에서 눈을 떼지 말고 계속 바라보면서 깊은 숨을 들이마셔 보십시오. 깊은 숨을 마십니다.

(이때 실험자도 피험자와 함께 호흡을 같이 한다.)

계속해서 나의 눈을 바라보면서 숨을 들이마시고, 가슴이 가득참을 느끼십시오. 그리고 숨을 내쉬는 동안에 아주 편안한 이완감이 머리끝에서 발끝까지 온 몸으로 퍼져 나가는 것을 느끼십시오. 이제 나는 다섯에서 하나까지 숫자를 세어 내려가겠습니다. 하나씩 내려갈 때마다 당신의 눈꺼풀은 무거워지고 밑으로 처지면서, 눈의 초점이 흐려지고…눈을 감고 싶어질 것입니다. 그리고 마지막 하나가 될 때 당신은 더욱 깊은 이완상태로 들어가게 될 것입니다. 이전보다 더 깊이 말입니다. 자, 이제 시작합니다. 다섯… 눈꺼풀이 무겁습니다. 점점 더 무거워집니다. 그래서 눈이 따갑고 눈이 깜박여집니다. 넷…. 눈꺼풀은 더 무겁고… 눈은 더 자주 깜박여집니다… 셋… 눈이 더 자주 깜박여집니다. 당신은 더욱 더 이완의 상태로 들어갑니다… 둘… 눈꺼풀이 더 무거워지면서… 눈이 따갑고…. 눈이 더 자주 깜박여지면서… 눈을 감고 싶은 마음이 자꾸만 생깁니다… 당신은 지금 아주 눈이 무겁습니다… 하나… 눈이 감기고… 더욱 더 편한 이완상태로 들어갑니다… 더 깊이… 더 깊이… 더 깊이…. 편안한 이완상태를 경험하고 그 속으로 깊이 들어가십시오… 아주 편하고 좋습니다….

B : 자, 나의 눈을 똑바로 쳐다보십시오. 당신은 이제 나의 두 눈을 바라보면서 내 목소리에 귀를 기울입니다… 처음에는 다소 어색할 것입니다. 당신은 그것을 압니다. 그러나 어색하다는 것을 알기 때문에 오히려 견딜 수 있습니다. 시간이 지나면서 차츰차츰 처음보다 훨씬 더 편안해질 것입니다. 당신은 내 목소리를 들으면서 계속 내 눈을 바라볼 때에 차츰차츰 더 편안해짐을 느낍니다. 처음보다 더 익숙해진 목소리를 들으면서 당신은 점점 더 편안해집니다. 처음보다 더 편안한 마음으로 내 눈을 바라봅니다. 마음이 편안해질수록 눈의 초점은 점차로 흐려집니다. 눈의 초점이 흐려진다는 것은 마음이 편안해진다는 것이기에 기분이 좋습니다. 나의 말을 들을수록 내 목소리가 더욱 더 편안하게 들리며 점차로 귓전에서 맴도는 소리로 변합니다.

눈꺼풀이 무거워집니다. 마음이 편할수록 눈은 더욱 무거워지고… 눈이 자꾸 감기려고 합니다. 눈동자의 초점이 흐려지면서 눈이 깜박여지고…. 눈이 따가워지고…. 그럴수록 눈을 감고 싶습니다. 눈동자를 바라볼수록 더욱 눈의 초점은 흐려지고… 눈꺼풀은 무겁고… 눈이 따갑고…

눈이 자주 깜박여지고… 마음은 더욱 더 편안하고… 눈을 감고 싶습니다… 서서히 눈이 감깁니다… 나의 말을 듣는 동안에 저절로 눈이 감깁니다. 눈을 감을 때 아주 깊고 편안한 이완 속으로 빠져듭니다. 아주 편안한 이완을 경험하십시오… 참으로 편안합니다… 머리끝에서 발끝까지 온몸으로 퍼져 가는 이완감을 경험하십시오…"

4. 주요 최면 유도 기법들

이 장에서는 독자들이 실제로 최면을 유도할 수 있는 방법들을 익히도록 돕기 위하여 몇 가지의 대표적인 기법들을 소개하고자 한다. 최면유도를 위한 기법의 종류는 무수히 많으며, 실제로 각 최면사마다 즐겨 사용하는 기법이 다를 수 있으므로 여기서 소개되는 것들이 기법의 전부라거나 절대적인 것이라고 생각할 필요는 없다.

독자들은 아래에 제시된 기법들을 잘 익힌 다음에 그것을 자기 자신에게 적용하여 스스로 실시할 수도 있다. 그러나 사전 경험이 없는 경우에는 그렇게 하는 것이 쉽지가 않다. 처음에는 전문가나 경험자로부터 도움을 받아서 실시하는 것이 좋다. 그렇게 하는 것이 스스로 몇 번 시도해 본 후에 잘 안 되어 좌절하여 포기하는 것보다는 낫다. 사실 대부분의 사람들은 교육이나 훈련을 받지 않고 혼자서 이런 기법들을 시도해 보다가 실패하거나 잠을 자 버리는 경향이 많으므로 전문가나 경험자의 지도가 반드시 필요한 것이다.

그럼에도 불구하고 주변에서 경험자를 만나기가 쉽지 않으므로 스스로 시도해 볼 수밖에 없을 때, 아니면 최면을 경험한 후에라도 혼자서 해 보고자 할 때는 아래에 제시되는 유도문의 내용을 깨끗하게 녹음하여 그 녹음 테이프를 들으면서 스스로 최면 유도를 할 수도 있을 것이다. 그러나 중요한 일을 하거나 자동차 운전 중에는 듣지 않도록 해야 한다. 왜냐하면 사고의 위험이 있기 때문이다.

그리고 최면을 하다가 그대로 잠을 자도 괜찮을 때를 제외하고, 반드시 깨어나야 할 경우에는 앞으로 얼마의 시간 후에(예를 들어, 20분 후에) 반드시 깨어날 것이라고 생각을 하거나 마음으로 미리 암시를 주고 최면에 들어가는 것이 좋을 것이다. 그렇지 않으면 꼭 깨어나야 하는 상황에서 깨어나지 못하여 곤란한 경우를 경험할 수도 있기 때문이다. 그것은 마치 소풍이나 여행을 가기 전날, 또는 대단히 중요한 일을 앞둔 전날 밤에, 다음날 아침 몇 시에 깨어날 것이라고 마음을 단단히 먹고 잠이 들면 신기하게도 거의 틀림없이 그 시각에 깨지는 것과 같은 원리이다.

최면치료를 위하여 최면을 유도할 때 치료자는 모든 유도기법들을 다 사용할 필요는 없다. 이 중에서 가장 자신 있고, 내담자에게 가장 적합하다고 생각되는 기법을 중심으로 사용하면 된다. 단 한 가지라도 내담자에게 맞는 것을 골라 제대로 실시하는 것이 좋다. 누구라도 한 번 가 보았던 길이나 장소는 쉽게 찾아갈 수 있고, 자기에게 편한 길이 있듯이 최면 유도에서도 마찬가지이다.

최면을 실시하기 위해서는 효과적인 최면조건에 해당하는 심리적, 물리적 제조건들을 최대한으로 갖출 필요가 있다. 편안하게 눕는 자세가 가장 좋은데, 신체적인 이완이 최대로 잘 이루어지는 자세이기 때문이다. 그러나 경우에 따라 사무실과 같이 바닥에 눕기가 곤란한 장소에서는 긴 소파에 눕게 하거나 안락의자에 비스듬히 기대게 하는 방법, 일반 의자에 앉게 하는 방법을 사용해도 좋다. 어느 경우든 가능하면 몸의 편안함을 최대로 느낄 수 있게 하는 자세가 바람직하다. 그리고 가벼운 담요 같은 것을 내담자의 몸에 덮어 주는 것이 보온과 함께 눈을 감은 채로 자신의 몸을 상대방에게 노출시키는 데서 오는 심리적 불편감을 해소시키고 안정감을 주기 위해서라도 좋다.

효과적인 최면 유도를 위해서는 먼저 심신의 이완이 충분히 이루어져야 하므로 여기서는 먼저 이완 기법을 몇 가지 소개한 다음에 간단한 최면 유도 기법을 소개할 것이다. 이러한 기법들은 최면 유도를 위한 목적뿐만 아니라 명상을 위한 방법으로도 활용될 수가 있다.

(1) 이완 기법

이완 기법은 문자 그대로 몸과 마음을 이완하고자 할 때 사용하는 기법이다. 이것이 제대로 되면 쉽게 최면으로 연결되기 때문에 최면 유도 과정의 초기에 즐겨 사용되기도 한다. 그러나 꼭 최면이 아니라 하더라도 명상을 하거나 휴식을 취하고 스트레스를 해소하고자 할 때, 또는 정신집중이 필요할 때나 잠을 잘 이루지 못할 때도 도움이 된다. 이완 기법을 활용하면 쉽게 잠으로 연결이 되므로 잠이 오면 그대로 잠을 자도 좋다. 다만 잠을 자서는 곤란한 상황에서는 잠을 자지 않겠다고 마음의 작정을 하고 이완에 들어갈 필요가 있다.

이완 기법의 효과를 극대화하기 위해서는 적절히 눈을 감은 채로 명상음악을 활용하면 좋을 것이다. 가능하면 좋아하는 음악을 한두 가지 정도 정하여 연습할 때 계속 들으면 나중에는 그 음악을 듣기만 해도 저절로 이완이 되고 명상으로 들어가거나 최면에 걸리는 것을 경험하게 된다. 그러므로 특정의 음악을 정하여 듣도록 권하는 바이다.

점진적 신체이완 기법

이 방법은 가장 보편적으로 활용될 수 있는 신체이완 기법이다. 여기서 중요한 점은 치료자가 내담자의 신체적 상황을 잘 살피면서 조심스레 천천히 유도를 해야 한다는 것이다.

> 눈을 감으십시오. 그리고 천천히 심호흡을 하십시오. 가볍게 숨을 들이마시고…. 천천히 내뿜으십시오…. 아랫배 쪽에 의식을 집중하고 천천히 숨을 들이마셨다가 내뿜으십시오. 가능하면 숨을 끝까지 들이마셨다가 또 끝까지 내뿜도록 하십시오. 그러나 호흡을 하느라 긴장을 하거나 힘을 주지는 마십시오. 아랫배 속에 풍선이 하나 들어 있다고 생각하

십시오. 그리고 숨을 들이마실 때에는 그 풍선에 바람이 들어가서 풍선이 커진다고 생각해 보십시오. 동시에 숨을 내쉴 때에는 풍선의 바람이 다 빠져나간다고 생각해 보십시오. 좋습니다. 그렇게 생각하면서 계속 심호흡을 합니다….

이제 머리끝에 의식의 초점을 두십시오. 머리끝의 힘을 빼십시오. 이번에는 이마의 힘을 빼십시오. 눈꺼풀의 힘을 빼십시오. 눈동자의 힘을 빼십시오. 두 뺨의 힘을 빼십시오. 입술의 힘을 빼십시오. 혀의 힘을 빼십시오. 목구멍의 힘을 빼십시오. 치아의 힘을 빼십시오. 턱의 힘을 빼십시오. 목의 힘을 빼십시오.

어깨의 힘을 빼십시오. 두 팔의 힘을 빼십시오. 두 팔꿈치의 힘을 빼십시오. 두 손목의 힘을 빼십시오. 두 손바닥의 힘을 빼십시오. 열 개 손가락의 힘을 빼십시오. 완전히 빼십시오….

이제 가슴의 힘을 빼십시오. 배의 힘을 빼십시오. 아랫배의 힘을 빼십시오. 가슴과 배와 아랫배의 힘을 완전히 빼십시오. 이제는 등의 힘을 빼십시오. 허리의 힘을 빼십시오. 엉덩이의 힘을 빼십시오. 허벅지의 힘을 빼십시오. 두 무릎의 힘을 빼십시오. 두 종아리의 힘을 빼십시오. 두 발목의 힘을 빼십시오. 두 발바닥의 힘을 빼십시오. 열 개의 발가락의 힘을 빼십시오. 완전히 힘을 빼십시오.

이제 당신은 머리끝에서 손끝까지 그리고 발끝까지 온몸의 힘이 빠졌습니다. 온 몸의 힘이 빠진 당신은 몸과 마음이 편안합니다. 그 편안함을 마음껏 느끼고 경험하십시오……

숫자 거꾸로 세기

이 방법은 특히 분석적이거나 논리적, 이성적인 사람에게 적합하다. 이런 사람들은 일반적인 유도방법으로는 최면에 잘 걸리지 않는 특성이 있기 때문에 오히려 숫자를 세는 것과 같이 비교적 논리적인 최면 유도법이 도움이 될 수 있다.

눈을 감으십시오. 그리고 심호흡을 하십시오. 온몸의 힘을 빼고 편안한 몸과 마음으로 심호흡을 계속하십시오….

자, 눈앞에 커다란 칠판을 하나 만들고 상상하십시오. 전방 10미터쯤에 칠판이 있다고 상상하고 느껴 보십시오. 그리고 그 칠판 한가운데에 커다란 동그라미를 하나 그려 놓으십시오…. 이제 그 동그라미 속에 숫자를 하나씩 써 넣습니다. 100부터 거꾸로 한자씩 내려갈테니 해당하는 숫자를 써 넣으십시오. 정신을 집중하고 그 장면을 마음의 눈으로 잘 보십시오. 그리고 느끼십시오. 숫자가 하나씩 내려갈 때마다 당신은 더욱 더 이완되고 편안해질 것입니다. 그리고 더욱 깊은 최면상태로 들어갈 것입니다.

단, 숫자가 나타날 때는 숨을 들이마시고 그 다음에 숨을 내쉴 때는 그 숫자가 없어지는 것을 상상하십시오. 그리고 다음의 숫자가 나오면 다시 숨을 마시고 또 내쉬는 식으로 호흡을 천천히 하십시오. 그리고 중간에 숫자의 순서를 놓치지 않도록 하십시오. 그래서 내려갈 수 있을 때까지 가도록 합니다. 숫자가 내려가면 갈수록 더욱더 이완되고 편안해짐을 느낍니다. 그리고 더욱 깊은 최면상태로 들어갑니다.

그리고 최종적으로 1까지 내려갔으면 그만두고자 할 때까지 다시 처음의 100부터 시작할 수 있을 것입니다. 이제 시작합니다.

100…. 숫자가 동그라미에 쓰여지는 장면을 보면서 숨을 내쉬십시오. 그리고… 숨을 들이마실 때는 숫자가 지워지는 장면을 상상하고 느끼십시오.

99…. 98…. 97…. 96…. 95…. 94…. 93…. 92…. 91…. 90….
89…. 88…. 87…. 86…. 85…. 84…. 83…. 82…. 81…. 80….
79…. 78…. 77…. 76…. 75…. 74…. 73…. 72…. 71…. 70….
……….

천장 응시 기법

이 방법 또한 숫자 거꾸로 세기와 같이 논리적, 분석적, 이성적인 사람에게 적합하다. 이 기법은 천장의 특정한 점을 막연히 바라보는 동안에 생리적으로 눈의 피로가 쌓이게 됨으로써 자연스럽게 이완상태가 조성되면서 최면으로 들어갈 수 있는 원리를 활용한 것이다. 따라서 논리적인 분석을 하는 내담자들도 다소의 시간이 걸릴지라도 이런 방법을 통해 비교적 쉽게 최면 유도를 할 수 있다.

이 기법에서 한 가지 주의할 점은 내담자로 하여금 자신의 눈동자보다 약간 위쪽에 있는 천장의 특정한 점에 집중하도록 한다는 것이다.(천장 대신에 촛불이나 벽시계의 시계바늘, 벽의 사진과 같은 특정한 대상물을 바라보도록 해도 좋다). 그리고 가능하면 한번 고정된 머리나 눈동자는 움직이지 않도록 해야 한다. 그렇게 하는 것이 눈의 피로를 빨리 유도할 수 있기 때문이다.

심호흡을 하면서 온몸의 힘을 빼십시오. 그리고 가벼운 마음으로 정면의 천장을 바라보십시오. 바로 바라보이는 지점보다 위쪽으로 약간 눈을 올리되 힘들지 않은 정도의 높이에서 어느 한 점에 눈을 고정시키십시오. 그리고 그 점을 응시하십시오.

심호흡을 계속하면서 천장의 점을 계속 바라보십시오. 눈에 힘을 빼고 가벼운 마음으로 응시하십시오. 계속 바라보십시오……. 점에 고정된 눈에 힘이 들어가지 않도록 하면서 멍하게 바라보십시오. 계속….

차츰 차츰 눈이 따갑고 눈이 깜빡여짐을 느끼십시오. 눈이 따갑습니다. 눈이 따갑습니다. 그리고 눈이 깜박여집니다. 눈이 따갑고 깜박여집니다. 느끼십시오. 그리고 경험하십시오.

눈에서 눈물이 나기도 합니다. 눈이 따갑고…. 눈이 깜박여지고…. 눈물이 납니다…. 계속 응시하십시오……

이제 더 이상 눈을 뜨고 있기가 힘이 듭니다. 눈을 감고 싶습니다. 눈을 감고 싶으면 감아도 좋습니다. 이제 눈을 감으십시오. 천천히…. 그리고 심호흡을 하면서 더욱 편안해짐을 느끼십시오…. 눈을 감은 만큼 당신은 이완되고 편안합니다…. 온몸과 마음이…. 그리고 깊은 최면으로 들어갑니다. 호흡을 할 때마다 더욱 더 깊은 최면으로 들어갑니다.

(2) 기타 최면 유도 기법

엘리베이터 기법

이 방법은 앞에서 소개한 이완 기법을 사용한 다음에 연결하여 활용하는 것이 좋다. 충분히 이완된 후에 이 기법으로 자연스레 연결될 수가 있다. 단, 고소공포증이 있는 사람에게는 이 방법을 피하는 것이 좋다. 가능하면 느린 속도로 천천히 하도록 하라.

자, 높은 빌딩을 상상하십시오. 그 빌딩에는 엘리베이터가 있습니다. 엘리베이터를 상상하십시오. 이제 그 엘리베이터를 타고 가장 아래층으로 내려갈 것입니다. 엘리베이터를 타는 장면을 상상하십시오. 이제 '열' 부터 '하나' 까지 세어 내려가겠습니다. 하나씩 세어 내려갈 때마다 당신은 엘리베이터를 타고 밑으로 내려간다고 상상하고 느끼도록 해 보십시오. 그리고 그렇게 할 때마다 당신은 더욱 깊이 이완되고 더욱 더 편안해짐을 느끼게 됩니다. 하나씩 내려갈 때마다 당신은 더욱 더 깊이 이완됩니다. 당신은 더욱더 편안해지고 깊은 최면상태로 들어갑니다. 이제 시작하겠습니다.

열…. 당신은 엘리베이터를 탔습니다. 그리고 아래층의 단추를 누르십시오. 문이 닫히고 엘리베이터가 움직이는 것을 느껴 보십시오. 움직이는 소리가 들립니다. 흔들림이 느껴집니다. 느끼고 경험하십시오.

아홉…. 엘리베이터가 밑으로 내려갑니다. 느끼고 경험하십시오…. 그리고 당신은 더욱더 이완되고 편안해짐을 느끼십시오.

여덟…. 엘리베이터가 계속해서 내려가고 있습니다……더욱더 이완됩니다. 그리고 더 깊은 최면상태로 들어갑니다. 느끼십시오.

일곱…. 엘리베이터가 점점 더 밑으로 내려갑니다. 느끼십시오….

여섯…. 더 아래로…. 더 아래로…. 내려갑니다…. 느끼십시오…. 그리고 경험하십시오.

다섯…… 넷…. 셋…… 좋습니다. 엘리베이터는 계속해서 더 아래로, 더 아래로… 더 아래로…. 더 아래로…. 내려가고 있습니다. 느끼고 경험하십시오….

둘…. 계속 내려가고 있는 엘리베이터의 소리를 듣고 움직임을 느껴 보십시오……

하나…. 이제 가장 아래층까지 다 내려왔습니다……. 당신은 아주 깊은 이완을 경험하고 있습니다. 그리고 깊은 최면상태로 들어갔습니다. 느끼십시오. 그리고 이제 출입문이 열립니다…. 바깥으로 나오십시오…… 바깥의 풍경을 바라보십시오….

계단 기법

계단 기법은 엘리베이터 기법 대신에 활용할 수 있는 좋은 방법이다. 특히 피험자가 엘리베이터와 같이 좁고 갇힌 공간을 싫어하거나 기계적 장치에 대한 거부감을 갖고 있다면 계단 기법이나 뒤에서 나올 산길 기법을 활용하는 것이 좋을 것이다. 이 방법을 위해서는 어떤 계단이든 아래로 내려가는 계단을 상상하게 하면 되는데, 피험자가 특히 어두움에 대한 두려움이 없다면 지하로 연결되는 계단을 상상하게 하고 다음과 같은 유도를 하면 된다.

자, 온몸의 긴장을 풀고 편안히 심호흡을 하십시오. 천천히 심호흡을 하면서 내 말에 집중하십시오. 이제 당신은 계단을 걸어 내려가는 상상을 하십시오. 계단의 제일 위에 서서 가장 아래층의 지하실까지 내려가도록 하겠습니다. 내가 말하는 대로 상상하고 느끼도록 해 보십시오. 열부터 하나까지 거꾸로 세어 내려가겠습니다. 하나씩 셀 때마다 아래로 내려간다고 상상하고 느끼십시오. 그리고 마지막 하나에 가장 밑의 지하실에 도착하겠습니다. 깜깜한 지하실말입니다. 아래로 내려갈수록 당신은 더욱 깊이 최면으로 들어갈 것입니다. 자, 이제 시작하겠습니다.

열, 당신은 한 걸음씩 한 걸음씩, 아래로… 아래로… 내려가고 있습니다. 내려가는 느낌, 계단을 밟는 발의 느낌을 상상하고 느껴 보십시오.

아홉, 더 아래로… 더 아래로… 천천히 내려가면서 계단 주변과 아래를 상상하고 느껴 보십시오. 아래로 내려갈수록 당신은 더욱 깊이 이완됩니다… 그리고 더욱 깊은 최면상태로 들어갑니다.

여덟, 더 아래로… 더 아래로…

일곱, 더 아래로… 더 아래로… 당신은 더욱 깊은 최면으로… 들어갑니다.

여섯, 당신은 계단을 따라 더 아래로… 내려가고 있습니다. 한 걸음씩 한 걸음씩 계속하여 내려가십시오.

다섯, 더 아래로… 더 아래로… 이제 제법 많이 내려왔습니다. 지금 계단 아래로 보이는 모습이 어떻습니까? 상상되는 대로 생각하십시오. 계단 위에서 내려다 보는 느낌과 지금의 느낌은 어떻게 다른지 상상해 보십시오.

넷, 더 아래로… 더 아래로… 더 깊은 최면상태로… 더 깊이… 더 깊이…

셋, 더 아래로… 더 아래로… 더 깊이… 더 깊이…

둘, 더 아래로… 더 아래로… 이제 거의 아래까지 다 내려오고 있습니다. 곧 바닥층에 도달하겠습니다.

하나…. 이제 가장 밑의 계단까지 완전히 도착했습니다. 그곳에 서 있는 당신의 느낌은 어떠합니까? 깜깜한 계단 아래, 지하실에 당신은 서 있습니다. 그 기분을 느껴 보십시오.

산길 기법

필자의 경험으로는 엘리베이터에 익숙하지 않은 사람들, 자연을 좋아하는 사람들에게는 오히려 산길을 내려오거나 비탈언덕을 내려오는 장면을 상상하게 하는 것이 훨씬 효과적이다. 특히 시골에서 자랐거나 시골 생활에 익숙한 사람들에게는 엘리베이터기법이 오히려 방해가 될 수도 있음을 명심할 필요가 있다.

이 경우에는 숫자를 하나씩 세어 내려갈 때마다 산길이나 비탈언덕을 조금씩 걸어 내려간다고 생각하면 된다. 가능하면 피험자가 비탈언덕이나 산길을 내려갈 때의 느낌을 느끼고, 그때마다 주변의 풍경들이 어떻게 달리 보이는지 주의하도록 하면서 실시할 수가 있다.

여기에서는 산길 기법을 소개하는데, 산길 기법 대신에 비탈언덕길을 내려오는 것으로 바꾸어서 사용해도 좋을 것이다.

자, 심호흡을 하십시오. 그리고 온몸의 긴장을 풀고 내 말에 집중하십시오. 높은 산 정상에 서 있는 자신을 상상하십시오. 산 아래를 살펴보고 무엇이 보이는지를 상상해 보십시오. 멀리 산등성이, 들판, 강과 같은 것이 상상됩니까? 무엇이든 상상이 되는 대로 생각하십시오. 나무가 있습니까? 풀이 있습니까? 새가 지저귀는 소리가 들립니까? 산 위에서 부는 바람을 느끼면서 이제 산 아래로 산길을 따라 내려가 보겠습니다.

열부터 하나까지 거꾸로 세겠습니다. 하나씩 세어 내려갈 때마다 산길을 따라 한 걸음씩 걸어 내려간다고 상상하십시오. 그리고 가능하면 그 느낌을 느껴 보십시오. 그리고 아래로 내려갈수록 당신은 더 깊은 최면상태로 들어갈 것입니다. 이제 시작하겠습니다.

열, 당신은 한 걸음씩 한 걸음씩, 아래로… 아래로… 내려가고 있습니다. 내려가는 느낌, 산길을 밟는 발의 느낌을 상상하고 느껴 보십시오.

아홉, 더 아래로… 더 아래로… 천천히 내려가면서 주변의 풍경을 상상하고 느껴 보십시오.

여덟, 더 아래로… 더 아래로… 아래로 내려갈수록 당신은 더욱 이완됩니다… 그리고 깊은 최면상태로 들어갑니다.

일곱, 더 아래로… 더 아래로…

여섯, 당신은 산길을 따라 더 아래로… 내려가고 있습니다. 주위의 나무를 보십시오. 풀을 보십시오. 산새 소리를 들으면서 계속하여 내려가십시오. 아래로 내려갈수록 당신은 더욱 깊은 최면상태로 들어갑니다.

다섯, 더 아래로… 더 아래로… 이제 제법 많이 내려왔습니다. 지금 산 아래로 보이는 풍경들이 산 정상에서 보던 모습과 어떻게 다른지 상상해 보십시오. 멀리서 보이던 모습들이 더 가깝게 보인다고 생각하고 상상하십시오.

넷, 더 아래로… 더 아래로… 당신은 더 깊은 최면으로 들어갑니다.

셋, 더 아래로… 더 아래로… 더 깊은 최면으로 들어갑니다. 더 깊이… 더 깊이…

둘, 더 아래로… 더 아래로… 이제 거의 산 아래까지 다 내려오고 있습니다. 저쪽에서 들판의 모습, 논과 밭의 모습들이 보입니다. 곧 평지에 도달하겠습니다.

하나…. 이제 산 아래까지 완전히 도착했습니다. 당신은 이제 들판으로 내려왔습니다. 주변의 풍경을 상상해 보십시오.

선호 장소 회상 기법

선호 장소란 자기가 가장 마음 편하게 생각하고, 가 보고 싶은 장소를 말한다. 이완 기법을 활용한 후에 이 기법을 연결하여 사용할 수도 있고, 앞의 엘리베이터 기법에서 마지막 순간에 출입문이 열릴 때 바

끝으로 나온 후에 이 기법으로 연결하여 유도를 해도 좋다. 또는 산길이나 비탈언덕, 계단을 사용하였을 때는 마지막에 가장 아래의 지점에 도달했을 때 이 기법으로 연결하여 선호 장소로 가 보자고 유도하면 좋을 것이다.

당신이 평소에 가 보기를 원하고 또 가 보고 싶은 장소, 즉 선호 장소가 있습니까? 그 장소를 회상하고 떠올려 보십시오. 어디라도 좋습니다. 당신이 정말로 가기를 원하고 또 가면 마음이 편해지고 기분좋고 행복하게 느낄 수 있는 곳이면 좋습니다. 당신이 자주 가는 곳이거나 가 본 곳일 수도 있고 한 번도 가 보지 않은 곳일 수도 있습니다.

그곳이 산일 수도 있고…. 바다일 수도 있습니다…. 넓은 호숫가일 수도 있고 넓은 잔디밭이나 들판일 수도 있습니다. 당신의 고향일 수도 있고…. 당신의 집, 방 안일 수도 있습니다.

교회나 성당 또는 절일 수도 있습니다. 어디라도 좋습니다. 당신이 가장 좋아하는 곳, 가장 마음 편하게 가 보고 싶은 곳을 떠올려 보십시오…… 그런 장소가 떠오르면 오른쪽 엄지손가락을 가볍게 들었다가 놓아 주십시오.

만약에 잘 떠오르지 않으면 그냥 생각만 해도 좋습니다. 가볍게 심호흡을 하면서 생각을 해 보십시오. 그러면 무엇인가 생각이 날 것입니다. 그리고 경우에 따라 시각적으로 장면이 보일 수도 있을 것입니다. 그러면 그 장면을 잘 보십시오. 안 보여도 괜찮습니다. 언제라도 그런 장소가 상상이 되거나 떠오르면 오른쪽 엄지손가락을 들어봐 주십시오.

(피험자가 엄지손가락을 드는 것이 확인된 후에)

좋습니다…. 이제 당신은 그 장소에 머무십시오…. 그곳에서 머물면서 충분히 그 장면을 감상하고 느끼고 경험하십시오. 주변에 무엇이 있습니까? 사람이 있습니까? 주변의 풍경들을 잘 보십시오…. 무슨 소리가 들립니까? 그 소리에 귀를 기울여 보십시오. 그리고 들어 보십시오. 느끼십시오… 좋습니다.

냄새가 납니까? 무슨 냄새이지요? 맡아 보십시오… 어때요…? 특정 사물이 보입니까? 그것은 무엇입니까? 어떻게 생겼으며… 색깔은 어떠한가요? 주변에 꽃이 있습니까? 무슨 꽃입니까? 색깔은 어떻습니까? 냄새를 맡아 보십시오….

지금의 기분이 어떠한지 느껴 보십시오…. 기분이 좋습니까? 행복합니까? 그 기분들을 충분히 느끼고 경험하십시오….

들판 기법

이것은 위의 선호 장소 회상 기법과 비슷한 방법인데, 차이가 있다면 선호 장소로서 넓은 들판을 떠올리게 하는 것이다. 이 기법은 독립적으로 사용해도 좋겠지만 필요하다면 앞의 엘리베이터 기법이나 산길 기법이 끝난 직후에 연결해서 사용해도 좋다. 그래서 다음과 같이 처음에 들판을 떠올리라고 유도를 함으로써 이 기법은 시작된다.

넓은 들판을 떠올리십시오. 어디라도 좋습니다. 당신이 가 본 곳도 좋고 가 보지 않은 곳도 좋습니다. 가 본 곳이면 그곳을 떠올리고 아니면 그냥 상상으로 떠올려 보십시오. 온 사방이 탁 트인 넓은 들판입니다…. 곳곳에 푸른 풀이 나 있는 넓은 들판입니다….

들판 위를 걸어가는 당신의 모습을 그려 보십시오…. 천천히 걸어가는 당신의 발을 느껴 보십시오…. 이왕이면 맨발로 걸어 보십시오…. 그럼으로써 발의 촉감을 더 잘 느낄 수 있을 것입니다. 발의 촉감이 어떻습니까? 풀을 밟아 보십시오…. 싱그러운 풀의 느낌이 전해져 옵니까? 까칠까칠합니까? 부드럽습니까? 풀의 냄새를 맡아 보십시오…. 느껴집니까? 땅의 촉감도 느껴 보십시오…. 땅의 부드러움을 느껴 보십시오…. 땅의 냄새를 맡아 보십시오….

계속 걸어가면서 주변의 풍경을 바라보십시오. 꽃이 보입니까? 나무가 보입니까? 꽃은 어떤 꽃입니까? 얼마나 많이 피어 있습니까? 색깔을 보십시오. 무슨 색입니까? 빨간 꽃? 노란 꽃? 흰 꽃? 아니면 분홍색? 주홍색?…. 당신이 좋아하는 꽃이 있습니까? 잘 살펴보십시오…. 이제 꽃의 향기를 맡아 보십시오…. 무슨 꽃의 향기입니까? 코끝으로 전해져 오는 꽃의 향기입니다… 맡아 보고 느끼십시오…. 콧속 깊숙이 전해져 오는 꽃의 향기입니다…. 심호흡을 하면서 향기를 빨아들이고 느끼십시오….

주변에 있는 나무는 어떤 나무인지 보십시오…. 만져 보십시오… 냄새를 맡아 보십시오…. 얼마나 많으며 큽니까? 그리고 계속 걸어가면서 시냇물이 흘러가는 것을 보십시오. 맑은 시냇물이 흘러가고 있군요…. 보십시오…. 그리고 그 맑은 물이 흘러가는 소리를 들어 보십시오…. 잘 들어 보십시오…. 그 시냇물에 당신의 맨발을 넣어 보십시오…. 물의 촉감을 느껴 보십시오. 시원합니까? 너무도 상쾌합니다…. 물의 흐름을 느끼고 발의 촉감을 계속 느껴 보십시오….

이제 물에서 나와서 가던 길을 계속 걸어 보십시오…. 따뜻한 햇살이 비치는 것을 느끼십시오. 당신의 얼굴을 향해 내려 쪼이는 햇살입니다. 따뜻한 들판의 오후입니다. 나른하고 기분이 좋습니다. 이제 어디선가 시원한 바람이 불어옵니다. 그것을 온몸으로 느껴 보십시오…. 예…. 시원한 바람이 붑니다…. 느끼고 경험하십시오…. 온몸을 휘감고 불어오는 바람입니다. 따끈한 햇살과 함께 불어오는 바람입니다. 너무도 시원하고 기분 좋은 바람입니다. 느끼고 경험하십시오….

사랑하는 사람 회상 기법

특정한 사람을 떠올리는 기법인데 보편적으로 사랑하는 사람이 많이 활용된다. 즉 가장 사랑하는 사람을 생각하고 떠올리도록 유도를 하는 것이다. 이 기법도 독립적으로 사용될 수 있지만 앞의 다른 기법들과 더불어 사용하면 더 효과적이라고 할 수 있다. 목적에 따라 '사랑하는 사람' 이라고 지정해 주는 대신에 배우자나 자녀를 생각하라고 할 수도 있고, 꼭 사랑하는 사람이 아니라도 특정한 사람을 떠올리도록 할 수 있다.

그런데 막연히 '사랑하는 사람' 이라고 했을 때, 사랑하는 사람들 중에서 누구를 한 사람 선택해야 할지를 몰라 망설이거나 갈등을 겪는 동안에 그 다음 유도작업에 제대로 응하지 못하는 피험자가 있을 수 있음에 주의해야 한다. 기혼자들의 경우에 '사랑하는 사람' 이란 말에 꼭 자기의 배우자를 떠올리려고 노력하는 것을 많이 보게 된다. 그러나 누구든지 자연스럽게, 편안하게 마음에 떠오르는 사람을 생각하라고 강조하여 말해 주는 것이 좋다.

이것은 앞의 들판 기법에 이어서 다음과 같이 유도함으로써 자연스레 활용될 수 있다

자, 심호흡을 하십시오. 그리고 온몸과 마음이 가볍다고 생각하면서 그러한 상태를 느끼십시오…. 이제 당신이 가장 사랑하는 사람을 한 사람 떠올려 보십시오. 그 사람이 누구라도 좋습니다. 진정으로 당신이 사랑하는 사람이면 됩니다. 부모님도 좋고, 애인도 좋고, 배우자도 좋고, 자녀도 좋고, 아니면 또 다른 사람이어도 좋습니다. 굳이 누구를 떠올려야 한다고 생각하지 마십시오. 그냥 자연스럽게 생각나는 한 사람을 생각하십시오. 당신에게 가장 편안함을 주는 사람, 그리고 함께 하고 싶은 사람, 그가 누구든 상관없습니다. 당신이 가장 편안하게 생각하고 함께 하고 싶은 사람, 그의 얼굴을 떠올려 보십시오. 그렇게 얼굴이 떠오르면 오른쪽 엄지 손가락을 들어 보여 주십시오.

(엄지손가락을 들어 보인 후)

좋습니다. 손가락을 내려도 좋습니다. 그의 얼굴이 보입니까? 느껴집니까?…. 느끼십시오. 이제 그 사람과 마주 서서 그 얼굴을 바라보십시오. 두 눈동자를 보십시오…. 그리고 느껴 보십시오….

그의 손을 잡아 보십시오. 손의 촉감을 느껴 보십시오. 어떻습니까? 부드럽습니까? 까칠까칠합니까? 체온도 느껴 보십시오. 따뜻합니까? 차갑습니까? 그의 손에 힘을 주어 보십시오. 손을 힘있게 꼭 잡아 보십시오. 그리고 그 느낌을 느껴 보십시오….

이제 그 사람을 불러 보십시오. 그의 이름도 좋고 아니면 평소에 부르는 호칭도 좋고 당신이 편하게 느끼는 대로 그를 불러 보십시오…. 그리고 그 목소리를 들어 보십시오…. 그에게 사랑의 말을 해 보십시오. 당신이 그에게 해줄 수 있는 사랑의 말을 해 보십시오…. 어떤 내용이라도 좋습니다. 진정으로 하고 싶은 마음의 말을 말입니다…. 그리고 당신이 그렇게 말하는 목소리를 들어 보십시오. 당신 자신의 목소리를 마음의 귀로 들어 보십시오…. 잘 들을 수 있습니까?

이제는 그의 대답을 들어 보십시오. 그 목소리를 들어 보십시오… 그의 목소리가 어떻습니까? 그리고 그는 무슨 내용의 대답을 합니까? 잘 듣고 느껴 보십시오. 서로를 바라보는 눈동자가 부드럽게 느껴지고 그

의 따뜻한 사랑이 가슴에 와 닿습니다. 느껴 보십시오. 행복합니다. 행복합니다…. 그와 함께 하는 이 시간이 너무도 소중하고 행복합니다……. 느끼고 경험하십시오….

행복한 순간 회상 기법

이 기법은 가장 행복했던 순간을 회상하게 하는 방법이다. 과거의 일 중에서 가장 행복하거나 즐거웠던 일을 떠올리게 하는 것으로, 이 기법도 사랑하는 사람 회상 기법처럼 들판 기법에 이어서 자연스럽게 활용할 수가 있다.

자, 심호흡을 하면서 온몸의 힘을 빼고 편안하게 느껴 보십시오…… 이제 그렇게 편안한 몸과 마음으로 최근에 있었던 가장 행복했던 순간을 떠올려 보십시오. 가능하면 최근의 일이지만 과거의, 시간이 많이 지난 일도 좋습니다. 당신이 기억할 수 있는 가장 행복하고 즐거웠던 순간을 생각하고 떠올려 보십시오…. 그것을 떠올렸으면 오른쪽 엄지손가락을 들어 보여 주십시오.

(엄지손가락을 들어 보인 후)

좋습니다. 손가락을 내려도 좋습니다. 당신은 가장 행복했던 순간을 떠올렸습니다. 그때의 일을 잘 보고 경험하십시오. 그 일이 언제입니까? 어느 장소 어떤 상황에서의 일입니까? 함께 했던 사람이 있나요? 누구입니까? 그 사람의 얼굴을 한 사람씩 떠올려 보십시오…. 그리고 목소리들, 말소리들을 들어 보십시오. 또 다른 어떤 소리가 있습니까? 들어 보십시오. 무슨 소리가 납니까? 그 소리를 듣고 느껴 보십시오.

행복해 하는 당신의 얼굴을 보십시오. 당신의 표정을 보고 느껴 보십시오…. 얼마나 행복합니까? 그 행복을 가슴으로 느껴 보십시오…. 심장의 박동을 느껴 보십시오…. 당신의 가슴이 어떠합니까? 행복한 순간입니다. 행복합니다. 즐겁습니다. 느끼십시오…. 경험하십시오….

행복한 순간이 언제까지 지속되나요? 그 순간 순간들을 떠올려 보십시오. 그리고 느끼고 경험하십시오…. 당신은 가장 행복한 사람입니다.

그 행복을 다시 한 번 가슴으로 느껴 보십시오….

풍선 기법

풍선 기법은 이완 기법 뒤에 연결하여 사용하면 효과적이다.

당신은 가벼운 몸과 마음으로 편히 쉬고 있습니다. 이제 하늘에 커다란 집채만한 수소풍선이 떠 있다고 생각하고 떠올려 보십시오. 빨간 색깔의 풍선입니다. 그 풍선의 색깔을 보고 느껴 보십시오. 그 풍선에 여러 개의 줄이 달려 있는 것을 보십시오. 그 줄이 밑으로 내려와서 당신의 몸을 가볍게 묶습니다. 머리와 어깨, 팔과 몸통, 그리고 다리를 묶습니다. 이제 당신의 몸은 풍선과 연결되어 있고 당신은 그 풍선과 함께 움직일 것입니다. 풍선이 둥둥 떠 가는 대로 당신도 떠 갈 것입니다.

당신의 몸이 점점 가벼워짐을 느껴 보십시오. 당신의 몸이 점점 가볍습니다. 당신은 점점 하늘로 올라갑니다. 머리가 가볍고 어깨가 가볍습니다. 팔이 가볍고 몸통이 가볍습니다. 다리가 가볍습니다. 그렇게 가벼운 당신의 몸은 점점 하늘로… 하늘로… 올라갑니다. 풍선을 따라서 하늘로 올라가는 당신의 몸은 정말 가볍습니다. 그리고 기분이 좋습니다. 행복합니다….

하늘로 올라가면서 눈 아래로 내려다 보이는 주변의 풍경들을 보십시오…. 무엇이 보입니까? 그것들을 하나하나 보고 느껴 보십시오…. 당신은 풍선을 타고 하늘로… 하늘로… 끝없이 올라가고 있습니다.

어디까지인지는 모르지만 하늘 높이 떠 있는 당신을 보십시오. 당신의 몸을 느껴 보십시오… 그리고 경험하십시오…… 이제 당신은 하늘 높이에서 어디로든 자유롭게 떠다닐 수가 있습니다. 어디로든 자유롭게 말입니다…. 가십시오… 그리고 느끼고 경험하십시오….

구름 기법

이 기법과 다음의 무지개 기법은 점진적 신체이완 기법이나 풍선 기법 뒤에 자연스레 함께 연결하여 사용하면 효과적이다.

심호흡을 하면서 온몸과 마음이 가벼워짐을 느껴 보십시오. 이제 당신은 가벼운 몸과 마음을 느낍니다…. 하늘을 바라보십시오. 저 하늘에 구름이 떠 있습니다. 그 구름을 느껴 보십시오….

당신의 몸이 하늘로… 하늘로… 둥실둥실…. 떠올라간다고 느껴 보십시오…. 당신의 발이 땅에서 떨어져서 점점 하늘로 올라갑니다. 그렇게 하늘로 올라가는 당신의 몸이 너무도 가볍습니다…. 아래로 내려다 보십시오…. 무엇이 보입니까? 당신이 머물다가 올라온 아래에 무엇이 보입니까? 집이 내려다 보입니까? 자동차가 보입니까? 들판이 보입니까? 나무가 보입니까? 산이 보입니까? 바다가 보입니까?

이제 점점 더 위로 하늘로 올라가는 당신의 육체를 보십시오. 그리고 느껴 보십시오. 구름이 점점 가까워집니다. 구름이 가까워집니다. 멀리 보이던 구름이 가까이로 왔습니다…. 느껴 보십시오…. 이제 그 구름들이 손에 잡힙니다. 구름을 만져 보십시오. 촉감이 어떠한가요? 구름의 냄새를 맡아 보십시오. 색깔을 보십시오.

이제 구름 위에 타 보십시오. 구름 위에 타 있는 당신의 몸은 구름과 같이 너무도 가볍습니다. 구름이 부드럽습니다. 구름의 촉감과 냄새, 그리고 향기가 너무도 좋습니다. 가벼운 몸의 당신은 구름 위에서 마음껏 뒹굽니다. 뒹굴어 보십시오.. 그리고 느껴 보십시오. 경험하십시오…. 구름 위에서 뒹굴면서 당신은 온몸으로 행복을 느낍니다…. 언제까지 그렇게 살고 싶습니다…. 행복합니다…. 느끼고 경험하십시오…….

무지개 기법

이 기법은 앞의 구름 기법과 같은 것인데 앞부분의 구름 대신에 무지개를 삽입하면 된다. 그리고 하늘에서는 무지개를 타는 것으로 내용을 바꾸면 좋다.

당신은 이제 무지개를 타고 있습니다. 무지개를 타고 있는 당신의 몸을 느껴 보십시오…. 경험하십시오…. 가벼운 당신의 몸을 경험하십시오. 몸과 함께 당신의 마음도 가볍습니다. 느끼고 경험하십시오….

이제 당신이 타고 있는 무지개를 잘 보십시오…. 무슨 색깔입니까? 그 색깔들을 하나씩 보십시오…. 무지개를 만져 보십시오…. 촉감을 느껴 보십시오…. 어떤 느낌이 있습니까? 색깔에 따른 촉감의 차이가 있습니까? 느끼고 경험해 보십시오. 그리고 각 색깔들의 냄새를 맡아 보십시오…. 무지개의 향기를 맡아 보십시오…. 진- 한 무지개의 향기입니다. 색깔마다 달리 느껴지는 무지개의 향기를 맡아 보십시오. 그리고 경험하십시오….

무지개 위에서 마음껏 뒹굴어 보십시오…. 온몸에 무지개의 향기를 묻혀 보십시오…. 무지개의 색깔들이 당신의 몸을 감싸고 있는 것을 보십시오. 그리고 느끼고 경험하십시오…. 무지개의 향기가 당신의 몸 안으로 파고 들어옵니다. 신기하게도 당신의 몸 안에서 무지개의 향기가 퍼져 나갑니다…. 느끼고 경험하십시오…. 당신의 몸이 너무도 개운해짐을 느껴 보십시오…. 그리고 경험하십시오…. 행복합니다. 이 행복한 순간을 영원히 간직하고 싶습니다…. 느끼고 경험하십시오….

절대자나 의지대상자 생각하기

이 방법은 이완을 위한 기법이기도 하지만 치료적 차원에서 필요한 기법이기도 하다. 절대자란 내담자가 종교를 갖고 있을 때 그가 믿는 절대자를 말한다. 예를 들면 기독교에서는 하나님이나 예수님, 천주교에서는 천주님, 성모 마리아님, 불교에서는 부처님이 될 수도 있지만 일반적으로 하나님, 절대자, 천지신명, 상제님 등도 가능할 수 있다.

아울러 의지대상자는 종교적인 차원이 아니라 현실적인 차원에서 피험자가 가장 편안하게 의지하거나 보호받기를 바라는 대상자를 말한다. 물론 앞에서 말한 종교적인 절대자도 해당이 될 수 있지만 종교가 없는 사람들의 경우에는 부모님, 배우자, 스승님 또는 위험하거나 응급시에 가장 가까이서 자기를 지켜 주거나 보호해 줄 수 있다고 생각되는 누구라도 좋다.

이 기법은 다른 이완 기법, 즉 점진적 신체이완 기법이나 들판 기법과 같은 기법을 사용한 후에 어느 정도 이완이 이루어졌다고 판단되었을 때 이어서 사용하면 좋을 것이다. 이완을 위한 유도를 하기 전에 치료자는 미리 피험자로 하여금 대상을 생각하게 한 후에 자신이 생각한 존재가 누구인지를 물어 본 후 다음과 같이 유도하는 것이 좋다. 만약에 피험자가 하나님을 생각했다면 다음과 같은 요령으로 유도할 수 있을 것이다. 물론 이 경우에 하나님 대신에 다른 존재를 말해도 된다.

자, 당신은 절대자나 의지대상자로 하나님을 생각하시기 바랍니다. 그가 당신을 지켜 주고 있습니다. 당신은 그로부터 사랑과 보호를 받고 있습니다. 그가 얼마나 당신을 사랑하고 보호해 주는지를 마음의 눈으로 보고 느껴 보십시오. 그의 모습을 보십시오. 얼마나 자애롭고 인자하십니까? 그의 부드러운 얼굴, 눈을 보십시오. 그리고 손길을 느껴 보십시오. 얼마나 따뜻하고 부드럽습니까? 그의 목소리를 들어 보십시오. 당신을 부르는 목소리를 들어 보십시오. 얼마나 부드럽고 따뜻합니까? 느끼고 경험하십시오. 당신이 그로부터 사랑과 보호를 받는 느낌은 어떠합니까? 그 느낌을 생각하고 충분히 느껴 보십시오. 그는 당신과 함께 합니다. 언제나 영원토록 말입니다. 당신이 즐거울 때나 위험할 때나 항상, 늘, 지켜 보며 함께 합니다. 그에게 감사하십시오. 그의 사랑을 느끼고 보호하는 손길을 느끼십시오. 그리고 그에게 하고 싶은 말을 다 해 보십시오. 마음 문을 활짝 열고 마음의 소리를 충분히 나타내 보십시오. 그가 당신의 말을 다 듣고 당신을 받아 줄 것입니다. 그가 당신을 받아 주고 안아 주고 보호해 주는 가슴과 손길을 느끼십시오. 얼마나 감사하고 뿌듯하고 행복합니까? 그 기분을 그대로 느끼고 경험하십시오….

6 최면치료의 의의

제6장 최면치료의 의의

"환자는 자기 속에 자신의 의사를 모시고 있다. 환자는 그러한 사실을 모르고 병원으로 치료받으러 온다. 그러므로 훌륭한 의사로서 우리가 할 일은 환자 속에 있는 의사가 스스로 일할 수 있는 기회를 갖게 해 주는 것이라고 할 수 있다."

이 말은 슈바이처(Albert Schweitzer) 박사가 인체 내의 자연치유력을 염두에 두고 한 말로 최면치료 상황에도 그대로 적용된다. 이러한 슈바이처의 말에 근거할 때 최면치료는 결국 환자(또는 내담자) 내의 '의사'로 하여금 스스로를 치료할 수 있도록 유도하는 과정이요 기법이라고 할 수 있다.

이 장에서는 최면치료의 의의와 논리에 대해서 구체적으로 살펴보고자 한다. 이를 위하여 먼저 최면치료의 의의를 최면치료와 최면상담의 개념, 최면치료의 필요성과 효과의 측면에서 살펴보고자 한다.

1. 최면치료와 최면상담

최면치료란 내담자나 환자로 하여금 최면상태에서 무의식적인 기억을 떠올리게 하고, 그 속에 잠재되어 있던 심리적, 신체적인 장애나 병의 원인을 찾아 내서 그 원인을 제거하거나 잠재된 기억의 내용을 변화시킴으로써 장애나 병을 치료하고자 하는 치료의 한 방법이라고 할 수 있다. 일반적으로 의식상태에서는 잠재되어 나타나지 않던 무의식이나 잠재의식이 최면상태에서는 활성화되는데, 무한한 잠재력을 가진 잠재의식의 힘은 일상의 방법으로는 잘 치료가 되지 않는 많은 심리적 질환이나 신체적 질병들을 치료하는 데 효과적이다. 특히 병원에서 치료가 잘 되지 않는 난치병이나 심인성 질환들은 최면의 방법으로 치료가 잘 이루어지기 때문에 오늘날 대체의학으로서 각광을 받고 있는 것이다.

이 책에서는 편의상 최면상담과 최면치료를 구분해 보고자 한다. 일반적으로 상담심리학에서는 상담과 심리치료를 구분한다. 심리치료는 기본적으로 정신적인 장애와 병을 치료하고자 하며, 아울러 그 병은 심리적인 이유 때문에 생긴 것이라는 점을 전제로 한다. 따라서 치료적인 대화와 대화적 치료기법을 통하여 그 병을 치료하고자 한다.

이렇게 본다면 심리치료와 상담은 쉽게 구별이 되지가 않는다. 왜냐하면 상담도 대화를 통하여 내담자의 심리적인 문제를 해결하고자 하는 것이기 때문이다. 굳이 심리치료를 상담과 구별하고자 한다면 심리치료는 정상 범위에서 벗어난 질환이나 병적인 문제를 다루지만, 상담은 일상적이고 정상적인 생활상에서 경험하는 고민이나 갈등, 정신적인 고통을 처리하는 것이라고 볼 수가 있다. 따라서 심리치료는 병원이나 임상장면을 연상시키지만 상담은 오히려 학교를 비롯한 교육기관이나 사회기관을 떠올리게 하는 것이다.

결국 심리치료와 상담을 구분하는 준거는 그 대상자가 중심이 될 수 있다. 심리치료에서는 대상자가 '정상'의 범위에서 이탈한 환자이지만 상담에서는 정상적인 생활을 하는 생활인이 되는데, 그를 내담자(client)라고 부른다. 그래서 심리치료에서는 '의사(혹은 치료자)—환자의 관계'가, 상담에서는 '상담자(counselor)—내담자'의 관계로 성립하는 것이다(이장호, 1984).

심리치료의 목표는 치료 그 자체에 있다. 그러나 상담에서는 궁극적으로 내담자로 하여금 정신적으로 보다 건강한 삶을 살고 자아실현할 수 있도록 하는 데 목표를 둔다. 다시 말해서 상담에서는 치료 이상의 예방이나 성장, 발달을 지향하는 교육적인 기능을 중시하는 것이다. 따라서 심리치료는 의사나 임상심리학자, 상담은 일반 상담심리학자나 교육자가 담당하는 경향이 있다. 사실 심리치료와 상담을 엄격하게 구별한다는 것은 쉽지가 않지만 이상과 같이 정리해 본다면 두 가지의 개념을 정립하는 데 도움이 될 것 같다(설기문, 1999).

그럼에도 불구하고 상담과 심리치료가 갖고 있는 특성처럼 최면상담이나 최면치료가 크게 구별되는 것은 아니라는 점을 밝히고 싶다. 이 둘 간의 차이는 어디까지나 지향점과 철학의 차이이지 실제적인 차이는 별로 없다는 점을 이해하기 바란다. 실제로 최면상담이란 용어는 최근에 생긴 것이고, 전통적으로는 오히려 최면치료 또는 최면요법이란 말이 통용되었다. 그러나 최근에 미국의 상담심리학자들은 최면치료라는 용어와 구별되는 최면상담이란 용어를 사용하고자 하는 경향이 있다(Gunnisin, 1990 ; Morgan & O'Neill, 1988 ; Otani, 1989).

최면상담에 관한 접근은 두 가지의 측면에서 가능하다. 첫째는 일반 상담과정에서 부분적으로 최면의 원리와 방법을 사용하는 것이고, 둘째는 전적으로 최면을 통하여 상담을 진행하는 것이다. 이 두 가지는 최면 기법을 어느 정도 사용하느냐에 따라 차이가 있겠지만, 어느 경우든 최면을 통하여 '치료'와는 다른 차원에서 상담을 할 수가 있다는 것이 중요하다.

첫번째의 경우에는 상담자가 최면에 정통할 필요는 없다. 다시 말해서 상담자는 자기의 상담적 접근과 방법(예 : 게슈탈트, 인지-행동적 접근, TA, 현실치료의 원리 등)을 기본적으로 활용하면서 필요할 때 최면의 방법을 부분적으로 활용할 수가 있는 것이다. 그러므로 상담자는 반드시 최면전문가가 되어야 할 필요는 없다. 그 대신에 기초적인 최면의 원리와 방법을 익힌다면 최면상담이 가능할 것이다.

이와 같이 볼 때 최면상담은 일반 상담의 원리와 방법을 존중하되 최면의 기법을 가미하여 상담적 효과를 높이고자 하는 접근법이라고 개념화할 수 있다. 어떠한 최면의 기법을 활용하느냐에 따라 상담의 방법 또한 달라지겠지만 최면의 원리와 방법을 어떻게 활용하고 적용하느냐가 최면상담의 핵심이 될 것이다.

일반 상담자가 활용할 수 있는 최면의 원리와 기법으로는 환상(fantasy) 기법, 심상(imagery) 기법, 이완 기법과 같은 것을 꼽을 수 있다. 아울러 에릭슨의 최면적 언어 또는 최면적 의사소통 기법과 같은 것도 아주 유용한 보조 기법이 될 수 있다. 사실 거니슨(Gunnison, 1990)과 같은 미국의 상담학자들은 특히 에릭슨의 최면적 언어의 원리와 방법을 적용하는 최면상담을 지향하고, 그렇게 하는 것을 최면상담이라고 부른다(Morgan & O'Neill, 1986 ; Otani, 1989). 그러나 다른 최면의 기법을 활용하는 최면상담도 가능할 것이다.

두 번째의 경우에는 전적으로 최면을 통해 상담하는 것을 말하므로 상담자가 최면전문가가 되어야 할 필요가 있다. 왜냐하면 그는 최면상태에서 전문적인 상담을 진행시켜야 하기 때문이다. 최면상담자가 되기 위해서는 최면의 원리와 방법, 최면치료의 논리뿐만 아니라 일반 상담의 원리와 방법에 정통해야 한다. 앞에서도 언급했듯이 최면상담을 한다고 해서 최면치료와 크게 차이가 난다고 말하기는 어려울 것이다. 다시 말해서 오히려 상담과 심리치료가 갖고 있는 특성처럼 최면상담이나 최면치료가 크게 '구별' 되는 것은 아니라는 점을 인식할 필요가 있다. 이 둘 사이에는 어디까지나 지향점과 철학의 차이가 있을 뿐이지 실제적인 차이는 별로 없는 것이다.

2. 최면치료의 필요성과 효과

앞에서도 언급한 바와 같이 최면치료는 일반적인 전통적 치료나 상담의 방법으로서는 잘 해결이 되지 않는 각종의 심리적인 장애나 질환들을 치료하는 데 대단히 효과적이다. 그래서 많은 심리학자나 심리치료자, 그리고 정신과 의사들이 최면치료를 통하여 각종의 불안증이나 공포증, 어릴 때 경험했던 심리적 외상(trauma)을 상담하고 치료하는 데 도움을 얻고 있다. 뿐만 아니라 외과 의사나 치과 의사와 같은 정신과 계통이 아닌 일반 의사들도 최면을 통해 환자를 수술하거나 치료함으로써 크게 도움을 받고 있다고 한다. 그리고 오늘날에는 최면치료가 체중 조절 및 알레르기 치료, 금연이나 금주를 위한 치료 등의 장면에도 활용됨으로써 최면치료는 상담 및 심리치료뿐만 아니라 다양한 분야에서 활용이 가능하다.

최면치료의 원리는 교육의 장면에서도 활용이 가능하다. 특히 최면은 잠재의식을 활성화시키고 우뇌의 작용을 크게 자극하기 때문에 오늘날 교육현장에서 많이 강조되고 있는 인성교육이나 EQ 교육에도 도움이 된다. 감성지능 또는 정서지능이라고도 불리는 EQ(Emotional Quotient)란 전통적인 교육에서 중시했던 IQ에 대응하기 위해 만들어진 용어로 미국의 골만(Goleman, 1995)에 의해 널리 알려졌다. EQ는 기존의 IQ개념이 주로 인지적인 측면을 강조하면서 소홀히 했던 정서적 · 행동적인 발달을 포함하는 새로운 개념이다(설기문, 1997).

전통적으로 학교교육의 풍토는 IQ문화에 주로 지배를 받아왔는데, IQ문화란 대표적으로 암기력, 계산력과 같은 능력을 중시하는 좌뇌지향의 교육문화를 말한다고 할 수 있다. 따라서 교육은 주로 국어, 수학, 과학, 사회 과목과 같은 주지적인 교과를 중심으로 암기하고 계산한 것을 시험쳐서 확인하는 형식으로 이루어지는 것이다. 잘 알려진 대로 좌뇌는 분석적, 논리적, 이성적, 언어적, 계산적인 교과의 학습활동에 주로 관계한다.

그러나 이에 비해 우뇌는 통합적, 심미적, 직관적인 측면 그리고 정서적 · 행동적인 측면에서의 학습 및 활동을 주로 담당한다. 특히 우뇌를 통해서는 상상력, 창의력, 직관력, 자기지도력과 같은 능력들이 기능을 하는데, 이들은 바로 EQ가 강조하는 바와 직결되는 것이다. 그리고 이러한 능력들은 바로 최면상태에서 가장 효과적으로 활성화되기 때문에 최면은 인성교육이나 EQ교육에 도움이 된다고 하지 않을 수 없다.

인간의 정신세계는 크게 의식세계와 잠재의식이라고도 불리는 무의식 또는 잠재의식의 세계로 이루어졌다고 할 수 있는데, 최면은 잠재의식과 주로 관계가 된다. 의식의 세계와는 달리 잠재의식은 특히 오래된 과거의 기억을 저장하고 있고, 고도의 정신집중상태에서 활성화되며 치료적으로 잘 활용될 수 있다. 뿐만 아니라 그것은 뛰어난 직관력, 투시력, 창의력과 영적인 능력까지도 포함하는 무한한 잠재능력을 소유한다.

최면은 결과적으로 이러한 능력들을 활성화시키고 효과적으로 기능하게 하기 때문에 최면의 효과는 다방면에서 적용된다. 그래서 앞에서 언급한 상담, 치료, 교육의 분야 외에도 과거의 기억을 통하여 범죄수사를 한다거나 새로운 창조를 하거나 미래를 예언하는 일에까지 활용되기도 한다.

깊은 최면상태에서는 신비적 경험도 가능하기 때문에 마음이 몸으로부터 분리되는 것 같은 경험을 하거나 우주와의 합일감을 느끼고 인생에 대한 통찰을 얻기도 한다(Tart, 1972). 그러나 동시에 생리적인 변화경험도 가능하여 치료의 효과를 보이는 것이다.

최면하에서는 일상적으로 언어적 기능을 담당하는 좌뇌의 영역이 감소하며 우뇌반구의 참여가 훨씬 커진다는 사실이 발견되었다. 이러한 변환 현상이 일어나면 우뇌는 최면암시의 메시지를 듣게 되는데 이로써 신체가 변화된다(Budzynski, 1981).

의학 및 치과 장면에서 최면은 통증을 감소하고 불안과 두려움을 감소시켜 준다는 측면에서 환자치료에 도움을 준다. 그러나 최면감수성이 높은 사람들이 통증감소를 위한 암시에 더 잘 반응한다. 실제로 한 연구에서는 최면감수성이 높은 환자들이 그렇지 않은 환자들보다 통증감소를 위한 최면암시에 더 잘 반응하였는데 전자는 0.8의 평균통증을 보고한 반면에, 후자는 9.3의 통증을 호소한 것으로 나타났다(Crawford, et al., 1993). 이러한 결과를 뒷받침하는 것으로 미국의 치과 의사인 라우쉬(Rausch) 박사는 쓸개를 제거하는 수술을 하는 동안에 마취제를 사용하지 않고 자기최면을 사용하였다는 보고도 있다. 그는 마취 전에 투약을 받지 않았으며 마지막 봉합이 이루어진 후에 수술실을 걸어나왔다는 것이다(Reader's Digest, 1993).

최근에 수술 장면에서 최면의 효과를 검증한 연구 결과가 발표되었다. 한 연구에서는 가벼운 수술의 경우 마취제보다 최면이 효과적인 것으로 나타났다. 미국의 엘비라 랭 박사가 발표한 결과에 의하면, 신장수술 환자 241명을 대상으로 진통제를 투여하는 일반집단, 특수보조원이 환자를 안심시키는 긴장완화요법 집단, 최면집단 등 세 집단으로 나누어 수술을 실시한 결과 최면집단이 수술에 대해 느끼는 불안과 통증이 가장 낮았다. 그리고 수술진이 환자의 혈압이나 구토에 신경쓰지 않아도 되기 때문에 최면집단은 완화요법 집단에 비해 6분, 일반집단에 비해 17분 수술시간이 단축되었다(조선일보, 2000. 4. 29).

또 다른 보도에 의하면 전신마취를 요하는 치과수술에 최면치료가 큰 효과를 발휘한다는 연구 결과가 발표되어 눈길을 끌었다(치의신보, 1999. 6. 12). 영국의 맨체스터 로열 병원의 로버트 디아즈 박사는 영국 실험임상최면치료학회 회의에서 최면치료가 잇몸을 째고 사랑니를 발치하는 수술 환자를 안정시키고 회복시간을 크게 단축시키는 효과가 있다고 밝혔다. 디아즈 박사는 사랑니를 빼야 하는 환자 20명에게 정신안정제인 발륨을 투여하고 또다른 20명에게는 발륨 투여와 함께 편안하고 나른한 기분을 느낄 수 있는 장소를 떠올리게 하는 전통적인 최면치료를 병행한 결과 최면치료 집단은 발륨만 투여한 집단에 비해 수술 중 훨씬 안정된 상태를 보였으며 수술 후 회복시간도 평균 50시간에서 32시간으로 단축되었다고 설명했다. 또한 디아즈 박사는 최면치료를 함께 받은 환자들은 수술 중 심박동수가 크게 줄어들었는데 이는 환자가 거의 긴장하지 않고 있음을 보여주는 것이라고 덧붙였다.

일반적으로 최면감수성이 높은 환자가 암시에도 더 잘 반응한다는 것은 여러 가지의 정신신체적 문제를 해결하는 데에도 나타난다. 즉 최면은 통증을 감소하고 천식을 감소시키고 긴장을 완화하는 데 도움이 된다.

그러나 최면은 술이나 담배를 끊고 과식과 과음을 금하고 정상적인 생활에 방해를 주는 행동습관을 극복하는 것과 같은 자기통제의 문제에는 크게 성공적이지 못하다는 견해도 있다(Bates, 1994). 예로서 3주간의 실험처치를 받은 세 개의 집단을 아무런 처치를 받지 않은 통제집단과 비교한 한 실험연구에서 최면의 효과가 다른 치료법보다 뛰어나지는 않았다는 사실이 밝혀졌다(Rabkin, et al., 1984). 즉 3주간의 실험기간 후에 다시 담배를 피우는 비율이 행동치료집단의 경우는 60%였고, 보건교육집단의 경우는 68%였는데, 최면집단의 경우는 70%였다. 이 결과를 통해 최면은 결코 기적적인 치료법이 아니라 다른 치료와 병행하여 사용될 때 보다 유용한 치료적 기법이 될 수 있음을 알 수 있다(Rhue, et al., 1994).

한 연구에서는 최면에 걸린 피험자로 하여금 미지근한 물이나 매우 뜨거운 물 속에 손을 담그게 하고 뇌의 변화를 관찰하는 실험을 하였다. 일단 최면상태에서 고통에 대하여 보다 불쾌한(보다 고통스런) 것으로 경험하도록 최면암시를 준 결과 전두엽의 뇌활동이 감소한 반면, 덜 불쾌한(덜 고통스런) 것으로 생각하도록 최면암시를 준 결과 같은 뇌영역의 활동이 증가한 것으로 나타났다. 결국 통증에 대한 암시는 체성피질부인 두정엽의 뇌활동에는 영향을 주지 않았다는 것이다. 이 말은 곧 통증에 대한 암시는 직접적으로 통증감각을 느끼지 않게 하는 데는 영향을 주지 않지만 통증에 대한 지각에 영향을 미친다는 것을 의미한다(Rainville, et al., 1997).

최면을 통해 시력이 회복되거나 개선될 수 있음을 밝힌 연구가 있다(Graham & Leibowitz, 1972). 최면을 통한 시력증진을 확인하고자 했던 한 연구에서 연구자들은 근시안을 가진 피험자를 모집하여 최면을 걸고 이완을 하고 편안함을 느끼도록 하였다. 피험자들은 특히 눈 뒤의 근육에 초점을 두도록 지시를 받았다. 실험자들은 피험자에게 이완상태는 눈의 수정체에 영향을 미치며, 이완을 얼마나 하느냐에 따라 눈의 초점이 변하게 되고, 따라서 시력이 더 좋아질 수 있음을 설명해 주었다. 최면 전에 피험자의 시력은 측정되었고, 최면 도중과 최면 후에도 각각 시력 측정이 이루어졌다. 피험자들이 최면에 걸리고 이완하라는 지시를 받은 후에 시력은 증진되었다. 최면적 지시가 아닌 일상의 의식상태에서 과제 수행을 잘 할 수 있는 동기를 불러일으키는 지시, 즉 과제동기적 지시에 따라서도 같은 정도의 시력증진의 효과를 얻을 수 있었다. 여기서 최면을 통하든, 다른 방법을 통하든 근시와 같은 신체적 조건도 최소한 부분적으로는 수의적인 통제가 가능하다는 사실을 알 수 있다(Lefton, 1979).

3. 최면치료의 기제

앞에서도 언급한 바와 마찬가지로 최면은 잠재의식을 활성화하는 것이기 때문에 최면치료는 그러한 잠재의식을 통하여 이루어진다. 기본적으로 잠재의식 속에는 자연치유력이 있기 때문에 그것을 활성화시키는 최면상태에서는 약이나 물리적인 치료와 같은 외부의 개입에 의한 타인치료가 아니라도 자가치료가 가능한 것이다. 이제 그러한 최면치료가 이루어지는 심리적, 생리적 기제를 구체적으로 살펴보도록 한다.

(1) 심리적 기제

① 과거 경험의 기억

사람들이 고통을 받는 장애는 어린 시절의 경험에서 비롯된 경우가 많다. 흔히 말하는 심인성 질환이나 장애들은 더욱 그러한데 대부분의 어린 시절의 경험들은 시간이 지나면서 망각되게 마련이다. 그러나 망각된 기억흔적들은 결코 완전히 기억창고에서 사라지는 것이 아니다. 의식의 차원에서는 사라졌을지 모르나 잠재의식은 여전히 그러한 과거경험들을 모두 기억한다. 그러므로 최면상태에서 활성화되는 잠재의식은 전혀 기억하지 못하는 과거기억을 그대로 재생시켜 주는 것이다. 마치 어릴 때 찍어 두었던 비디오 테이프를 재생해서 보거나 컴퓨터나 디스켓에 저장되어 있는 정보를 인출하는 것과 마찬가지이다.

과거에 과학이 발달하기 전에 살던 사람들이나 오늘날에도 비디오나 컴퓨터를 한 번도 접해 보지 않았던 사람들은 그것에 대해서 전혀 이해를 하지 못한다. 따라서 그들은 작은 비디오 테이프와 디스켓 속에 엄청나게 많은 음성과 영상정보가 담겨 있으며 그것은 언제라도 필요할 때면 재생해서 보거나 듣고 또 활용될 수 있다는 사실을 이해하지 못한다.

오늘날 '정보의 바다'라고 하는 인터넷의 세계로 들어가 보면 시간과 공간을 초월하여 전 세계를 넘나들면서 활용할 수 있는 엄청난 정보의 양에 놀랄 수밖에 없다. 우리의 잠재의식도 마찬가지이다. 일반 사람들에게는 그것에 접근하고 활용할 수 있는 지식과 기술이 없기에 엄청난 일인 것같이 여겨지지만 사실은 그렇지 않은 것이다. 우리에게 필요한 것은 컴퓨터 조작법과 같은 최면유도의 원리와 기술을 제대로 알고 활용할 수 있는 능력인 것이다.

다만 여기서 간과해서는 안 되는 점이 하나 있다. 즉 그것은 우리가 비록 간단한 조작법을 알아 컴퓨터의 정보에 접근할 수는 있다 하더라도 필요한 정보를 적절히 인출하고, 목적에 맞게 활용하기 위해서는 더 많은 지식과 기술, 그리고 경험이 필요하다는 사실이다. 자칫하다가는 귀중한 정보들을 순식간에 날려 버리는 황당함을 얼마든지 경험할 수 있는 것이다. 이와 마찬가지로 최면에서도 어느 정도의 교육과 훈련을 통해 효과적으로 잠재의식을 활용할 수 있는 능력을 갖추는 것이 필요하다.

일단 기억으로 되살아난 과거경험들은 그대로 현재 상태에서 재경험될 수 있기 때문이다. 과거에 느꼈던 감정이나 감각적 경험들이 현재에 생생하게 되살아나는 것이다. 그것은 마치 성인들이 어릴 때 고향에서 뛰어 놀던 장면을 생각하면 가슴이 뭉클해지거나 오래 전에 충격을 받았던 일을 떠올리고 새삼 가슴 떨리는 감정을 경험하는 것과 마찬가지이다.

② 연령퇴행을 통한 기억의 회상

최면에서 과거경험으로 되돌아가는 것을 퇴행(regression)이라고 하며, 퇴행작업을 통하여 이루어지는 치료를 퇴행치료(regression therapy)라고 부른다. 특별히 어릴 때의 연령으로 되돌아가서 그때의 경험들을 재생하게 하는 방법을 최면에서는 연령퇴행(age regression)

이라고 부른다. 이 방법을 통해 경우에 따라 10년 전, 20년 전, 심지어는 모태에서 살던 시기까지 거슬러 올라가는 것이다. 실제로 최면상태에 들어갔을 때 모태로 돌아가서 태아경험을 재생하는 것을 많이 볼 수가 있다.

일부의 연구자들은 최면에 걸린 성인이 연령퇴행 동안에 초기 경험을 그대로 재생하지는 않고 다만 아이의 역할을 할 뿐이라고 믿기도 한다. 대표적인 예로 나쉬(Nash, 1987)는 100여 년간의 연령퇴행에 관한 최면연구를 검토한 결과, 성인이 실제로 퇴행된 연령으로 돌아갔다는 증거를 발견하지 못했다는 결론을 내렸다. 따라서 연구자들은 연령퇴행 동안에 성인은 실제로 어린 시절의 경험을 재생하는 것이 아니라 어린이가 그렇게 행동할 것이라고 기대하는 바에 따라 행동할 뿐이라고 믿는다(Spanos, 1996).

그러나 연령퇴행에서는 어린 시절의 경험을 떠올리고 그때 사용했던 언어를 직접 말하는 것이 가능하다. 즉 성인을 어린 시절로 연령퇴행시키면 당시에 입었던 옷, 함께 생활하거나 놀았던 사람들의 모습, 자신의 습관이나 행동들을 떠올리고 마음의 눈으로 볼 뿐만 아니라 특히 당시에 사용하던 언어를 그때 그대로의 음성과 발음으로 말을 하게 된다. 실제로 미국에서 태어난 일본인 2세인 어느 피험자는 어릴 때 사용하였으나 이제는 거의 잊고 사용하지 않는 일본어를 최면하에서 유창하게 말했던 것으로 보고되었다(Fromm, 1970). 그것이 가능한 것은 최면에서는 일상에서 보다 더 민감하게 고양된 기억상태인 초기억능력(hypermnesia)을 발휘할 수 있기 때문이다.

여기서 초기억능력이란 평소에는 기억하지 못하던 과거의 일이나 정보를 최면상태에서 기억해 낼 수 있게 되는 능력을 말한다. 그러므로 최면을 통해 초기억상태를 유도함으로써 잊어버렸던 과거 기억을 떠올리게 하여 가족을 찾거나 잃어버렸던 물건을 찾고 범죄와 관련한 정보를 얻을 수 있는 것이다. 특히 범죄장면을 목격한 목격자에게 최면을 걸어 범인의 인상착의를 기억하게 하거나 범행관련 정보 - 예를 들면 자동차번호나 전화번호와 같은 -를 기억하게 하기도 한다. 그러나 아쉽게 최면에서는 유사기억의 가능성이 있고, 최면사의 암시에 영향을 받아 기억 내용 자체가 오염될 가능성이 있기 때문에 최면기억의 내용은 문제해결에 참고로 할 뿐이지 국내외를 막론하고 법률적으로는 인정되지 않고 있다.

실제로 최면을 통해 범죄사건의 목격자나 피해자에게 기억을 되살리게 하여 범인을 잡거나 문제 해결의 결정적인 단서를 확보하는 일은 드물지 않게 보고 되고 있다. 예컨대 우리나라에서도 1998년에 발생한 성폭행 사건의 범인이 이용한 차량을 목격한 택시기사에게 최면을 시도하여 차량번호를 기억하게 함으로써 범인을 검거한 일이 보도되었다(중앙일보, 1999. 9. 2). 다섯 살 때 미아가 된 20대의 청년은 최면을 통해 과거 어릴 때의 기억을 되살렸다. 이와 유사한 일로 1978년 사회적으로 크게 알려졌던 효주양 납치사건 때도 목격자에게 최면을 걸어 범인이 이용한 차량번호를 기억해 내게 해 범인 검거에 결정적인 역할을 한 일도 있었다(중앙일보, 1999. 5. 9).

③ 경험과 에너지 그리고 기의 작용

인간은 늘 에너지를 남기면서 살아간다. 그 에너지는 일종의 정신에너지라고 할 수 있는데 생활 속에서 매순간 방출되는 에너지는 우리가 의식하지 못하는 가운데 사라져 버리는 것 같지만 잠재의식은 그것을 추적해 낼 수 있다. 그것은 마치 TV나 라디오, 이동통신이 전파를 추적하고 그것을 영상이나 소리로 재생해 내는 것과 같은 원리이다. 여기서 말하는 정신에너지는 동양적인 논리로 말한다면 기(氣)의 개념으로도 설명할 수 있을 것이다.

기는 마음의 작용에 따라 영향을 받아 마음이 가는 곳이면 어디든 간다고 한다. 그래서 기 수련을 하게 되면 기의 흐름을 통제하고 자기가 원할 때, 원하는 방향으로 기를 발산할 수 있게 되는 것이다. 이러한 기의 원리를 병의 치료에 활용하는 것이 바로 기공 또는 기공치료라는 것이다. 마음가는 곳에 가는 기는 에너지의 형태로 작용하여 물리적인 변화를 일으킨다. 물리적인 변화의 개념에는 신체적, 생리적

글상자 8

전생퇴행과 전생치료

최면에서의 퇴행작업은 기본적으로 연령차원에서 이루어지지만 경우에 따라 전생차원에서도 이루어지는데 특히 후자의 경우를 전생퇴행(past-life regression)이라고 한다. 전생퇴행은 현재 삶의 상황은 전생의 원인에 따라서 영향을 받거나 결정되기 때문에 전생을 앎으로써 현재 삶의 여러 조건들, 예를 들면 성격, 습관, 질병, 인간관계 등의 본질을 이해하게 된다는 점을 가정하고 있다. 그리고 전생퇴행을 통하여 질병이나 장애, 또는 일상적인 문제나 고통이 치료되거나 최소한 완화되는 효과를 거둘 수 있다고 본다. 이러한 전생퇴행을 통한 치료를 전생치료 또는 전생요법(past-life therapy)이라 부른다.

전생퇴행과 전생치료는 기본적으로 '전생'의 존재 또는 사실성에 대한 시비를 포함하여 학문적으로나 사회적으로 큰 논란의 대상이 되고 있는 것이 사실이다. 최면전문가들 사이에서도 전생치료를 인정하는 부류와 부정하는 부류로 나뉘어 논쟁을 벌이기도 한다. 그럼에도 불구하고 전생치료는 최면치료의 연장선상에서 이루어질 수 있는 비교적 최근에 발달한 효과적인 치료의 방법으로서, 미국에서도 1980년에 와서야 처음으로 전생치료의 효과를 인정하는 정신과 의사, 심리학자, 카운슬러들이 모여 공식적인 전문학회 즉 전생연구 및 치료학회 (Association for Past-Life Research and Therapies : APRT)를 설립하고 1986년부터 전문학술지인 「Journal of Regression Therapy」를 발간하기 시작했다.

APRT는 2000년부터 새로운 이름인 국제퇴행연구및치료학회(International Association for Regression Research & Therapies)로 불리기 시작하면서 도약의 시대를 맞고 있다. 우리나라에서는 1996년에 처음으로 한 정신과 의사(김영우, 1996)가 자신의 전생치료 임상사례를 책으로 펴내면서 전생치료가 사회적으로 관심을 크게 받게 되었고 학문적인 논란대상이 되기도 하였다. 설기문(1998a) 또한 상담심리 전문가로서 전생치료를 도입하여 임상실제에서 크게 활용하고 있는 실정이다.

변화도 포함하는데 다음과 같은 레몬 실험의 예를 통해서 기의 작용을 잘 이해할 수 있다.

마음으로 레몬을 생각해 보자. 레몬의 색깔과 촉감을 생각하고 느껴 보자. 그리고 레몬의 속이 어떻게 생겼는지, 그 냄새가 어떤지를 생각하고 느껴 보자. 어떤 현상이 일어나는가? 아마도 많은 사람들은 입 속에 침이 도는 것을 느끼게 될 것이다. 그렇다. 이처럼 무엇을 생각하는 마음이 가는 곳에 기가 가고, 기가 가는 곳에 에너지가 작용하고, 이 에너지의 작용은 물리적인 변화를 초래한다는 사실을 알 수 있다. 이때 일어나는 물리적인 변화는 침이 흐른다는 신체적, 생리적인 변화인 것이다.

물리적인 변화는 결과적으로 병을 치료하는 것으로 나타난다. 병들어 있는 심리나 신체상태를 마음의 작용을 통해 변화시킬 수 있다는 것이다. 그것은 막연한 상징적인 변화가 아니라 구체적인 변화이다. 마음에 남아 있는 심리적인 상처, 그것이 초래한 각종의 질병들은 잠재의식의 작용에 의해 변화될 수 있고, 그 변화의 결과는 병이 치료되는 현상으로 나타나는 것이다.

④ 과거 경험의 변화 가능성

앞에서 언급한 기의 작용도 의식상태보다는 잠재의식상태에서 훨씬 효과적으로 이루어진다. 왜냐하면 어차피 기는 마음에 따라 기능하는데 그 마음의 작용은 의식상태보다는 최면상태에서 훨씬 집중적으로 이루어지기 때문이다. 최면상태에서 활성화되는 잠재의식은 기의 흐름에 강력하게 영향을 미치게 마련인데, 그 기의 작용은 병의 치료에 직접적인 효과를 발휘하게 된다. 따라서 마음의 충격으로 인해 마음에 각인된 과거의 심리적 외상의 기억흔적은 강력한 마음의 작용, 기의 작용으로 변화되고 치료될 수 있는 것이다. 이것이 바로 잠재의식의 힘이고, 최면의 힘이라고 할 수 있다.

흔히 과거는 흘러갔다고 한다. 흘러간 물은 물레방아를 다시 돌릴 수 없고, 엎질러진 물은 다시 담을 수 없다고 한다. 그러나 최면에서는 마음의 힘, 잠재의식의 힘, 기의 힘으로 과거도 되돌리거나 변화시킬 수 있고 이미 엎질러진 물도 다시 원상태로 담을 수 있다.

(2) 생리적 기제

앞에서 마음의 작용이 기의 작용으로, 에너지의 형태로 나타나서 물리적, 신체적인 변화를 초래할 수 있음을 설명하였다. 이러한 논리는 마음의 작용이 신체적 증상을 유발할 수 있음을 말해 주는 것이라고 할 수 있다.

① 마음의 공식

이상의 논리를 간단히 공식으로 나타내면 〈그림 6-1〉과 같은 마음의 공식으로 제시할 수 있다.

여기서 심리적 원인에 의해 신체적인 증상이 나타날 수 있는 논리를 읽을 수가 있다. 〈그림 6-1〉은 어떻게 해서 마음(생각이나 감정을 포함하는)에서 이루어지는 심리적인 원인이 신체적으로 병을 일으킬 수 있는지를 보여 주고 있다. 굳이 이러한 원리에 대해서 잘 모를지라도 우리는 스트레스를 받으면 머리가 아프고 소화가 안 되는 현상을 경험으로 알고 있다.

② 교감신경계와 부교감신경계

우리가 일반적으로 잘 알고 있듯이 인간의 신경계통은 교감(交感)신경과 부교감(副交感)신경으로 이루어져 있다. 교감신경은 스트레스 상황이나 불안, 공포와 같은 위기상황에서 주로 활성화되며, 부교감신경

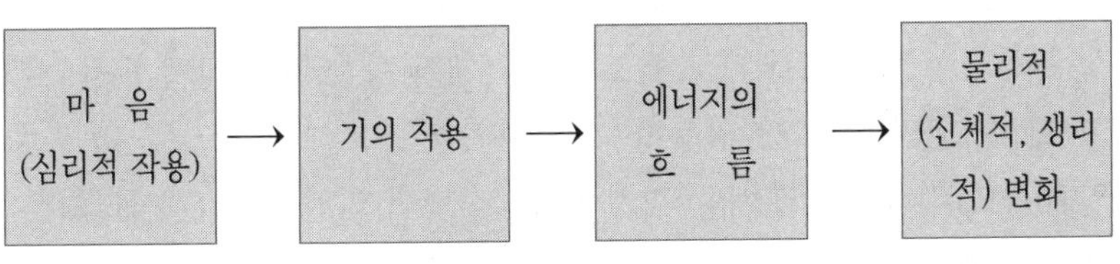

〈그림 6-1〉 마음의 공식

은 정상적인 상황에서 기능한다. 이 두 가지의 신경계통은 서로 반대되는 기능을 하며 서로를 억제하는 작용을 하는데, 이를 두고 길항작용이라고 부르는 것이다. 그래서 예를 들어 우리가 어떤 중요한 일이나 위급한 상황 때문에 불안을 느끼거나 지나치게 신경을 많이 쓰게 되면 교감신경계가 자극받게 되고 그러한 교감신경계의 작용에 의해 아드레날린의 분비가 촉진된다. 이에 따라 가슴이 뛰거나 혈압이 올라가고 근육이 긴장하고 땀이 흐르고, 혈액순환이 잘 이루어지지 않게 되며 소화가 안 되는 현상들을 경험하게 되는 것이다.

만약 이러한 일이 계속 반복된다면 우리의 몸은 계속 긴장하게 되고, 그 결과로 긴장의 흔적은 없어지지 않고 계속하여 몸에 남아 있게 될 것이며 후에 병의 형태로 발전하게 될 것이다. 그 병의 상태가 처음에는 약하게 시작되어 쉽게 치료될 수도 있지만, 그대로 방치했을 때는 계속 누적되어 결국은 치명적인 병으로까지 발전할 수 있을 것이다. 이와 같은 관점에서 본다면 암도 마음에서 오는 심인성 질병의 하나라고 설명할 수 있을 것이다.

오늘날 스트레스라는 것도 따지고 보면 마음의 불안 또는 긴장상태라고 할 수 있는데, 이것은 '편안함(ease)이 아닌(dis) 마음의 상태' 로서 영어로 표현해 본다면 dis-ease 이다. 이것은 결국 질병을 의미하는 disease 라는 단어가 되는 것이다. 다른 말로 표현해 본다면 다음과 같이 말할 수 있을 것이다. 즉 불안, 공포와 같은 스트레스로 말미암은 내적인(나쁜) 심리적 에너지, 즉 (나쁜) 기 때문에 우리는 곧 '마음이 편치 않은 상태' 에 빠지게 되고, 그 에너지나 기가 계속 사라지지 않고 신체화되어 표출될 때 결과적으로 '병' 을 앓게 된다.

그런데 병이란 이상하게도 신체의 여러 부분들 중에서 가장 약한 부분, 즉 열성(劣性)의 신체 부분에 가장 잘 나타나는 경향이 있다. 그 열성 부분은 스트레스에 가장 쉽고 민감하게 영향을 받는 신체 부분이라고 할 수 있다. 따라서 위장이 약한 사람은 스트레스를 많이 받을 때 일차적으로 위장의 장애를 겪게 되고, 심장이 약한 사람은 심장의 장애를 겪게 되는 식으로 고통을 경험하게 된다. 그러한 장애상태가 계속 누적되어 결과적으로 위장병, 심장병이 되는 것이다.

'열성' 부분이란 신체적 에너지가 낮은 신체 부위라고 설명할 수 있는데, 물이 낮은 곳으로 흐르듯이 스트레스라는 나쁜 심리적 에너지는 신체적 에너지가 낮은 신체 부분, 즉 열성 부분으로 흐르고 나타나는 것이다. 사람에 따라 그 낮은 곳이 다르기 때문에 각자가 스트레스 상황에서 경험하는 증상이 다르다고 할 수 있다.

여기에서 마음과 신체의 연결성을 말해 주는 영어 psychosomatic을 생각해 볼 수 있다. psychosomatic은 마음, 정신을 의미하는 psycho와 몸, 신체를 의미하는 somatic의 합성어인데, 생각과 감정을 포함하는 인간의 마음은 신체에 상응하는 반응을 불러일으킨다는 의미를 담고 있는 것이다. 이에 따라 질병 중에서도 특히 마음에서 생긴 병, 즉 심인성 질병을 pschosomatic disease 라고 하고, 이를 우리말에서는 정신신체적 질병이라고 설명하는 것이다.

③ 정신신체적 현상과 그 표현

우리는 평소에 정신신체적 질병과 관련한 표현을 즐겨 사용하고 실제적 경험을 많이 하기도 한다. 어떤 일이 어렵거나 힘이 들 때 실제로 머리가 아프지는 않더라도 "아이고, 머리야!" 라고 말하는데 그만큼 힘이 들고 신경이 많이 쓰인다는 의미인 것이다. 그런데 그러한 표현을 계속하다 보면 '말이 씨가 되어' 실제로 두통을 경험하게 되므로 함부로 부정적인 말을 하지 않도록 조심해야 할 필요가 있다. 정신신체적 증상과 관련한 표현들을 정신신체적 표현들이라고 할 수 있는데, 그러한 표현의 예들을 살펴보면 다음의 〈글상자 9〉와 같다.

최면상태에서는 누구나 몸과 마음의 긴장이 풀리는 이완상태를 경험하게 된다. 이완상태에서는 부교감신경계의 작용이 활성화된다. 부교감신경계는 정상적이고 일상적인 생명활동을 주로 관장하는데, 교감신경계의 작용에 의해 아드레날린의 분비가 촉진되듯이 부교감신경계가 지배할 때는 엔돌핀의 분비가 많이 이루어진다. 엔돌핀이란 뇌에서 분비되는 특수 신경화학물질인데, 일종의 아편성 물질로 인간으로

글상자 9 **정신신체적 표현들**

- 속이 탄다, 온몸에 땀이 난다 : 지나치게 긴장할 때
- 배가 아프다 : 남이 잘 되는 것을 보고 시기와 질투가 날 때
- 가슴이 찢어진다 : 지나치게 슬플 때
- 간이 배 밖에 나왔다, 간이 부었다 : 무모하게 겁없이 행동할 때
- 얼굴에 철판깐다 : 부끄러움이나 수치를 모를 때, 남을 의식하지 않고 함부로 행동할 때
- 닭살이 돋는다, 구역질 난다, 밥맛 떨어진다, 토할 것 같다 : 아니꼽고 역겹고 치사하게 느낄 때
- 간 떨어진다, 심장이 멎는 것 같다, 등골이 오싹하다, 눈앞이 깜깜하다, 간이 콩알만하다, 머리끝이 선다, 숨막힌다 : 무섭거나 놀랄 때
- 눈이 튀어 나온다, 속이 부글부글 끓는다, 피가 거꾸로 솟는다, 피가 끓는다, 핏대가 선다, 울화가 치민다, 열받는다, 속이 썩는다 : 지나치게 화가 많이 나거나 흥분이 될 때

하여금 고통을 덜 느끼게 할 뿐만 아니라 질병까지도 치료하는 효과를 발휘하는 것으로 알려져 있다.

그런데 앞에서도 언급한 것처럼 교감신경과 부교감신경은 길항작용을 하기 때문에 부교감신경계의 활성화는 결과적으로 스트레스 상황에서 작용하는 교감신경계의 작용을 억제하는 효과를 발휘할 뿐만 아니라 엔돌핀의 작용에 의해 고통의 감소나 질병의 치료와 같은 효과도 초래하게 되는 것이다. 따라서 부교감신경계가 가장 잘 활성화되는 최면상태에서는 심신의 긴장이 이완되고 스트레스나 불안과 같은 부정적인 심리 현상이 감소되거나 극복되면서 아울러 질병이 예방되고 치료되는 효과까지 나타나는 것이다.

최면상태에서 활성화되는 잠재의식의 능력과 기의 작용 또한 거의 무한하기 때문에 최면은 심신의 이완과 병의 치료에 크게 기여한다고 할 수 있다. 그런데 이러한 효과는 굳이 최면상태가 아니라 하더라도

그와 유사한 심적 환경인 명상상태에서도 가능하므로 명상을 통해 병을 치료하는 사례에 대한 연구결과도 많이 보고되고 있다. 이런 맥락에서 명상도 오늘날 최면치료와 함께 중요한 대체의학적인 방법의 하나로 자리를 잡아가고 있다.

7

최면치료의 과정과 기법

제7장 최면치료의 과정과 기법

이 장에서는 최면치료가 이루어지는 구체적인 절차와 방법에 대해서 소개한다. 최면치료의 전체적인 과정이 복잡하기 때문에 독자들의 이해를 돕기 위하여 먼저 최면치료의 과정을 간단히 요약하여 안내한 후에 구체적인 과정과 기법을 상세하게 소개하고자 한다.

1. 최면치료 과정의 개요

일반적으로 최면치료가 이루어지는 과정은 다음과 같이 간략하게 설명될 수 있다.

(1) 준비 단계

준비 단계는 최면에 들어가기 전의 단계로서 약 30분 정도의 시간을 요한다. 이때 상담자는 내담자가 해결하고자 하는 문제가 무엇인지를 확인할 뿐만 아니라 그의 문제와 관련한 특별한 감정을 확인하고, 최면과 최면치료의 특성에 대해 알려 주며, 상담과정에 대한 안내 즉 오리엔테이션을 하기도 한다.

(2) 유도 단계

최면 유도 단계는 최면에 들어가기 위한 예비 단계라고 할 수 있다. 사람에 따라 일순간에 깊은 최면상태에 들어갈 수도 있지만 대부분의 경우는 어느 정도의 유도과정을 거치게 된다. 이것은 일종의 준비운동(warming-up) 단계이다. 따라서 이 단계부터 최면이 시작되는 단계이므로 상담자는 신중하게 최면을 걸도록 해야 한다. 이 과정은 개인에 따라 약 5분에서 10분 정도의 시간이 필요하다.

최면을 하기 위해서는 심신의 이완이 필요하므로 내담자로 하여금 먼저 편안한 최면자세를 취하도록 해야 할 것이다. 가능하면 편안한 의자에 앉게 하거나 안락의자에 비스듬히 기대거나 눕기도 하며 때로는 방바닥에 누워서 해도 좋다.

효과적인 최면 유도를 위해서는 명상음악을 활용하면 좋다. 적당한 조명상태를 유지해야 할 것이며 외부인의 출입이나 소음이 차단된 환경이 갖추어져야 할 것이다. 최면 유도과정에서는 다양한 이완 기법들이 활용될 수 있다. 이러한 기법들에 대해서는 앞에 상세하게 소개하였으므로 여기서는 생략한다. 다만 이런 기법들을 제대로 익히기 위해서는 실제의 교육이나 훈련 프로그램에 참여하여 학습하기를 권하는 바이다.

(3) 최면치료 단계

이 단계는 본격적으로 최면치료와 상담이 이루어지는 과정을 말한다. 이 과정은 문제의 성질과 깊이, 상담의 상황에 따라 다르지만 대략 40~60분 정도의 시간이 소요된다고 할 수 있다. 이 단계에서 이루어지는 치료적 작업의 형태는 워낙 다양하게 이루어질 수 있기 때문에 여기서 상세히 설명하기는 어렵다. 뿐만 아니라 치료자나 상담자에 따라서 사용하는 기법도 다르고 얼마든지 다양해질

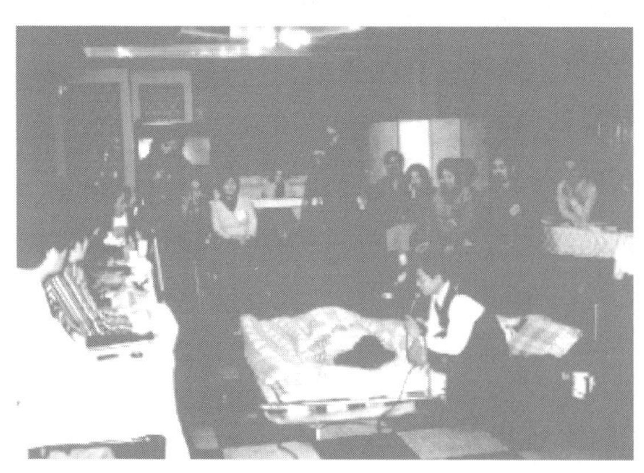

필자가 주관하는 최면치료 워크숍의 장면

〈표 7-1〉 최면치료의 과정 요약

Ⅰ. 준비 단계

1. 사전면접
(1) 인적 사항 파악
이름, 직업, 나이, 학력, 종교
(2) 취미, 특기의 파악
좋아하는 활동, 꽃, 냄새(향기)
좋아하는 노래
좋아하거나 마음 편하게 자주 가는 장소
좋아하는 시, 구절, 격언이나 명언, 내용
좋아하거나 존경하는 인물
(3) 가족관계 및 관계의 질
좋아하는 가족, 싫어하거나 사이가 좋지 않은 가족
(4) 가정생활
(5) 직장생활 또는 학교생활
(6) 기타 인간관계나 사회생활

2. 문제파악
(1) 주된 호소문제의 확인
(2) 핵심감정의 파악과 확인
(3) 관련 경험의 확인

3. 최면 과정에 대한 안내와 최면 준비
(1) 최면의 성격에 대한 안내
(2) 최면치료와 과정에 대한 안내
(3) 내담자의 자세에 대한 안내
(4) 비밀보장의 원리 및 거부권에 대한 안내
(5) 역할연기에 대한 안내
(6) 곰인형과 '한풀이 호스'의 사용에 대한 안내와 사전실습
(7) 현재의 느낌확인과 질문사항에 대한 응답

4. 최면 유도 준비
(1) 실내 분위기의 조성
(2) 음악의 준비
(3) 녹음 (또는 녹화)에 대한 허락과 준비
(4) 최면자세의 안내와 준비
(5) 화장지 및 음료수의 준비

Ⅱ. 최면 유도 단계

1. 최면 유도 작업의 시작

2. 자아강화

Ⅲ. 최면치료 단계

1. 최면작업의 시작
(1) 최근의 문제상황
(2) 핵심감정의 강도 확인
(3) 감정강도의 증진
(4) 감정의 재경험 및 신체화
(5) 감정강도의 재확인

2. 치료 작업
(1) 감정의 해소
(2) 한풀이 호스의 사용과 감정의 해소
(3) 감정해소 시간의 경과 – 침묵
(4) 현재 감정의 확인
(5) 핵심감정의 강도 확인
(6) 감정강도의 증진
(7) 감정강도의 재확인
(8) 현재 감정의 확인
(9) 심신의 이완 및 긍정적 강화

3. 연령퇴행 작업
(1) 연령퇴행 유도
(2) 핵심감정의 원천 확인–연령과 문제상황 확인
(3) 문제상황 및 핵심감정 재경험
(4) 핵심감정의 표출 및 해소
(5) 감정상태 확인
(6) 심신의 이완
(7) 어린이자아와 어버이자아 작업
(8) 편집 작업
(9) 무지개(또는 구름) 기법과 향기 기법의 적용
(10) 긍정적 강화 – 후최면암시

4. 전생퇴행 작업(선택적)

Ⅳ. 종결 단계

1. 마무리 작업
(1) 전체 정리
(2) 마무리의 예고
(3) 깨우기

2. 의식상태
(1) 경험나누기
(2) 질의응답

수 있기 때문에 일률적으로 특정한 최면치료 기법들을 제시하기는 어렵다.

(4) 종결 단계

종결 단계는 최면치료를 마무리짓는 단계로서 10분 정도의 시간이 요구된다. 이 과정에서는 먼저 최면을 마무리짓겠다는 암시를 주어야 하며, 이에 따라 전체 최면치료에 대한 정리를 하고 교훈을 찾아 보도록 하여 치료를 마무리짓는다. 그리고 서서히 최면에서 깨도록 도와주어야 한다.

여기서 한 가지 주의해야 할 것은 치료가 끝이 났다고 해서 바로 눈을 뜨게 해서는 곤란하다는 점이다. 왜냐하면 깊은 최면상태에서 의식상태로 되돌아오는 데에는 어느 정도 마음의 준비뿐만 아니라 시간적인 여유가 필요하기 때문이다. 영화관에서 영화가 끝난 후에 바로 밖으로 나오면 눈을 뜨기가 힘이 드는 것과 비슷한 이치이다. 예를 들어 치료자는 미리 내담자에게 눈을 뜨게 될 것을 예고하고, 하나부터 다섯까지를 셀 것이니 "다섯!" 하면 눈을 뜨도록 암시를 할 것이며, 실제로도 이런 방식으로 해야 한다.

이상과 같은 최면치료의 과정 전체를 표로 나타내어 보면 〈표 7-1〉과 같으니 참고하기 바란다.

2. 준비 단계

준비 단계는 본격적인 최면치료를 시작하기 전에 원만한 치료를 위해 이루어지는 사전단계이다. 이 단계 동안에 치료자와 내담자는 서로 래포를 형성할 뿐만 아니라 치료자는 내담자의 인적 사항이나 문제, 그 문제와 관련한 제반 정보를 수집하고 치료를 위한 마음의 준비를 할 수가 있다. 그리고 내담자로 하여금 최면과 최면치료가 무엇이며 어떤 성격을 갖는지, 치료 작업이 어떻게 이루어지는지에 대해서 설명해 줌으로써 최면에 임하는 마음의 준비를 갖도록 도와 주기도 하는 단계이다.

앞의 장들에서 충분히 살펴보았듯이 거의 대부분의 사람들은 최면에 대해 잘못 알거나 잘못된 선입견을 갖고 있기 때문에, 사전교육이나 안내 없이 최면치료가 이루어졌을 때 최면 경험을 제대로 소화하지 못하거나 스스로 최면에 걸리지 않았다고 믿는 내담자가 의외로 많음을 볼 수 있다. 따라서 시간이 다소 걸리더라도 최면에 대해 제대로 안내함으로써 내담자가 충분한 사전지식을 갖고 최면에 임하도록 하는 것이 중요하다.

요컨대 준비 단계에서는 사전면접, 문제파악, 최면치료 과정에 대한 안내의 세 가지 작업이 이루어진다.

(1) 사전면접

사전면접은 첫째, 내담자의 인적 사항을 비롯하여 내담자와 관련한 제반 정보를 얻고 아울러 도움을 받고자 하는 핵심문제가 무엇이며 문제와 관련한 내담자의 상황이 어떠한지를 알아본다. 둘째, 내담자에게 최면치료 과정에 대한 안내를 함으로써 본격적인 최면치료를 준비하는 단계이다. 효과적인 사전면접을 위해서는 〈부록-2〉에 제시된 '사전면접카드'와 같은 용지를 내담자에게 미리 배부하여 응답하게 하고 약속한 날에 갖고 오게 하여 함께 검토하는 것이 좋다.

치료자가 파악해야 할 내담자와 관련한 구체적인 정보사항은 크게 내담자의 인적 사항과 문제상황의 두 가지로 분류될 수 있는데, 상세한 질문사항은 사전면접카드에 잘 나타나 있으므로 참고하기 바란다.

먼저 내담자 인적 사항과 관련하여 살펴보면, 치료자는 내담자로 하여금 가능하면 각 사항에 대해서 성실히 응답할 수 있도록 해야 하는 것이 중요하다. 왜냐하면 그 내용들이 치료상황에서 적절히 참고되고 활용될 수 있기 때문이다. 만약 그렇게 하지 않으면 치료 도중에 일일이 내담자에게 물어 보고 확인해야 하는데 이 경우에 치료 작업이 방해받을 수 있기 때문이다. 그렇지만 내담자가 이 사항들 모두에 대해서 반드시 답을 해야 할 필요는 없다.

내담자에 따라서는 특정 사항에 대해서는 대답하기를 꺼려할 수도 있으므로 치료자는 그러한 권리를 존중해 줄 필요가 있다. 예를 들면 어떤 내담자는 굳이 자신의 학력을 밝히려 하지 않거나 가족관계나 종교적인 부분에 대해서 숨기려 하는 경우도 있다. 최면치료는 다른 어떤 치료보다 내담자의 자발성이 요구되기 때문에 내담자에게 억지로 강요할 수는 없다. 대신에 치료자는 내담자의 그러한 측면을 존중하면서도 염두에 두었다가 후에 치료를 위한 단서로 활용할 수도 있을 것이다.

치료자가 파악해야 할 내담자의 인적 사항을 예시하면 다음과 같다:

기본 인적 사항 파악으로는 이름, 직업, 나이, 학력, 종교를 파악해야 한다.

취미나 특기로는 좋아하는 활동, 꽃, 냄새(향기), 좋아하는 노래, 좋아하거나 마음 편하게 자주 가는 장소, 좋아하는 시, 구절, 격언이나 명언, 내용, 좋아하거나 존경하는 인물 등이 있다.

가족관계 및 관계의 질을 알기 위해서는 좋아하는 가족, 싫어하거나 사이가 좋지 않은 가족을 파악해야 한다. 그 밖에도 가정생활, 직장생활 또는 학교생활, 기타 인간관계나 사회생활을 검토해 볼 수 있다.

사전면접에서 두 번째로 확인해야 할 것이 내담자의 문제상황이다. 이것은 사전면접카드의 '상담내용' 란을 통해 확인 가능하다. 내담자의 문제는 구체적으로 어떤 것이며, 무엇 때문에 최면치료를 받고자 하는지를 확인하는 것이다. 아울러 그러한 문제는 언제부터 생겼으며 그 문제로 인해 다른 치료를 받아 본 적이 있는지 등에 대해서도 알아볼 필요가 있다.

한편 내담자는 그 문제와 관련하여 어떤 감정을 갖고 있으며 경험하는지, 문제와 관련하여 평소에 어떻게 생활하며 경험하고 있는지를 확인하는 것이 중요하다. 이러한 부분에 대한 정보를 통하여 치료자는 내담자의 문제상황을 일목요연하게 파악하고 치료를 위한 마음의 준비를 갖추고 치료전략을 수립할 수 있게 된다.

구체적으로 치료자가 파악해야 할 내담자의 문제상황은 주된 호소문제, 핵심감정, 관련 경험 등이 있다.

(2) 최면 과정에 대한 안내와 최면 준비

준비 단계에 있어서 두 번째 과정은 치료자가 내담자에게 최면치료과정에 대한 안내를 실시하는 것이다.

효과적인 최면 과정에 대한 안내를 위해서는 미리 작성된 〈부록-3〉과 같은 상담 전 내담자 숙지사항 안내문을 주고 내담자로 하여금 먼저 읽어 보게 한 후 설명을 해 주는 것이 도움이 된다. 최면치료 과정에 대한 안내 단계에는 다음과 같은 사항이 포함된다:

① 최면의 성격에 대한 안내

최면의 성격에 대한 안내를 위해서는 적어도 다음과 같은 내용을 구체적으로 언급해야 할 것이다.

- 최면중에는 의식이 있다. 그러므로 최면상태에서도 주변 상황을 의식할 수 있다.
- 최면중의 내용을 다 알 수 있을 뿐만 아니라 최면에서 깨어난 후에도 그것을 다 기억할 수 있다.
- 개인과 환경에 따라서 최면에 잘 걸리지 않을 수도 있다. 즉 개인의 최면감수성의 정도와 최면을 받는 개인의 심리적 조건 및 당시의 물리적 환경에 따라 최면에 잘 걸리지 않을 수도 있다. 또한 최면에 대한 적당한 동기는 도움이 되지만 지나친 기대나 '반드시 걸려야 한다'는 강박적 관념, 최면에 잘 걸리지 않을지도 모른다는 불안 등은 최면에 방해가 된다.

- 최면 경험은 개인에 따라 다르다. 즉 시각적인 경험을 하는 사람이 있는 반면에 그 외의 다른 감각적 경험을 하는 사람도 있고 거의 감각적 경험 없이 단순한 느낌이나 직관에 의해 최면 경험을 할 수도 있다. 최면 속에서는 극적인 대단한 경험을 할 수도 있지만 그냥 담담하게 최면을 마칠 수도 있음을 알아야 한다.
- 언제라도 최면을 그만두고 싶으면 그렇게 할 수 있다. 그러므로 그만두고 싶을 때는 그러한 의사표시를 할 수 있다. 그럴 때 치료자는 내담자의 의사를 존중하여 그만두도록 조치한다.
- 기타 질문 사항에 대한 응답과 안내

② 최면치료와 과정에 대한 안내

최면치료는 일반적인 다른 치료와는 여러 가지 면에서 성격을 달리한다. 따라서 최면치료에 대한 구체적인 설명을 미리 해 주는 것이 좋다. 즉 최면상태에서 경험할 수 있는 사항은 평상시와는 다르고 최면치료는 치료자의 치료전략에 따라 이루어지므로 치료자의 안내를 제대로 따라야 한다는 점을 주지시킬 필요가 있다. 기본적으로 치료 과정 자체를 받아들이기 어려울 때는 그러한 의사표시를 하고 그만둘 수도 있지만, 그렇지 않는 한 치료자의 지시와 안내를 따라야 할 것을 미리 말해 두는 것이 좋다.

최면치료 과정 동안에 과거의 고통스런 경험을 떠올림으로써 심리적, 신체적 고통을 재경험할 수도 있음을 알려 줄 필요가 있으며 가능하면 그러한 고통을 감당하되 견디기 힘이 들면 치료자가 적절한 조처를 취하여 고통에서 벗어나게 할 수 있으니 염려를 하지 않도록 주의를 환기해 주는 것이 좋다.

③ 내담자의 자세에 대한 안내

최면치료 과정에 있어서 내담자는 치료자의 지시와 안내에 순응하는 자세를 보여야 한다. 치료자가 주도적으로 진행하는 치료 과정에서 내담자가 제대로 순응해 주지 않는다면 치료가 이루어지기 어렵다. 따라서 내담자는 치료자가 어떠한 요구를 하고 지시를 하더라도 그대로 따라야 한다는 점을 주지시키는 것이 중요하다.

④ 비밀보장의 원리 및 거부권에 대한 안내

앞에서도 설명이 되었지만 최면치료 동안에 밝혀지는 내담자의 어떠한 사적인 정보나 과거의 일이라 하더라도 그것에 대한 비밀은 보장될 것이므로 안심하고 치료에 임하며, 어떠한 사적인 정보도 편안한 마음으로 노출해 줄 것을 당부하고 보장하는 것이 필요하다. 그러나 내담자가 원하지 않는 것에 대해서는 어떠한 것도 강요하지 않을 것이며, 거부권은 최대로 존중된다는 점도 밝혀 주는 것이 좋다. 그럼으로써 내담자는 편안한 마음으로 최면에 임하며 치료 과정에서 협조할 수 있을 것이다.

⑤ 역할연기에 대한 안내

치료 과정 동안 효과적인 치료를 위하여 내담자는 역할연기(role play)를 할 수도 있다. 심리극이나 게슈탈트 치료에서 이루어지는 역할연기가 최면치료에서도 곧잘 이루어진다. 그러므로 그러한 역할연기에 대한 충분한 안내와 연습이 필요할 수도 있다. 예를 들면, 문제의 내용이 인간관계와 관련된 것이라면 관계 당사자와의 사이에서 이루어지는 문제를 실제로 연기해 보인다거나 서로 역할을 바꾸어서 연기해 보는 경우가 있을 수 있음을 알려 준다.

⑥ 곰인형과 한풀이 호스의 사용에 대한 안내와 사전실습

앞의 역할연기 과정에서 자연스럽게 활용될 수 있는 소품이 있는데 그것은 곰인형과 한풀이 호스이다. 특히 곰인형은 내담자에게 사랑과 보호, 관심을 베풀 수 있는 사람의 대용으로 활용할 수 있으며, 자아를

강화해 주는 수단으로서도 활용할 수 있다. 예를 들어 어릴 때부터 부모의 사랑을 제대로 받지 못한 일 때문에 심리적 고통을 경험한 내담자에게는 곰인형이 어머니가 될 수도 있고, 사랑하는 애인이나 배우자로부터 인정받지 못한 문제로 고통을 겪는 내담자에게는 바로 그 애인이나 배우자가 될 수도 있다.

곰인형을 안음으로써 내담자는 곰이 상징하는 사람으로부터 사랑과 인정, 관심을 받는 것을 충분히 경험할 수 있고, 이러한 경험이 치료적 경험으로 연결될 수 있다. 그러므로 치료자가 나중에 치료 과정에서 곰인형을 안거나 그것을 수단으로 역할연기를 지시하면 그대로 따를 것을 내담자에게 안내해 주고, 실제로 곰인형을 안아 보는 실습을 시켜 두는 것이 필요하다.

치료 과정에서 유용하게 사용되는 또 하나의 소품이 한풀이 호스이다. 최면치료에서는 감정적 해소가 중요한데 이를 위해서는 한풀이 호스가 활용된다. 치료 과정에서 내담자는 때때로 고함을 질러야 하는 경우도 생긴다. 이러한 경우에도 호스는 유용하게 활용될 수 있다. 그러므로 미리 그것에 대해 설명해 주고 두드리는 연습을 시켜 두는 것이 필요하다.

여기서 말하는 한풀이 호스는 보통 건재상에서 판매하는 고무나 플라스틱으로 만든 호스를 말한다. 지름이 약 3cm 정도 굵기로 한 손으로 잡을 수 있는 적당한 크기면 된다. 호스가 너무 굵으면 한 손으로 잡기가 곤란하고 너무 가늘면 바닥을 세게 두드려야 할 경우에 곤란할 수가 있다. 경우에 따라 호스 대신에 나무막대 같은 것을 사용할 수도 있지만, 자칫하면 부러질 수가 있고 너무 딱딱하여 바닥을 치기가 어려운 면이 있다. 그래서 가능하면 고무나 플라스틱 호스를 준비하는 것이 좋을 것이다.

그런데 바닥에 호스를 두드리다 보면 소음이 날 수도 있고 고함을 지를 때에 주변이나 옆의 방에 소리가 새어 나가는 수도 있다. 따라서 치료자는 가능하면 베개나 방석 또는 담요 같은 것을 준비하여 바닥에 깔아 놓고 그 위를 두드리게 할 필요도 있으며, 미리 치료실의 방음상태를 점검하여 대책을 세워놓을 필요도 있다.

⑦ 현재의 느낌확인과 질문사항에 대한 응답

대부분의 내담자는 최면 유도 전에 다소의 긴장과 불안을 경험하게 마련이다. 그러므로 그러한 심리상태를 미리 파악하거나 확인하여 내담자로 하여금 각성하고 해소할 수 있도록 하는 것이 좋다. 그렇게 하기 위해서는 현재의 느낌이 어떠한지, 왜 그러한 느낌을 갖는다고 생각하는지 등에 대한 질문을 하고 대답을 들어봄으로써 보다 편안하고 이완된 심신의 상태를 유지하게 하도록 하는 것이 좋다.

내담자는 최면과 치료에 대해 궁금해 하고 의문을 갖는 부분이 많을 것이다. 그러므로 미리 질문할 것이 있는지 확인하게 하고 치료자는 질문사항에 대답해 줌으로써 내담자가 보다 편안한 마음으로 최면에 응하도록 도와 줄 필요가 있다.

(3) 최면 유도 준비

최면 유도 준비란 효과적인 최면 유도와 치료를 위하여 제반 물리적 조건을 갖추는 것을 말한다. 치료자는 다음과 같은 점들에 주의를 하여 최면 유도를 위한 준비에 만전을 기해야 할 것이다.

① 실내 분위기의 조성

효과적인 최면치료를 위해서는 제반 물리적인 조건을 갖추는 것이 필요하다. 심리적으로 안전감을 느낄 수 있도록 적절한 실내 조명상태를 유지하고, 장외로부터 유입될 수 있는 소음을 적절히 차단할 수 있는 조건을 갖추며, 실내의 소리가 바깥으로 유출되지 않도록 하는 것도 중요하다. 필요하다면 적절한 향을 준비하여 향기를 통하여 내담자가 심신의 안정을 취하거나 안락감을 느낄 수 있도록 할 필요도 있다. 특히 내담자가 불교를 믿는 불자이거나 향불에 거부감이 없다면 향불을 피워 놓는 것도 도움이 될 수 있다.

② 음악

최면 유도를 위한 도구 중에서 음악은 가장 널리 활용된다. 왜냐하면 음악, 특히 명상용 음악은 심리적 이완과 함께 신체적 이완을 도와주기 때문이다. 그러므로 최면 유도 전에 미리 적절한 음악 테이프와 함께 오디오를 준비하는 것이 좋다. 음악을 사용할 때는 가능하면 같은 것으로 준비하여 최면 유도시에 사용하는 것이 좋다. 왜냐하면 내담자가 같은 음악을 반복하여 청취함으로써 보다 쉽게 최면에 들어갈 수 있기 때문이다. 경우에 따라 내담자들이 자신의 취향에 따라 서로 다른 음악을 좋아할 수도 있으므로 미리 내담자가 좋아하는 음악을 준비할 수 있으면 좋다.

③ 녹음(또는 녹화)에 대한 허락

가능하면 최면치료 과정을 녹음하거나 녹화하는 것은 기록을 보존하고, 내담자가 후에 참고할 수 있는 근거를 마련하기 위해서라도 도움이 된다. 극히 드문 일이긴 하지만 최면치료가 눈을 감은 상태에서 이루어지는 일이기 때문에, 특히 이성간에 이루어지는 치료 작업의 경우에는 타인으로부터 오해를 사기도 하는 것이 사실이다. 특히 성문제와 같이 민감한 문제를 다룰 때는 더욱 그러하다. 때문에 녹음이나 녹화를 하는 것은 그러한 오해를 불식시키거나 만일의 경우 문제가 되었을 때를 대비하여 구체적인 증거를 남기는 차원에서도 필요하다. 따라서 녹음이나 녹화에 대해 사전준비를 할 필요가 있다. 다만 이 경우에 반드시 내담자의 사전 양해나 허락이 있어야 한다는 점을 명심할 필요가 있다. 아무리 선의로 행한 일이라도 내담자가 그것을 용납하지 않거나 허락하지 않는다면 내담자를 무시하거나 그의 권리를 침해하는 일이 되므로 윤리적으로나 법적으로 옳지 않다는 사실을 인식할 필요가 있다.

일단 내담자의 허락이 이루어지면 치료자는 녹음이나 녹화가 잘 이루어질 수 있도록 테이프와 함께 녹음기, 녹화기의 준비상태를 점검하고 필요할 때 언제라도 기계를 작동할 수 있도록 해야 한다. 기계를 작동할 때는 치료 작업에 방해가 되지 않는 범위 내에서 이루어지도록 주의해야 할 것이다.

④ 최면자세의 안내

본격적으로 최면에 들어가기 전에 치료자는 내담자로 하여금 적절한 최면자세를 취하도록 안내하는 것이 필요하다. 최면자세로서 적절한 유일한 자세는 없다. 다만 내담자가 편안하게 눈을 감고 치료를 받을 수 있도록 하는 자세면 좋다. 일반적으로 효과적인 최면치료를 위해서는 가능하면 안락의자 또는 소파를 준비하여 내담자가 편안하게 기대어 앉도록 하는 것이 좋다. 경우에 따라서는 바닥에 누워서 해도 좋고, 일반 의자에 앉아서 해도 좋지만 어느 경우든 내담자가 편안하게 느낄 수 있도록 해 주는 것이 중요하다.

이성 치료자에게 치료를 받는 여성 내담자의 경우는 눈을 감은 채로 자신의 신체를 이성 치료자에게 맡긴다는 것에 대해 다소 어색함이나 부끄러움을 느끼는 경우가 많다. 특히 짧은 치마를 입었거나 여름철에 짧거나 얇은 옷을 입었을 때는 더욱 그러하다. 이럴 때를 대비하여 치료자가 미리 적절한 담요 같은 것을 준비하여 덮게 하면 내담자로 하여금 심리적 안락감을 갖고 최면에 임하게 하는 데 도움이 된다. 안경을 낀 내담자는 미리 안경을 안전한 곳에 벗어 놓게하고 최면에 임하도록 해야 할 것이다.

⑤ 화장지 및 음료수

위에서 말한 담요와 함께 마지막으로 준비해야 할 것은 바로 화장지와 음료수이다. 민감한 내담자는 초기의 최면 유도시에 벌써 눈물을 흘리는 경우가 많다. 뿐만 아니라 치료 과정에서, 특히 한풀이 호스와

인형을 사용할 때 많이 울기도 한다. 그러므로 이러한 경우를 대비하여 치료자는 반드시 화장지나 손수건을 미리 준비해 놓는 것이 좋다. 최면 유도나 치료 도중에 화장지를 찾느라 집중이 깨어지거나 작업진행이 방해를 받는 수가 있기 때문에 반드시 미리 준비해 놓아야 한다.

화장지는 가능하면 티슈처럼 부드러운 질감을 가진 것이 좋으며, 내담자에게 미리 손수건이 있는지를 물어 보고 본인의 것이 있으면 그것을 사용하는 것이 좋다. 눈물을 흘릴 때는 내담자가 자신의 눈물을 직접 닦을 경우에 집중상태가 깨질 우려가 있으므로 치료자가 닦아 주되 부드럽게, 가능하면 닦는 동안에 감각적인 느낌을 크게 갖지 않도록 조심할 필요가 있다. 내담자가 눈물을 흘린다는 것은 최면에 어느 정도 몰입되었다는 뜻이기 때문에 일단은 바람직하지만 그 눈물을 닦는 과정에서 오히려 방해가 되어서는 안 된다. 따라서 치료자는 내담자의 눈물처리에 신중을 기해야 할 것이다.

내담자는 최면 도중이나 마친 후에 갈증을 느끼거나 어떤 이유로든 음료수를 찾는 경우가 있다. 이때를 대비하여 언제라도 마실 수 있는 음료수를 준비해 두는 것도 필요하다. 화장지와 마찬가지로 이것도 도중에 준비하려면 치료작업에 방해가 될 수 있기 때문에 가능하면 미리 준비를 해 두는 것이 좋다.

3. 최면 유도 단계

이 단계는 문자 그대로 최면 유도를 위한 단계이다. 즉 이 단계에서는 실질적인 최면 유도를 하게 된다.

최면 유도 단계는 다음과 같이 이완 기법을 통한 최면 유도 작업의 시작과 자아강도를 높이기 위한 단계로 이루어진다고 볼 수 있다.

(1) 최면 유도 작업의 시작

최면 유도 단계는 본격적인 최면치료를 하기 전에 최면으로 유도하는 단계이다. 효과적인 최면 유도를 위한 구체적인 기법과 내용은 별도로 소개하였으므로 생략하고, 여기서는 자아강화 단계에서 자아강화를 위한 기법을 소개한다.

(2) 자아강화 단계

자아강화란 내담자가 고통의 순간에서 고통을 잘 극복하도록 도와주기 위해 심리적인 힘을 길러 주는 것을 말한다. 최면중에 내담자가 비록 과거의 외상적 경험을 떠올리고 그것 때문에 힘들어 하더라도, 자아강화의 기법을 활용하면 비교적 쉽게 어려움을 극복해 낼 수 있다. 그러므로 미리 자아강화의 경험을 하게 하고 필요할 때 활용하도록 하는 것이 좋다.

자아강화를 위한 방법으로 가장 효과적인 것이 바로 닻내리기 기법이다. 닻내리기(anchoring)란 NLP의 대표적인 기법 가운데 하나인데 내담자의 자아강도를 높이는 방법이기도 하다. 다시 말해서 내담자가 치료 과정 동안에 고통을 겪거나 힘들어 할 때 자아를 강화하기 위하여 닻내리기를 시도할 수 있다. 그렇게 되면 내담자는 비교적 쉽게 고통에서 벗어나게 되고 보다 편안한 상태에서 치료적 효과를 높일 수 있다.

닻내리기를 하기 위해서는 일단 내담자로 하여금 앞의 이완 기법에서 소개하였던 행복한 순간 회상 기법 또는 들판 기법을 활용하여 행복한 순간이나 들판 장면과 같이 가장 행복하거나 편안한 장면을 떠올리도록 하는 것이 중요하다. 또는 내담자가 믿는 절대자나 의지대상자를 생각하게 하고 그로부터 사랑과 보호를 받는 순간을 떠올리고 경험하도록 하는 것도 좋다. 이때 그로 하여금 충분한 연합(association)이 이루어지도록 한 후에 닻내리기 신호를 발사해야 한다.

〈그림 7-1〉 닻내리기 신호의 예

여기서 닻내리기 신호란 〈그림 7-1〉과 같이 오른손이나 왼손의 엄지손가락과 둘째 또는 가운데 손가락을 맞잡는 것을 말한다. 이 방법이 가장 보편적인 닻내리기의 방법이긴 하지만, 이런 방법 외에도 스스로의 가슴에 두 손을 얹는다거나 기도하거나 합장하는 형태로 두 손바닥을 붙이거나 맞잡는 것과 같이 다른 형태로 닻내리기를 시도할 수 있다. 제대로 닻내리기가 이루어지면 가장 행복한 순간이나 편안한 장면이 떠올라 내담자의 심신상태가 이완되는 효과를 경험할 수 있게 된다. 닻내리기 기법이 충분히 적용된 후에는 그것을 그만두게 하도록 본격적인 최면 작업에 들어가게 된다.

4. 치료 단계

이제 본격적으로 치료 작업이 이루어지는 구체적인 과정과 기법에 대해서 살펴보자.

(1) 최면 작업의 시작

이 단계는 본격적인 최면이 시작되는 단계로, 당면 문제와 관련한 내담자 자신의 경험을 확인하고, 그 문제와 관련한 핵심감정을 찾아 해소하는 작업을 하게 된다. 이를 위해서는 최근의 문제상황으로 가서 핵심감정을 확인하고 그 감정을 신체화함으로써 재경험하게 하는 일이 필요하다. 이를 위한 치료자의 구체적인 유도 내용을 살펴보면 다음과 같다.

최근의 문제상황

자, 이제 당신은 가장 최근에 겪었던 문제상황으로 가십시오. 당신이 ……감정을 느꼈던 가장 최근의 경험을 기억해 보십시오…. 잘 생각하여, 그 장면이 기억나거든 엄지손가락을 들었다가 놓으십시오.

(손가락을 든 후에)

좋습니다. 당신은 이제 방금 떠올렸던 상황을 설명해 주십시오. 그리고 그때 느끼는 당신의 감정과 심리상태는 어떻습니까? 그 상황과 장면을 구체적으로 떠올려 주십시오.

(상황에 대한 설명과 감정 및 심리상태의 표현이 이루어진 후에)

신체적으로 느껴지는 것이 있으면 그것을 떠올리고 느껴 보십시오. 신체의 어느 부분에서 느껴집니까? 당신이 ——의 감정을 느끼는 순간 당신의 신체 중 어느 부분이 반응을 일으킵니까? 그것이 어느 부분인지 느껴 보십시오. 머리입니까? 가슴입니까? 심장입니까? 배입니까? 허리입니까? 그리고 그것은 어떻게 느껴집니까? 문제상황에서 느껴지는 대로 말로 표현해 보십시오. 당신의 느낌을 그대로 표현해 보십시오. 큰 소리로 말해 보십시오.

핵심감정의 강도 확인

이제 당신이 느끼는 감정의 강도를 평가해 보십시오. 그 감정이 얼마나 강하게 느껴지는지를 말해 보십시오. 1에서 10까지 중에서 어느 정도 되는지를 평가해 보십시오. 1은 가장 약한 정도이며 10은 가장 강한 정도입니다.

- 강도가 1에서 5 이하이면 → '감정강도의 증진' 으로
- 강도가 6 이상이면 → 뒤의 '(2) 치료작업' 단계로

감정강도의 증진

당신의 감정을 계속 느끼되 점점 강하게 느끼십시오. 신체적으로도 강하게 느끼고 경험하십시오. 이제, 하나부터 다섯까지를 세겠습니다. 하나씩 세어 올라갈 때마다 점점 더 강하게 느끼십시오. 그리고 마지막 다섯이 되면 최대로 강하게 느끼십시오. 하나…. 당신의 감정이 더 강해집니다. 당신은 더욱더 강하게 느낍니다. 둘… 더 강하게 느끼고 경험하십시오. 셋… 당신의 감정을 점점 더 강하게 느끼십시오. 넷… 당신은 몸과 마음으로 더욱 더 강하게 느끼고 경험합니다. 다섯…. 이제는 당신의 감정을 최대로 강하게 느끼십시오.

감정의 재경험 및 신체화

이제 당신의 감정을 충분히 느끼십시오…. 지금, 어떻습니까? 어느 정도의 느낌이 옵니까? 그리고 당신의 신체적 감각을 느끼십시오. 신체의 어느 부분에서 느껴집니까? 느끼고 경험하십시오.

감정강도의 재확인

당신의 감정의 정도를 평가해 보십시오. 1에서 10까지의 정도에서 어느 정도인지 평가해 보십시오. 1은 가장 약한 강도이고 10은 가장 강한 강도입니다.

- 강도가 1에서 5 이하이면 → 앞의 ③으로 가서 재시도
- 강도가 6 이상이면 → '(2) 치료작업' 으로

(2) 치료 작업

이 단계는 최면상태에서 본격적으로 치료를 하는 단계이다. 치료 작업이 이루어지는 과정과 기법은 다음과 같다.

① 감정의 해소

최면은 기본적으로 마음과 몸은 하나라는 심신상관의 원리를 전제로 한다. 따라서 심리적인 감정상태는 반드시 신체적인 조건과 연결되어 근육 및 신경계통에 응어리져 붙어 있게 된다고 할 수 있다. 예를 들면 불안의 심리는 심장이나 위장의 고통으로 연결되고 스트레스로 인해 두통을 경험하는 것 등을 꼽을 수 있다. 그러한 신체적 고통을 없애기 위해서는 심리적 안정상태를 회복하는 것이 좋지만 오히려 신체적 해소를 통해 심리적 안정을 도모할 수도 있다. 이것이 최면치료의 한 전략이라고 할 수 있다. 따라서 여기서는 심리적 감정상태를 해소하기 위한 방법으로서 먼저 내담자로 하여금 감정을 신체화하여 표현한 후에 그것을 해소하게 하고자 하는 것이다.

사실 앞에서 최근의 문제상황을 설명할 때 내담자로 하여금 감정경험을 하도록 하는 동시에 그 감정을 신체화하도록 유도한 부분이 있었다. 여기서는 그렇게 신체화한 작업을 기초로 감정을 해소하고 신체적 응어리를 풀어 낼 수 있는 구체적이고도 실질적인 조처를 취한다. 이것이 제일차적인 치료전략이라고 할 수 있고, 이것은 일종의 한풀이(abreaction) 또는 정화법(catharsis)이라고 할 수 있다.

때때로 내담자가 이러한 개념과 논리를 제대로 이해하지 못할 때가 있으므로 치료자는 비록 최면상태이지만 내담자에게 적절히 설명을 해 줄 수도 있다. 다시 말해서 심리적 감정상태는 신체적 증상으로 연결되어 나타날 수 있는데, 마음이 불안하거나 긴장될 때 가슴이 두근거리고 조여들고 위장이 아픈 경험을 할 수도 있고 어떤 문제를 해결할 수 없어 답답할 때 머리가 아픈 증상을 경험하는 것이다.

신체상태를 해소하는 가장 좋은 방법은 일차적으로 신체상태를 언어로 표현하는 언어화이다. 신체상태가 어떻게 느껴지는지를 생각해 보고 그것을 말로써 표현하게 하는 것이다. 예를 들어 머리가 아프다면 "머리가 아프다"고 구체적으로 말하게 하는 것이다. 허리에 통증이 느껴진다면 그 통증의 상태를 그대로 묘사하게 하는 것이다. 그러나 이때 중요한 것은 신체상태를 가능하면 구체적으로 큰 소리로 말하게 하는 것이다. 그렇게 할 때 내담자는 자신의 신체적 조건과 깊이 연합되어 치료의 효과를 크게 볼 수 있는 것이다.

신체상태의 표현과 해소

신체상태를 표현하고 해소하도록 하기 위한 유도문은 다음과 같다.

당신의 신체상태를 언어로 표현해 보십시오. 그리고 신체가 말을 한다면 어떻게 하겠습니까? 그것을 직접 말로 표현해 보십시오. 실제로 당신이 느끼는 강도만큼 표현해 보십시오.

이 과정에서 소극적이거나 최면에 깊이 들어가지 않은 상태의 내담자는 주저하고 제대로 표현하지 못할 수가 있다. 그러므로 치료자는 내담자에게 그의 증상에 따라 다음과 같이 말해 보라고 지시하거나 시범을 보여 주고 따라해 보게 할 수도 있다.

자, 따라해 보세요. 아이고, 머리야!
아, 허리가 아파요…!
배가 너무 아프다…!
심장이 터질 것 같아요…!

감정의 표현과 해소

감정을 표현하고 해소하도록 하기 위한 유도문은 다음과 같다.

이제는 당신의 감정을 있는 그대로 표현해 보십시오. 강도만큼, 느껴지고 경험되는 그대로를 말로 표현해 보십시오. 그리고 그 감정이 물러가고 없어지라고 소리치십시오. 진정으로 간절한 마음으로 소리를 치십시오. 소리를 지르는 만큼 감정이 물러가고 사라진다고 느끼면서 힘껏 소리치십시오.

이 경우에도 치료자는 내담자에게 직접적으로 다음과 같이 말해 보라고 하거나 스스로 시범을 보이고 따라해 보게 할 수 있다.

불안아 물러가라!
슬픔과 외로움아 물러가라!
통증아 썩 물러가라, 지금 당장!
위장의 통증아 당장 물러가라!

문제상황의 경험을 통한 심층감정 표현

치료자는 문제상황에서 내담자가 경험했을 심리적 상태와 감정을 표현하게 한다. 즉 내담자가 당시에 느꼈고 하고 싶었으나 어떤 이유로든 할 수 없었고 충분히 경험할 수 없었던 내적 감정을 말로써 표현하게 한다.

힘이 들겠지만 ○○의 상황에서, 정말 마음에서 하고 싶었던 말을 지금 해 보십시오. 어느 누구에게도 할 수 없었던 말들을 해 보십시오. 당신은 이제 치료받아야 합니다. 정말로 마음 깊이 맺혀 있는 심층감정을 털어 내어 보십시오. 큰소리로 말하십시오.

이때도 역시 치료자는 내담자에게 다음과 같이 말하게 하거나 대신 시범을 보이고 따라해 보게 할 수 있다.

엄마, 보고 싶어요!
나는 당신이 싫어요! 죽이고 싶어요!
나는 외로워요. 너무 외로워 미칠 것 같아요!
너무 싫어요. 너무 불안해요. 너무 무섭고 불안하여 온몸이 얼어붙는 것 같아요!
제발 혼자 좀 있게 해 주세요. 제발 내 몸에 손 좀 대지 말아요. 무섭고 싫어요. 죽어 버릴 거예요! 징그러워요.

② 한풀이 호스의 사용과 감정의 해소

내담자가 앞에서처럼 언어적 표현을 통해 감정해소가 제대로 되면 다행이지만 대개의 경우는 그렇게 되기가 어렵다. 왜냐하면 비록 최면 상태이지만 주저하거나 어색한 느낌으로 충분히 감정표현을 하기가 어렵기 때문이다. 깊은 최면상태가 이루어지지 않았을 때는 더욱 그러하다. 그러므로 여기서는 추가적으로 한풀이 호스를 통해 좀더 철저하게 감정해소 작업을 실시해야 한다.

이를 위해서 치료자는 내담자에게 준비 단계에서 미리 안내된 대로 한풀이 호스를 주고 베개나 방석, 담요 또는 맨바닥을 두드리게 한다. 물론 가능하면 최대로 힘껏 두드리게 하고, 동시에 앞에서와 같이 언어로 표현하도록 하되 가능하면 고함을 지르도록 도와 주어야 한다.

효과적인 작업이 되도록 하기 위하여 치료자는 내담자와 함께 호스를 잡고 두드리면서 대신 소리를 지르고 내담자에게 따라 하도록 하는 방식으로 도와 줄 수도 있다. 처음에는 어색하게 따라하는 내담자가 차츰 분위기에 빠져들고 연합되기 때문에 잠시 후에는 아주 적극적으로 몰입하여 힘껏 호스를 내리치고 목이 터져라 고함을 지르기도 한다. 치료자는 내담자로 하여금 몸살이 나도록 충분히 격렬하게 호스작업을 하고, 정말로 목이 터지도록 고함을 지르게 유도하거나 도와 주어야 한다. 그렇게 될 때 충분한 한풀이와 정화의 치료적 효과를 거둘 수가 있다.

자, 여기 호스가 있습니다. 조금 전에 잡아 본 기억이 나지요? 이것을 잡고 바닥을 한번 쳐 봐요. 좋아요. 그렇게 치면서 당신의 감정상태나 하고 싶은 말을 직접 표현해 보세요. 자, 해 보세요.

혼자서 하기가 힘이 들면 나를 따라서 해 보세요. 이렇게 힘차게 치면서… 불안아 물러가라! 썩 물러가라! 하면서 고함을 지르는 것입니다. 자, 따라해 보세요.

좀더 힘있게 쳐 보세요. 더 세게! 몸살이 나도록 아주 힘차게 더 세게! 더 세게! 그리고 큰 소리로 말하세요. 더 크게! 더 크게! 몸살이 나도록 더 크게 고함을 지르세요!

③ 감정해소 시간의 경과

이상과 같은 한풀이 호스 작업을 하다 보면 내담자는 고함을 지르고 큰 소리로 통곡을 하는 경우가 생긴다. 내담자에 따라 10분 또는 그 이상의 시간 동안 호스 작업을 하는 시간이 소요될 수도 있다. 계속하여 호스를 두드리고 고함을 지르느라 실신을 하거나 기진맥진하는 경우도 생긴다. 이러한 때를 대비하여 치료자는 미리 적절한 음료수를 준비하는 것이 좋다.

내담자가 어느 정도 호스 작업을 마무리하면 휴식하고 침묵을 지킬 수 있는 시간적 여유를 허락해야 한다. 짧게는 몇 분, 길게는 10분 이상의 시간 동안 휴식할 수 있는 침묵의 시간을 주고 내담자가 다시 원기를 회복할 때까지 기다려야 한다. 이때 내담자를 돕기 위하여 심호흡을 하게 하거나 부드러운 명상음악을 들려 주고 들판 기법이나 선호장소 회상 기법을 사용하여 편안한 마음을 갖도록 유도하거나 닻내리기를 시도함으로써 심리적 안정감을 회복시키는 것도 좋다.

④ 현재 감정의 확인

어느 정도 기분이 회복되었다고 판단되면 내담자의 현재 감정상태를 확인해 보는 것이 필요하다.

> 자, 이제 당신의 감정이 어떠한지 느껴 보십시오. 이제 좀 후련합니까? 시원합니까?

⑤ 핵심감정의 강도 확인

감정의 강도가 어느 정도인지를 알게 되면 감정해소 작업의 성과를 짐작할 수 있고 다음의 치료 작업에 대한 전략을 세울 수 있기 때문에 확인 작업은 중요하다. 핵심감정의 강도 확인 작업은 다음과 같은 요령으로 이루어질 수 있다.

자, 이제 당신의 핵심감정이 현재 어느 정도로 남아 있는지, 그 강도가 얼마나 될지 알아보겠습니다. 1에서 10까지의 수치가 있습니다. 여기서 1은 가장 약한 상태이고 10은 가장 강한, 엄청난 강도의 감정상태를 말합니다. 현재 당신이 느끼는 핵심감정, 즉 ――의 감정은 어느 정도라고 생각합니까? 당신이 느끼는 주관적인 평가이니 부담갖지 말고 느껴지는 대로 말하십시오.

만약 내담자의 감정강도가 5 이하라면 강도를 더 높이는 작업이 필요하고 6 이상이라면 응어리가 덜 풀린 것으로 보아야 하기 때문에 다시 한풀이 호스 작업을 좀더 하도록 해야 한다. 그래서 강도 확인 후의 진로는 다음과 같이 요약하여 표시할 수 있다.

- 강도가 5 이하이면 → 뒤의 ⑥으로
- 강도가 6 이상이면 → 앞의 ②로 다시

⑥ 감정강도의 증진

내담자의 핵심감정의 강도가 많이 줄었다면 그 감정을 완전히 뿌리 뽑는 차원에서 한번 더 감정을 강화하여 해소작업을 하고, 강화할 것이 더 이상 없다면 그 정도로 끝을 낼 수가 있다. 만약 내담자의 감정강도가 5 이하라면 남아 있는 감정의 응어리를 완전히 해소하기 위해서 다시 한번 감정 강도를 증진하기 위한 작업을 할 필요가 있다. 그러나 감정의 강도가 6 이상이라면 아직 해소해야 할 감정이 남아 있는 것으로 보아야 하기 때문에 앞의 ②에서와 같이 다시 추가적인 해소작업, 즉 한풀이 호스 작업을 해야 한다.

감정강도의 증진 작업은 다음과 같이 내담자에게 핵심감정을 조금씩 더 크게 갖도록 유도함으로써 이루어진다.

자, 이제 당신이 현재 갖고 있는 핵심감정의 강도를 더 증진시키도록 하겠습니다. 내가 하나에서 다섯까지를 세겠습니다. 하나씩 올라갈 때마다 ――감정의 강도를 증진시키도록 하십시오. 하나… ――감정의 강도를 더 강하게 느끼십시오. 둘… 더 세게… 더 강하게… 셋… 더 강하게 감정을 느끼십시오… 더 강하게… 넷… 더 강하게… 다섯… ――의 감정을 더 강하게 느끼십시오.

⑦ 감정강도의 재확인

이상과 같은 요령으로 감정강도를 증진시켰으면 이제는 그 강도가 어느 정도 증진되었는지를 다시 확인해 볼 필요가 있다. 따라서 앞의 ⑤ 핵심감정의 강도 확인에서와 마찬가지로 다시 한번 감정강도를 확인해야 한다. 강도가 5 이하이면 다시 한번 ⑥의 과정을 되풀이하여 ⑥ 이상으로 증진시키고, 6 이상이면 ② 한풀이 호스의 사용과 감정의 해소 이후의 과정을 되풀이하여 궁극적으로 마지막 남은 감정의 응어리를 완전히 해소하도록 한다. 이런 과정을 통하여 감정강도를 증진해도 더 이상 올라가지 않거나 미약한 상태로만 남아 있다면 다음의 ⑧ 단계로 넘어가고 마무리를 짓는 것이 좋다.

⑧ 현재 감정의 확인

일단 내담자의 현재 감정의 강도가 5 이하로 내려간 것이 확인되었으면 지금 느낌이 어떤지를 다시 물어 본다. 일반적으로 이 정도까지 오게 되면 대부분의 내담자들은 좀 편안하고 과거의 감정을 별로 느끼지 않게 된다고 말한다. 그렇게 되면 다음의 단계로 넘어가도 된다.

⑨ 심신의 이완 및 긍정적 강화

이 단계에서는 먼저 처음에 최면을 유도할 때처럼 심신을 이완시킨다. 이미 최면 속에 있기 때문에 처음과 같은 유도 단계를 그대로 밟을 필요는 없으나 그동안 고통스런 감정을 경험하느라 힘들고 지쳤을 심신을 이완시킴으로써 치료 작업을 마무리하고자 하는 것이다. 이를 위해서는 다시 한 번 선호 장소 회상 기법이나 들판 기법과 같은 방법이 활용될 수 있다.

어느 정도 심신의 이완이 이루어졌다면 이번에는 긍정적 강화를 해 주도록 한다. 다시 말해서 이 단계를 행복하게 마무리짓고 이 단계를 벗어나더라도 강화된 자아의 힘으로 더 이상 부정적인 감정에 휘말리지 않고 적극적으로 생활을 잘 할 수 있도록 하기 위해서 긍정적 강화를 한다. 이를 위해서는 부드러운 명상음악을 사용할 수 있다.

(3) 연령퇴행 작업

이상과 같이 최근의 문제상황과 관련한 치료 작업이 마무리되면 이제 연령퇴행을 시도해 볼 수 있다. 연령퇴행이란 현재의 문제가 시작된 어릴 때 (또는 젊을 때)의 원인과 당시의 상황으로 찾아가는 것을 말한다. 과거의 원인을 찾았으면 그 당시로 돌아가서 그때의 일을 떠올리고 당시의 경험을 재생하고 재경험함으로써 치료 작업을 하게 된다. 이제 구체적으로 연령퇴행 작업에 대해서 설명하면 다음과 같다.

① 연령퇴행 유도

자, 이제 당신의 ――감정 (또는 문제)의 원인을 찾아가 보겠습니다. 당신이 언제부터 그러한 감정과 문제를 경험하게 되었는지, 그 원인을 찾아가 보겠습니다. 이제 열부터 하나까지 거꾸로 세겠습니다. 하나씩 내려갈 때마다 당신은 과거로, 과거로, 거슬러 내려가겠습니다. 그리하여 마지막 '하나'가 될 때 당신의 문제가 시작되었던 최초의 때로 가도록 하십시오.

이제 시작하겠습니다. 열… 과거로 과거로 가십시오… 아홉… 더 젊었을 때로… 더 어릴 때로 내려가십시오. 여덟… 더 젊은 나이로, 더 어린 나이로… 당신 문제의 근원을 찾아 더 아래로 내려가겠습니다. 일곱… 더 과거로… 여섯… 더 과거로… 다섯… 더 과거로… 더 과거로 가십시오… 넷… 셋… 당신은 더 어린 나이로 갑니다… 더 과거로… 둘… 하나! 이제 무엇이든 마음에 떠오르는 것이 있으면 손가락을 드십시오…

손가락을 들면 다음 단계로 넘어간다.

② 핵심감정의 원천 확인 – 연령과 문제상황 확인

좋습니다. 이제 손가락을 내리십시오. 그때가 언제이며 당신은 몇 살입니까? 어디서 어떤 상황에서 당신은 무엇을 하고 있습니까? 느낌은 어떠합니까? 선명하지 않아도 좋습니다. 그냥 떠오르는 대로, 생각나는 대로 말씀하십시오. 당신은 지금 어떤 상황에서 누구와 함께 있으며 무슨 일이 일어나고 있습니까? 주변 상황을 살펴보십시오. 당신의 핵심감정인 ――의 감정과 문제는 왜 어떤 상황에서 생겼는지를 보십시오.

내담자가 문제상황에 대해서 묘사하고 어느 정도 감정적 경험을 하고 있다고 판단되면 다음의 단계로 넘어간다.

③ 문제상황 및 핵심감정 재경험

이제 당신이 떠올린 문제상황에서 있었던 일과 경험을 잘 살펴보고 그 경험 속으로 들어가십시오. 그리고 그때의 일을 지금의 일인 것같이 연합하여 경험하십시오. 감정을 보다 강하게 느껴 보십시오.

이상과 같은 유도가 이루어진 다음에는 '최근의 문제상황' 단계에서 이루어졌던 작업과정을 다음과 같은 순서를 따르면 된다. 단, 아래의 ⑦번 이후의 기법을 반드시 모두 적용시킬 필요는 없다. 대신에 내담자의 문제와 치료의 진전 정도에 따라 필요한 기법을 적절히 활용할 수 있다.

④ 핵심감정의 표출 및 해소

⑤ 감정상태 확인

⑥ 심신의 이완

⑦ 어린이자아와 어버이자아 작업

심리치료 이론 중에서 의사거래분석 또는 교류분석이라고 하는 TA (Transaction Analysis) 이론에 따르면 인간에게는 어버이자아와 어린이자아가 있다. 어린이자아는 약한 어린이와 같은 인간 성격의 측면을 말하고, 어버이자아는 타인을 보호하고 사랑하고 관심을 가져 주는 모성적인 성격의 측면을 포함한다.

이러한 이론에 기초할 때 대부분의 심리적인 문제는 개인의 내적 어린이자아가 주위의 의미 있는 타인으로부터 제대로 사랑과 관심을 받지 못하고 상처를 입기 때문에 생긴다고 볼 수 있다. 따라서 치료를 위해서는 어버이자아의 기능을 강화시켜 줌으로써 상처입은 내적 어린이자아가 사랑과 보호받는 경험을 하도록 해 주는 것이 필요하다. 그래서 다음과 같은 유도를 함으로써 치료를 할 수 있다.

자, 이 곰인형을 안아 보세요. 이것은 당신의 내적 어린이자아입니다. 이것은 당신의 어리고 부족하고 무능하고 힘들어하는 어린이자아입니다. 꼭 껴안아 보세요. 이것의 이름을 무엇이라고 부를까요? (이름을 말하게 한다.) 좋습니다. (이름)______는(은) 지금 몇 살이며 어떻게 경험하고 있으며 느끼고 있습니까? 이름을 부르면서 그를 꼭 껴안아 보십시오. 그 느낌이 어떠합니까? 이때 당신이 겪었던 부정적인 감정 ——의 감정이 사라지는 것을 느끼고 경험하십시오. 그리고 당신이 진정으로 원했던 ——감정이 점점 강화되는 것을 마음껏 경험하고 그 ——의 감정이 점점 크게 작용하는 경험을 하면서 꼭 껴안으십시오.

좋습니다. 자, 이제는 당신이 내적 어버이자아가 되십시오. 당신이 정말로 사랑과 보호를 받고 싶었던 절대자 또는 의지대상자가 되십시오. 다시 말해서 이 어린이자아가 정말로 필요로 했던 ——의 감정과 느낌을 제공해 주는 절대적인 힘을 가진 ______가 되십시오. 그가 어린이자아의 이름 ________을 (를) 부르고, 그를 마음껏 사랑해 주고 보호해 주고 또 존중해 주도록 하십시오. 그러면 ______가 점점 마음이 편안해지고 행복해지는 경험을 할 것입니다. 그리고 부정적인 감정이 다 사라지면 오른쪽 엄지손가락을 들어보십시오.

(잠시 후 손가락을 든 후)

좋습니다. 이제 손가락을 내리십시오. 당신은 이제 조금 전에 했던 닻 내리기를 시도하겠습니다. 손가락을 서로 맞잡아 보십시오. 그리고 편안한 기분을 느껴 보십시오.

⑧ 편집 작업

추가적인 치료기법으로 편집 기법은 과거의 기억의 내용을 긍정적인 방향으로 바꾸어서 무의식 속에 새로운 기억을 다시 저장하는 것을 말한다. 이것은 컴퓨터에 새로운 프로그램을 설정하는 것과 같은 원리라고도 할 수 있다. 이 편집 기법의 핵심은 과거의 부정적인 경험 내용을 긍정적인 방향으로 바꾸는 것이다. 치료자는 가장 효과적으로 경험 내용을 바꿀 수 있도록 문제상황을 잘 파악해야 한다.

구체적으로 편집 작업을 하는 요령은 다음과 같지만 다른 유도문과 마찬가지로 치료자는 상황에 맞게 적절히 변형할 수 있는 지혜가 필요하다.

자, 이제는 당신의 문제상황 장면을 바꾸겠습니다. 새로이 다른 장면으로 바꾸어 보십시오. 상상을 합니다. 당신이 처해 있던 문제상황 속에서 전혀 다르게 행동하고 다른 장면이 펼쳐지도록 새롭게 장면을 구성하십시오. 필요하다면 당신은 스스로의 몸에서 빠져나와서 당신의 모습을 객관적으로 바라보십시오. 그러면 당신의 모습이 보일 것입니다. 그리고 그가 전혀 다르게 행동하고, 또 주변의 인물들이 당신에게 과거와는 다르게 대하고 반응하고 아울러 주변 환경들이 다르게 작용하는 장면을 새롭게 만들어 보십시오….

(내용에 따라 구체적인 편집 내용을 지시해 준다. 어느 정도 편집 작업이 이루어진 후에)

자, 이제 당신 자신이 되십시오. 그리고 당신의 모습을 다시 떠올리고 새롭게 바뀐 상황들 속에서 당신을 느끼고 경험하십시오. 당신의 모습을 잘 보십시오. 어떻게 달라졌습니까?

(필요하다면 추가적인 편집 작업을 계속 한다)

⑨ 무지개(또는 구름) 기법과 향기 기법의 적용

여기에 추가적인 치료기법을 더 소개한다. 내담자의 문제와 치료의 진전상황에 따라 다양한 치료기법이 적용될 수 있다. 먼저 무지개 기법을 소개한 후에 향기 기법을 소개하고자 한다.

하늘에 큰 무지개를 떠올리십시오. 빨강, 주황, 노랑, 초록, 파랑, 남색, 보라색의 색깔이 선명한 크고 밝은 무지개입니다. 상상하십시오…. 이제 당신은 심호흡을 하십시오… 길게… 숨을 길게 들이마실 때에 하늘의 무지개가 당신을 향하여 달려와서 당신의 콧속 깊숙이 빨려 들어갈 것입니다. 상상하고 느끼십시오.

이제 시작합니다. 길게 숨을 빨아들이십시오…. 그 순간 찬란한 무지개가 콧속 깊숙이…. 들어와서…… 목으로 가슴으로… 빨려들어옴을 느끼십시오…. 경험하십시오…. 자, 다시 한 번 합니다. 숨을 깊이 들이 마실 때에 당신의 콧속 깊숙이…. 너무나도 찬란하고 선명한 무지개가 빨려 들어옵니다. 그것이 목으로 넘어와서 가슴으로 들어와서 당신의 가슴을 가득 채웁니다. 느끼십시오. 경험하십시오. 이번에는 다시 한 번 심호흡을 할 때 그 무지개가 콧속 깊숙이 들어와서 당신의 문제되는 신체 쪽으로 번져 가는 것을 느끼십시오. 그래서 그 무지개가 당신의 고통을 깨끗이 쓸어 낸다고 생각하고 그렇게 느끼십시오. 그렇게 하는 동안에 가슴이 시원하고 신체가 시원해짐을 느끼십시오….

자, 시작하십시오…. 느끼고 경험하십시오…. 계속하십시오….

(어느 정도의 시간이 경과하고 내담자의 표정을 살핀 후)

이제는 무지개가 당신을 치료하는 장면을 만들 것입니다. 준비하십시오. 이제 시작합니다. 다시 심호흡을 할 때에 하늘의 커다란 무지개가 당신의 콧속 깊숙이 들어옵니다. 그것이 목으로 넘어가고 가슴을 가득 채웁니다. 자…. 느끼십시오. 이번에는 그 무지개가 당신의 상처 속으로 퍼져나갑니다. 그래서 당신의 고통을 치료합니다. 무지개 속에 숨어 있는 강력한 치료 에너지가 번져 나갑니다…. 강력한 치료 에너지입니다…. 느끼고 경험하십시오…. 다시 한 번 해 보십시오…. 당신이 길게 숨을 빨이들일 때에 하늘의 커다란 무지개가 당신의 콧속 깊숙이 들어옵니다…. 목으로… 가슴으로…. 이제는 신체의 상처 쪽으로 번져 나갑니다. 속으로 파고 들어와서 그것을 치료합니다. 무지개 속에 숨어 있는 강력한 치료 에너지의 파워를 강력하게 느껴 보십시오…. 그리고 경험하십시오…. 시원하고 후련합니다…. 상쾌합니다…. 점차로 맑아지고 시원…해집니다…… 느끼고 경험하십시오.

당신의 상처 부위가 어떻게 변하는지 그리고 변했는지를 당신의 마음의 눈으로 보십시오…. 어떤 색깔이며 어떤 모습입니까? 그것이 처음과 어떻게 다르게 변하였습니까? 느끼고 경험하십시오.

다음은 향기 기법이다.

이제는 당신이 좋아하는 꽃을 상상하십시오. 선명한 모습으로 상상하고 느끼십시오…. 어떻습니까? 잘 보입니까? 느껴집니까? 좋습니다…. 그러면 그 꽃의 향기를 맡아 보십시오. 느끼십시오…. 그 꽃의 향기를 마음껏 느껴 보십시오… 좋습니다. 이제는 당신이 심호흡을 할 때에 그 꽃의 진한 향기가 콧속 깊숙이 들어와서 온몸으로 번져 나가는 것을 느끼십시오. 특히 상처 부위를 중심으로 강력하게 향기를 뿌리며 번져 나가는 것을 느끼십시오. 그리고 경험하십시오….

자, 이번에는 향기가 번져 나가서 당신의 신체의 상처를 어떻게 치료하고 있는지, 그래서 그 상처가 처음과 어떻게 달라졌는지, 어떻게 변했는지를 보십시오…. 마음의 눈으로 충분히 보십시오…. 색깔을 보고 모양을 보십시오…. 느끼십시오… 그리고… 경험하십시오….

⑩ 긍정적 강화 : 후최면암시

마지막으로 최면에서 깨우기 전에 후최면암시(posthypnotic suggestion)를 하는 것이 필요하다. 후최면암시는 최면에서 깨어난 후에도 작용할 수 있는 긍정적 강화를 하고 그것이 계속적인 영향을 미치도록 최면 속에서 암시를 주는 것을 말한다. 후최면암시가 제대로 작용하면 최면치료가 상당히 지속될 뿐만 아니라 평소에 보다 건강하고 긍정적으로 살아갈 수 있는 심리적 에너지와 자원을 확보하는 데 크게 도움이 된다.

후최면암시를 주는 요령은 다음과 같다.

자, 이제 당신은 보다 건강한 사람으로 다시 태어납니다. 이제 당신은 치료가 되었습니다. 당신의 마음과 몸이 어떻게 달라졌는지를 마음의 눈으로 보십시오… 그리고 느껴 보십시오…. 그런 당신을 충분히 느끼십시오…. 어떻습니까? 당신의 기분을 표현해 보십시오…. 좋습니다….

이제 당신은 그렇게 치료된 몸과 마음으로 건강하고 행복하게 살아갈 수 있습니다. 그렇게 건강하게 잘 살아가는 당신의 모습을 그려 보십시오…… 느끼십시오…. 경험하십시오……. 당신은 건강합니다. 당신은 행복합니다…. 경험하십시오….

이제 가슴에 두 손을 얹고 부드럽게 두 손으로 가슴을 감싸십시오. 그리고 붉게 타오르는 동해의 태양을 상상하십시오. 태양의 열기가 점점 바다로 번져 나가는 것을 그려 보십시오. 이제 당신이 심호흡을 하는 동안에 그 태양을 이 가슴 속으로 끌어들이십시오. 그리고 그 태양의 열기가 따뜻한 기운으로 바뀌면서 당신의 온 가슴을 훈훈하게 데운다고 생각하십시오. 그리고 그 온기가 온몸으로 번져나가면서 몸 전체가 훈훈한 온기로 가득참을 느끼십시오. 온몸이 이완되고 편안하며 가슴 속 가득히 충만한 자신감과 행복감으로 가득참을 느끼십시오. 계속 심호흡을 하십시오. 그러한 심호흡이 계속되는 한, 당신의 두 손바닥이 가슴 위에 있는 한, 당신은 태양의 온기를 느끼고 뿌듯한 자신감과 용기, 그리고 자신감, 행복감, 그리고 사랑을 느끼는 것입니다. 당신의 절대자를 생각하십시오. 그가 태양 속에서 함께 미소짓고 사랑의 기운을 보내는 것을 보십시오. 그 절대자의 미소와 사랑의 향기는 태양의 온기와 함께 당신이 좋아하는 ――향기로 바뀌어 콧속 가득히 느껴질 것입니다. 진하게 맡아 보십시오. 그 향기가 온몸으로 퍼져나가는 것을 느끼십시오. 심호흡을 하면 할수록 그 향기는 퍼져 나갑니다.

이제 잠시 후에 당신이 깨어나더라도 가슴에 그렇게 손을 얹을 때 태양의 온기를 온몸으로 다시 느낄 수 있을 것입니다. 일상 생활 속에서도 새로운 기운이 필요하거나 용기가 필요할 때, 사랑을 느끼고 싶을 때, 언제라도 그렇게 가슴에 손을 얹고 심호흡을 하면서 태양을 생각하십시오. 그러면 절대자의 미소와 함께 사랑, 향기, 태양의 온기가 온몸으로 느껴질 것입니다. 당신은 행복합니다. 지금 그 행복을 느끼고 경험하십시오.

(4) 전생퇴행 작업

이상과 같은 작업이 끝난 후에 별도로 전생퇴행 작업을 선택적으로 시도해 볼 수 있다. 전생의 문제는 전생의 실존, 전생기억의 타당성 여부의 측면에서 학문적인 논란이 되고 있는 것이 사실이지만 최면치료 작업 도중에 흔히 경험할 수 있다. 그러므로 여기서 전생퇴행에 관해 간단하게 설명하고자 한다.

전생을 인정하지 않거나 전생퇴행과 관련없이 최면치료를 마무리할 경우에는 이 단계를 생략하고 다음의 종결 단계로 넘어가는 것이 좋을 것이다. 다만 보다 상세한 전생퇴행에 관한 문제나 실제에 관심 있는 독자들은 다음의 내용과 함께 필자의 전생퇴행에 관한 저서 『최면과 전생퇴행』을 참고하기 바란다.

일차로 전생퇴행은 연령퇴행과 마찬가지로 이루어지며 전생기억의 특징은 현재의 모습과 전혀 다른 모습의 주인공을 만나는 것으로부터 시작된다. 시대와 나라가 다를 뿐만 아니라 성별, 나이, 신체적 특징까지도 전혀 다른 특정의 주인공이 본인 자신으로 동일시되므로, 전개되는 기억의 내용이 때로는 유사기억으로 비판되긴 하지만 많은 사람들은 전생의 기억이 노출되는 것으로 받아들인다. 그 기억의 내용을 분석하고 그 속에서 치료 작업을 할 때에 치료적 효과가 크다는 것은 많은 경험과 사례들이 증명하고 있다.

구체적인 치료 방법과 기법은 일반 최면치료의 그것과 크게 다르지 않지만 전생퇴행만의 독특한 치료전략과 방법이 있는 것도 사실이다. 전생퇴행에서는 영적인 문제와 쉽게 연결되고 전생의 경험이 지금 현생의 경험과 관련되는 부분을 찾아 그것을 치료하는 과정이 별도로 있다. 전생퇴행 작업의 과정을 요약하면 다음과 같다:

- 전생퇴행 유도
- 전생상황 확인 –국적, 시대, 이름, 인상착의, 가족관계, 주변환경
- 문제상황 및 핵심감정 확인
- 문제상황 및 감정의 재경험
- 감정의 표출 및 해소작업
- 핵심감정과 관련된 추가적인 전생확인
- 전생치료 작업
- 긍정적 강화 및 후최면암시
- 메시지 확인

이상의 과정 중에서 특별히 마지막 부분의 메시지 확인은 전생경험을 통해 현생과 관련하여 얻을 수 있는 메시지가 무엇인지를 확인하는 작업이다. 내담자의 무의식 속에서 관련되는 메시지를 찾을 수 있다. 대부분의 메시지들은 고도의 윤리적, 도덕적, 종교적인 내용이기에 내담자의 개인적인 삶의 진정한 교훈이나 지침으로 삼기에 적절한 도움이 된다.

5. 종결 단계

모든 치료 작업이 끝이 나면 종결 단계로 접어든다. 종결 단계는 문자 그대로 최면치료를 끝내는 단계로 크게 마무리 작업과 의식상태로 나누어진다.

(1) 마무리 작업

마무리 작업이란 최면상태에서 깨어나기 전에 마지막 정리를 하고 깰 준비를 하면서 깨기까지의 작업이 이루어지는 과정이다.

① 전체 정리

내담자로 하여금 대략 최소한 1시간에서 2시간 정도까지 소요되는 최면 경험과 치료 작업의 결과를 요약하고 그 내용을 다시 음미하도록 하기 위하여 별도의 정리시간을 5분에서 10분 정도로 갖는 것이 좋다. 이 시간 동안에 내담자는 자기의 경험을 다시 한 번 되돌아보면서 구체적인 경험과 치료 내용을 확인하거나 제대로 이해하도록 해야 한다. 미처 소화되지 않은 내용이 있다면 다시 한 번 되짚어 보면서 전체적 정리작업을 해야 한다.

② 마무리의 예고

최면을 유도하여 최면을 잘 거는 것도 중요하지만 최면에 걸려 있는 상태에서 깨어나게 하는 것도 중요하다. 전체 정리가 어느 정도 이루어지면 이제 곧 최면을 마치고 깨우겠다는 예고를 해 주는 것이 좋다. 특히 최면이 깊게 걸린 내담자는 깊이 잠든 사람이 순간적으로 깨어나지 못하고 조금씩 서서히 깨어나는 경우와 비슷하게 깨는 데에도 다소의 시간이 걸린다. 내담자를 최면에서 갑작스레 깨우게 되면, 깨어난 후에도 한동안 불편한 상태를 경험하게 된다. 이처럼 최면에서 갑작스럽게 깨우면 내담자가 다소의 부작용을 경험할 수 있으므로 미리 예고를 하고 서서히 깨우도록 해야 한다. 필자가 상담한 어떤 내담자는 깨어난 후에도 30분 정도 완전한 의식을 찾지 못하고 몽롱한 상태에서 어찌할 바를 모른 채 어리둥절해 하는 모습을 보이기도 한 적이 있다. 그러므로 치료자는 반드시 잠시 후에 최면을 마치고 깨울 것이라는 예고를 미리 해 주는 것이 좋다.

③ 깨우기

상식적으로 생각했을 때 최면에서 깨우기는 쉬울 것 같기에 대수롭지 않게 생각하고 그냥 눈을 "떠라"고 말하는 경향이 있다. 그러나 앞에서도 언급한 바와 같이 예상만큼 눈을 쉽게 뜨지 못할 때가 있다. 그러므로 깨울 때는 미리 마음의 준비를 하게 하고 천천히 조심해서 신중하게 다음과 같은 요령으로 깨우는 유도를 해야 한다.

자, 이제 당신은 곧 의식으로 돌아오겠습니다. 이제 곧 의식을 회복하면 눈을 뜨겠다고 생각하고 마음의 준비를 하도록 하십시오. 이제 하나부터 다섯까지 수를 세겠습니다. 하나씩 올라갈 때마다 점점 더 강하게 의식이 돌아옴을 느끼고 마지막 다섯에서 눈을 뜨도록 하십시오.

하나…. 온몸에 의식이 돌아온다고 생각하고 느끼십시오.

둘…. 머리 끝에서 발끝까지 온몸에 새로운 에너지가 돌아옵니다.

셋…. 머리 끝에서 발끝까지 온몸에 새로운 힘이 솟습니다. 동시에 곧 눈을 뜨겠다고 생각하고 마음의 준비를 하십시오.

넷…. 이제 온몸에 의식이 돌아오고 새롭게 힘이 솟는 것을 느끼십시오. 그리고 곧 눈을 뜨겠습니다

(큰소리로) 다섯! 눈을 뜨십시오! 눈을 뜨십시오!…….

(2) 의식상태

완전한 의식상태에서 치료자는 내담자와 함께 경험나누기를 하고 10분 전후의 시간 동안 질의응답하는 시간을 갖고 최면치료를 완전히 마치는 것이 좋다.

① 경험나누기

경험나누기란 치료자가 내담자와 함께 최면중의 경험과 치료과정에서의 경험의 내용에 대해서 함께 이야기를 나누고 소감을 말하는 것을 말한다. 최면상태에서 경험했던 내용을 의식상태에서 다시 생각해보면 달리 받아들여지는 부분도 있을 것이고, 새롭게 경험되는 부분도 있을 수 있다. 따라서 이 과정에서 치료자는 내담자로 하여금 최면과 치료 경험을 잘 소화하고 수용할 뿐만 아니라 최면에서 경험했던 지혜를 현실 생활에 잘 적용할 수 있도록 지도 · 조언할 필요가 있다.

② 질의응답

내담자는 경험나누기를 하는 시간 동안 자연스레 여러 가지 궁금한 질문사항을 가질 수 있을 것이다. 내담자는 마지막으로 자신의 최면 경험을 정리하면서 관련되는 질문을 하고 궁금증을 완전히 해소하기 위하여 질의응답 시간을 잘 활용할 수 있도록 해야 한다. 질의응답을 통해서 내담자는 최면 경험 자체를 완전한 자기의 경험으로 소화하고 정리할 수 있게 된다.

치료자는 내담자가 앞으로 최면 후에 새로이 경험할 수 있는 일상생활이나 행동상의 변화에 대해서 설명해 주고, 그것을 어떻게 받아들이고 대처할 수 있을지에 대해서 적절한 조언을 해 줄 필요도 있다. 가끔 어떤 내담자는 자신의 최면 경험을 현실 생활에 제대로 적용하지 못하거나, 최면 후에 적응을 잘 하지 못해 오히려 혼란을 겪거나 힘들어하는 경우도 있을 수 있다. 따라서 치료자는 그러한 예상 가능한 문제상황에 대해서 미리 설명해 주고 적절한 조언을 해 주는 것도 잊지 말아야 할 것이다.

8

자기최면과 기타 최면 기법

제8장 자기최면과 기타 최면 기법

이 장에서는 자기최면을 비롯하여 아동용 최면 기법, 안전장치, 통증통제기법을 소개하고자 한다.

1. 자기최면과 보조도구들

일반적으로 최면이라고 하면 타인최면을 의미하지만 최면의 원리와 기법을 스스로에게 적용하는 것을 자기최면이라고 한다. 자기최면이 성공하기 위해서는 먼저 최면사나 경험자로부터 최면 기법을 배우거나 최면을 직접 받아 보는 것이 좋다. 왜냐하면 사람들이 최면에 대해서 제대로 이해를 하지 못하고 잘못된 선입견을 갖고 있기 때문에 사전경험이나 적절한 방법에 대한 지식 없이는 스스로 최면을 걸기가 어렵기 때문이다.

타인으로부터 최면을 받는다는 것은 자신의 뇌에 새로운 프로그램을 입력하는 것과 같은 것으로 생각할 수 있다. 우리는 뇌에 입력되어 있지 않은 새로운 지식이나 기술을 습득하기가 어렵다는 것을 잘 안다. 따라서 새로운 지식을 받아들이고 새로운 기술을 익히기 위해서는 많은 연습과 노력이 요구되는 것이다. 마찬가지로 자기최면에서도 타인으로부터 직접 최면에 걸려 봄으로써 최면 경험 자체를 프로그램화하고 입력하는 것이 필요하다.

다음에는 스스로 자기최면을 해 보겠다는 자발적인 의지가 있어야 할 것이다. 그러한 의지가 작용할 때 잠재의식은 최면에 걸릴 준비를 하게 된다. 그리고는 최면의 원리와 기법을 자기에게 적용시키면 된

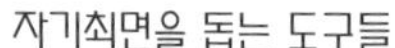
자기최면을 돕는 도구들

자기최면을 위한 화면용 비디오의 장면

다. 효과적인 자기최면을 위해서는 기본적인 최면의 조건을 갖추는 것이 좋다. 앞에서 제시한 심리적 조건, 물리적 조건들을 제대로 갖추는 것이 자기최면에도 도움이 된다.

오늘날 서구에서는 그러한 자기최면을 돕기 위한 도구들이 상용화되어 있다. 그 중에서도 가장 대표적인 것이 최면 유도문을 녹음한 자기최면 유도 테이프인데, 우리 나라에서는 아직 생소하지만 구미에서는 많이 활용되고 있다. 국내에서 현재 시판되고 있는 대표적인 자기최면 도구로는 오디오 및 비디오 테이프, 그림최면책이 있다. 김영우(1996)는 최면 유도 및 이완을 위한 오디오 테이프를 자신의 최면 관련 저서의 부록으로 제작하였다. 그리고 그는 최면암시 기법과 음악요법을 활용한 '쾌청 365' 라는 이름의 수험생용 집중력 강화프로그램 CD(1998b)를 국내에서 처음으로 제작하기도 했다. 류한평(1998a, 1998b)은 두 가지 형태의 자기최면용 비디오 및 오디오와 함께 자기최면 유도기를 제작하였는데 그것은 '류한평 박사의 최면비디오 · 오디오—불면증 · 스트레스 해소' 및 '학습능력과 집중력 · 시험 잘 치르기' 이며 이에 따른 자기최면 유도기이다. 특히 자기최면 유도기는 진자 또는 추에 해당하는 펜듈럼을 활용하는 것으로 함께 제작된 최면유도판과 같이 사용하도록 되어 있다. 한편 김영국(1999a, 1999b, 1999c)은 그림을 활용한 자기최면책을 펴냈는데, 그것은 '살빠지는 그림책', '집중력을 키우는 그림책', '담배끊는 그림책' 이다. 마지막으로 김문주(1997)는 '공부잘하기용 이완테이프'를 제작하였다.

국내의 일부 정신과 의사는 전화로 최면 관련 상담을 해 주거나 최면을 걸어 주는 이른바 전화최면치료법을 활용하고 있다. 예컨대 최면의학자인 변영돈은 전화를 이용한 자동응답(ARS) 최면치료 서비스를 운영하고 있는데 이를 이용하면 일부 단순한 질병은 의사와 환자가 대화할 필요없이 일방적으로 최면을 걸고 암시를 줌으로써 치료가 가능하다고 한다. 전화최면치료법은 일반적인 병원의 최면치료 과정을 단계별로 컴퓨터에 입력시킨 후에 자동응답전화(700-6995)로 연결하고 이용자가 집에서 스피커폰이나 핸즈프리 폰으로 안내대로 따라하기만 하면 최면에 걸릴 수 있도록 고안되었다. 자기최면보다 쉽고 절차도 간단한 것으로 알려졌다(과학동아, 1998).

또한 인터넷을 활용하는 인터넷 최면서비스가 새로운 자기최면의 방법으로 가치를 인정받고 있다. 변영돈의 인터넷 최면서비스(www.choimyun.co.kr)는 개인이 혼자서도 손쉽게 최면경험을 하고 치료를 받아볼 수 있는 효과적인 수단이 되고 있다(주간 조선, 2000. 4. 6).

2. 자기최면의 과정과 기법

여기서는 구체적인 자기최면의 과정과 기법을 소개할 것이다. 다만 이미 소개된 타인최면의 방법과 유사하거나 공통되는 내용에 대한 상세한 설명은 생략하고자 한다.

(1) 최면 유도 단계

이 단계는 문자 그대로 자기최면 상태를 유도하는 과정이라고 할 수 있다.

① 천장 응시 → 눈깜박임 → 눈감음

② 기타 다른 이완 기법의 적용

③ 자기진술

여기서는 구체적으로 자기최면 상태를 유도하는 방법으로 다음과 같은 자기암시를 반복해서 주도록 한다.

내 팔이 납처럼 무겁다 (10회)
내 다리가 납처럼 무겁다 (10회)
내 눈꺼풀이 납처럼 무겁다 (10회)
내 몸 전체가 납처럼 무겁다 (10회)

(2) 심화 단계

① 깊이를 더하는 단계

이 단계는 어느 정도 자기최면에 들어갔다고 판단될 때 그 깊이를 더하기 위한 단계이다. 다음과 같은 기법 중에서 자기에게 가장 적합하다고 판단되는 것을 중심으로 적용할 수 있다.

- 계단 내려오기(10계단) – "더 깊이… 더 깊이…"
- 엘리베이터 타고 내려오기(10개층) – "더 깊이… 더 깊이…"
- 언덕이나 산책로 내려오기(10단계) – "더 깊이… 더 깊이…"
- 흔들리는 그물침대 타기 : 그물침대는 휴양소 같은 곳에서 볼 수 있는 넓은 천과 같은 것으로 만든 간이침대로 흔들리도록 되어 있다. 그러므로 그물침대에 누워 있는 장면을 상상하고 그것이 좌우로 흔들리는 것을 느끼고 경험한다. 한 번씩 흔들릴 때 마다 "더 깊이… 더 깊이…"라고 반복하며 암시를 준다.
- 팔의 공중부양 : 팔이 가벼워서 공중에 뜬다고 생각한다. 실제로 팔이 너무 가볍다고 생각하고 계속 그렇게 느끼도록 한다. 동시에 그 가벼운 팔이 조금씩 하늘로 떠올라간다고 생각하며 그러한 부양상태를 느끼도록 한다. 이제 실제로 팔이 떠올라간다고 느껴질 때마다 "더 깊이… 더 깊이…"라는 자기암시를 반복적으로 주

도록 한다.

② 최대 이완 장소

평소에 그 장소를 생각하면 마음이 편안하고, 편히 휴식할 수 있는 장소를 생각한다. 예를 들면 어릴 때 살던 고향이나 집, 산, 바닷가, 들판, 호숫가, 여행지에서 인상 깊었던 자연의 모습과 풍경들을 생각하고, 실제로 그곳에 있으면서 가장 편안하고 이완된 상태를 느끼고 있다고 상상하고 그 기분을 느끼도록 집중한다.

먼저 모든 감각을 동원하여 그 장소에 있는 것을 느낀다. 예를 들면, 시각적으로 주변의 풍경과 모습을 상상해 보고 청각적으로 소리들을 듣는다. 사람의 목소리와 바람, 물결, 새 울음소리와 같은 각종 자연의 소리를 듣고 있다고 생각하면 된다. 경우에 따라서는 자연물을 직접 만지는 듯한 촉감과 후각적인 냄새와 미각적 맛과 같은 것을 상상하고 느껴 본다.

일단 어느 정도 이완 장소에서 감각적 느낌과 경험을 갖는다면 그러한 경험의 절정상태에서 스스로 닻내리기를 시도한다. 가장 절정의 시간에 특정한 닻의 신호를 정하여 닻내리기를 한다.

③ 통증(신체 불편상태) 처치

• 장갑 무감각증 : 이것은 마취제 장갑을 낀 손을 상상하고 느끼는 것이다. 그 장갑으로 통증 부위를 만지면 장갑의 마취성분이 전달되어 통증을 없앤다고 상상하고 느낀다.
• 얼음이나 눈통에 넣은 손 : 얼음이나 눈이 가득 찬 통에 손을 넣고 있으면 손이 너무 차가워서 마비가 된다고 생각하고 상상하며 느낀다. 그렇게 마비된 손을 통증 부위로 갖다 대고 있으면 마비성분이 전달된다.
• 팔이 점점 무감각해짐을 느끼고 상상함 : 팔이 점점 무거워지고 무감각해진다고 느끼며 상상을 한다.
• 마비상태를 다른 신체 부위로 전이시킴 : 위의 세 번째 방법이 어느

정도 효과가 있으면 이번에는 팔의 무감각성을 다른 신체 부위로 전이시킨다. 특히 통증 부위로 전이시키도록 한다.

- 마비된 손을 다른 신체 부위에 갖다 댐(상상) : 위와 비슷한 방법이지만 다른 점은 마비된 손을 직접적으로 통증 부위에 갖다 대었다고 상상하고 마비된 손의 마취성분이 전이된다고 느끼는 것이다.

(3) 후최면암시

후최면암시란 최면에서 깨어난 후에도 치료적 효과가 계속 작용할 것이라고 생각하고, 실제로 그렇게 되도록 암시를 주는 것을 말하는데 다음과 같은 방법으로 이루어질 수 있다.

① 메모지 기법

메모지에 자신이 바라는 목표나 치료적 효과를 기록하고, 기록된 메모지를 가까운 곳에 붙여 놓은 뒤, 그것을 볼 때마다 잠재의식 속에 그 내용을 반복하여 다시 입력하는 것이다.

② 잠재의식의 이름을 지어 주고 대화하기

자신의 잠재의식에게 이름을 지어 주고 그와 더불어 대화하는 장면을 상상하는 것이다. 예를 들어, 잠재의식의 이름을 희망이라고 지어 주고 다음과 같이 말하고 대화할 수 있다:

> 야, 희망아… 너는 항상 희망을 갖고 살아가니 좋겠구나… 나도 이제 너와 같이 희망을 갖고 살 거야… 나는 이제 과거와는 다른 나로 바뀐 거야… 그래서 이제 나도 새로운 희망을 갖고 열심히 살아갈 거야… 너도 좀 도와 주면 좋겠어….

③ 심상 메시지 기법

마음 속에서 심상을 그리면서 느끼는 것이다.

- 칠판 기법 : 마음 속에서 칠판의 모습을 상상하고 칠판에 자기가 바라는 목표나 치료적 효과를 쓴 뒤 그 내용을 바라보고 읽는 것을 상상하고 느끼도록 한다.
- 네온사인 기법 : 화려한 네온사인의 불빛을 상상한 뒤, 네온사인의 내용이 바로 자기의 목표나 치료적 효과를 주제로 하는 것이라고 상상하며 느낀다.
- 스카이라이팅 : 미국 등에서 흔히 볼 수 있는 스카이라이팅(sky-writing)은 비행기가 하늘을 날아다니는 동안에 연기를 뿜어 내면서 글자를 새기는 것을 말한다. 그 내용은 일반적으로 상업적 광고 문구이거나 특정한 사항을 알리는 공지사항 같은 것이다. 그러나 자기최면에서는 그 내용을 자기의 목표나 치료적 효과를 담은 것으로 상상할 수 있다. 이러한 방법과 비슷한 방법이 또 있는데, 비행기가 뒷날개에 아주 큰 프랭카드와 같은 것을 달고 일정한 공간을 날아다니는 것이다. 일반적으로 그 프랭카드에 적힌 내용은 앞에서와 같이 상업적 광고 문구이거나 누구의 생일을 축하한다는 개인적인 메시지를 공개적으로 보내는 것, 때로는 공공적인 내용을 알리는 공지사항 같은 것이다. 이 프랭카드에 자신의 목표나 치료적 효과를 주제로 하는 내용이 담겨 있다고 상상하고 느끼는 것이 곧 스카이라이팅이다.
- 마음의 소리로 듣기 : 마음 속에 어떤 소리가 있어 자기의 목표나 치료적 효과가 달성되었다는 내용을 말하게 하고 그것을 듣는다.
- 마음의 합창단 노래 : 마음 속에서 멋있는 합창단을 조직하여 노래를 부르게 한다. 그 노래의 주제를 자기의 목표나 치료적 효과와 관련된 것으로 하고 그 합창소리를 듣는 상상을 하고 느낀다.

④ 반복 활용하기

자기최면에서는 반복하여 연습하고 활용함으로써 지속적으로 자기의 잠재의식 속에 특정한 내용을 입력시키는 것이 중요하다. 특히 자기의 최면적 목표에 해당하는 내용을 계속적으로 반복하여 입력하는 것이 필요하다.

(4) 깨어나기

깨고 싶을 때는 언제라도 깰 수 있다. 다만 자기가 언제 깰 것이라는 생각을 하고 그 시각에 깰 수 있도록 시도한다. 다음과 같은 방법을 사용할 수 있다.

① 마음의 시계

마음의 시계란 앞으로 몇 분 후에 깨겠다거나 몇 시 몇 분에 깨겠다고 생각하는 것을 말한다. 그러한 내용이 잠재의식 속에 제대로만 입력이 되면 그 시각에 깨어날 수 있을 것이다

② 숫자세기

결정적으로 깨어나야 할 순간 또는 시각에, 마음으로 다음과 같이 외칠 수 있다.

하나, 둘, 셋… 눈 떠! 크게 떠!

3. 자기존중감 증진을 위한 자기최면 기법

오늘날 교육에 있어서 학생들의 자기존중감을 증진시키는 문제는 중요하다. 자기존중감을 높이기 위해서는 그냥 생각이나 말로만 "나는 자신있다. 나는 보다 높은 자기존중감을 원한다"라고 하는 것은 부족하다. 말에는 반드시 자신이 성취하고자 하는 자기의 모습을 심상으로 그릴 수 있어야 한다. 즉 최면상태에서 자기가 원하는 모습을 심상으로 그리고, 그것을 내적으로 경험할 수 있어야 한다.

어떤 사람은 과거에 스스로 한 번도 자신있었던 적이 없었기 때문에

자신있는 자기의 모습을 그릴 수 없다고 말할 수도 있다. 그러나 실망할 필요는 없다. 다른 사람들의 모습을 통해 특성을 상상할 수가 있기 때문이다. 다시 말해서 자신있는 사람의 특성을 자기의 것으로 생각하고 자신있는 사람을 상상하면 되는 것이다. 그러한 연습을 반복하여 실행하면 보다 효과적으로 성취가 가능하므로 최면연습이 필요한 것이다.

자기존중감을 높이기 위해서는 스스로에게 좋은 암시를 주는 것이 필요하다. 그러한 암시는 최면상태에서 주어야 할 뿐만 아니라 하루아침에 모든 것을 이루려는 성급한 마음으로 주어서는 안 되며 오히려 꾸준한 연습과 노력이 필요하다.

다음에는 자기존중감을 증진할 수 있는 구체적인 방법을 예로서 소개하고자 한다. 이 방법은 다우(Dauw, 1980)가 제안하는 것으로 독자들은 자기최면의 방법을 통해 자기존중감을 높이는 연습을 하기 바란다. 이를 위해 먼저 자기최면으로 들어가는 방법을 소개하고 그 다음에 자기존중감을 높일 수 있는 암시문의 예를 들고자 한다.

① 가장 편안한 자세를 취하여 심신을 이완시킨다.

② 천장의 한 점을 택하여 시선을 고정시킨다. 이때 계속 바라보는 것이 불편하게 느껴질 수 있는 점을 하나 정하는 것이 좋다.

③ 숨을 깊이, 천천히 들이쉴 때마다 큰 소리로 또는 마음 속으로 "잠이 든다"라고 반복한다. 숨을 내쉴 때마다 "깊이 잠이 든다"라고 반복한다. 졸릴 때까지 몇 분간 계속 반복해서 실시한다.

④ 눈꺼풀이 너무 무거워서 눈을 뜨고 있기가 힘들다고 스스로에게 암시를 준다. 당신의 목표는 이러한 방법으로 눈을 감는 것이다. 일단 눈이 저절로 감기게 되면 제1단계의 최면에 들어간다.

⑤ 다음과 같은 암시를 계속 반복한다:

나의 눈꺼풀이 깜빡인다.
눈물이 고인다.

눈꺼풀이 너무 무거워진다.
눈을 감고 싶다.
눈을 감을 때 나는 깊은 최면상태로 들어가게 될 것이다.
비록 내가 최면상태에 있을 때라 하더라도 나는 여전히 의식을 갖고 있을 것이며 나의 잠재의식에게 후최면암시를 줄 수 있을 것이다.

⑥ 눈꺼풀이 무거워지고 눈에 눈물이 고이면 위에서 소개한 유도문을 반복함으로써 졸린 듯한 느낌을 강화시킨다. 그렇게 함으로써 눈을 감고 최면에 들어가는 상태를 촉진하게 된다. 연습을 계속함에 따라 진전될 수 있으므로 즉각적으로 결과가 나타나지 않는다고 실망할 필요는 없다. 가능하면 잠자기 전에 조명을 끈 상태에서 연습하는 것이 좋다. 그 시각은 자기암시가 잠재의식으로 파고들어가기가 훨씬 좋고, 잠을 잘 때는 의식상태에서 무의식상태로 바뀌는 시각이기 때문이다. 마치 우리가 전날 밤 잠들기 전에 내일 아침 몇 시에 깨어나야겠다고 생각하고 스스로에게 다짐하는 것과 같다. 일어날 시각에 대한 암시가 잠재의식에 도달하여 자리를 잡을 때 그 암시는 실제로 다음날 아침 깨어날 때 작용을 하는 것이다.

⑦ 일단 눈을 감게 되었을 때 다음과 같은 암시를 줌으로써 최면상태를 더 깊게 하도록 하라:

나는 다섯을 셀 동안에 점차로 더 깊은 최면상태로 들어갈 것이다. 다섯을 셀 때 나는 보다 더 완전히 이완될 것이다.

⑧ 이상과 같은 암시를 더 깊은 이완상태를 느낄 때까지 계속 반복하라.

⑨ 일단 깊은 이완상태에서 최면 경험을 하였으면 다음에는 더 빠른 시간 내에 더 깊은 최면을 경험하겠다는 후최면암시를 스스로에게 주도록 하라. 여러분은 아직 점심시간이 되려면 1시간이나 남았는데도 누군가가 "점심시간이다"라고 했을 때 배고픈 상태를 느꼈던 때가 있었을 것이다. 이와 같이 우리는 특정한 조건반응을 경험할 수 있는

데, 그것은 '다섯' 을 셀 때 눈이 감겨지고 곧 최면에 들어가게 되는 것과 같다.

다섯을 센다는 것은 단순히 숫자를 세는 것이 아니라 새로운 조건형성을 시키는 과정과 같다. 즉 다섯만에 눈을 감는 경험이 이루어지면 다음에도 같은 요령으로 다섯만에 눈을 감고 최면에 들어가기가 쉬워지는데, 이같은 경험을 반복할수록 반응하기가 더 쉬워진다. 여기서 다섯을 센다는 것은 바라는 반응을 일으키는 하나의 단서나 신호가 되는 것이다.

⑩ 이제 당신은 다섯만에 충분히 이완을 하고 눈을 감을 수 있게 되었다. 이로써 첫번째 최면테스트를 통과한 셈이 되었다. 다음에는 두번째로 침 삼키는 테스트를 해 보자. 스스로에게 열까지 세는 동안에 침을 삼키고 싶은 충동을 참을 수 없게 된다고 암시하라. 그리고 열까지 세기도 전에 침을 삼키게 될 것이라고 암시를 주어 보라.

"하나… 목구멍이 매우 건조하다. 나는 침을 삼키고 싶은 강한 욕구를 느낀다. 둘, 입술이 극도로 마른다… 침을 삼키고 싶다… 셋, 목구멍이 타는 느낌이다. 그래서 열까지 가기도 전에 침을 삼키고 싶다. 넷, 꼭 한번만이라도 침을 삼키고 싶어 견딜 수가 없다. 다섯, 한번만 침을 삼키고 나면 더 이상 침을 삼키고 싶지 않을 것이다. 일단 침을 삼키고 나면 나는 최면 속으로 들어갈 것이다."

실제로 침을 삼킬 때까지 이상과 같은 암시를 계속 주도록 하라. 일단 침을 삼키고 나면 더 이상 침 삼키기 암시를 줄 필요는 없다. 그 대신에 스스로 더 깊은 최면에 들어간다는 암시를 주도록 하라. 그리고 이러한 암시가 당신 자신의 한 부분이 되도록 계속적인 암시를 주라. 그리고 가능하면 당신이 되고자 하는 모습을 심상으로 그려 보도록 하라. 스스로 긍정적이고 자신감 넘치는 모습으로 자신에 대한 그림을 마음 속에서 그려보도록 하라.

⑪ 다음의 최면 기법을 통해 더 깊은 최면상태를 경험하도록 해 보

자. 이것은 손의 마비 경험인데 다음과 같은 요령으로 해 보자.

> 이제 하나에서 열까지 세는 동안에 나의 왼손은 점점 감각이 없어지게 된다.

실제로 열까지 세는 동안에 왼손이 무감각해진다는 암시를 계속해서 줌으로써 손의 감각이 사라지는 것을 경험하도록 하라. 동시에 그러한 모습을 시각화하도록 해 보라. 그리고 열다섯까지 세는 동안에 손의 감각이 원래의 정상상태로 돌아온다고 암시를 해 보라. 이러한 암시는 꼭 손에만 해당하는 것이 아니다. 코나 귀와 같은 특정 신체 부위를 활용해도 좋다.

⑫ 다음에는 발 테스트이다. 이것은 열을 세는 동안에 발이 무거워져서 꼼짝할 수 없을 것이라는 암시를 주는 것이다. 의자에 앉아 있거나 자리에 누워 있는 동안에 다음과 같이 발이나 다리가 바닥에 강하게 붙어서 꼼짝할 수 없다고 암시를 주도록 해 보라.

> 나는 이제 열까지 셀 것이다. 그 동안에 나의 발(또는 다리)이 점점 무거워져서 열이 되기 전에 바닥에 강한 힘으로 붙어서 뗄 수가 없을 것이다. 도저히 발을 들 수 없을 것이다.

이상과 같은 암시와 함께 실제로 열까지를 세도록 한다. 일단 발 테스트가 성공하면 다시 다음과 같은 암시를 주도록 한다.

> 나는 이제 다시 열까지를 세겠다. 그 동안에 나의 발은 정상적인 감각을 되찾고 바닥에서 떨어지게 될 것이다.

이상과 같은 실험이 성공하면 암시의 내용을 계속 반복하여 연습함으로써 보다 깊은 심층의 잠재의식 속에 심어 넣도록 하라. 그렇게 되면 다음에는 보다 빨리 보다 깊은 최면에 들어갈 수 있을 것이다.

⑬ 이상과 같은 방법들로써 최면상태로 들어갔다면 이제는 자아존중감을 높일 수 있는 암시를 주도록 한다. 구체적인 암시의 내용은 다음과 같은데, 가능하면 이러한 내용을 암기하거나 복사하여 가까운 곳에 두고 반복하여 읽거나 외우도록 한다. 암시를 주는 데는 다음과 같은 세 가지 단계를 거치도록 한다.

제1단계 : 먼저, 목표를 세우도록 하라. 긍정적이고 성취가능하며, 중요하고 측정가능하며, 외현적인 목표를 세우도록 하라. 먼저, 미래형의 문장을 다음과 같은 형식으로 진술해 보라.

- 나는 자신있는 사람이 될 것이다.
- 나는 성공적인 사람이 될 것이다.
- 나는 내가 존경하는 ○○와(과) 같이 능력 있는 사람이 될 것이다.
- 나는 나의 자기존중감을 최대로 높일 것이다.
- 나는 나의 모든 생활에 있어서 창조적인 사람이 될 것이다.
- 나는 내가 되고 싶은 사람이 될 것이다.
- 나는 보다 원만한 인간관계를 할 것이다.
- 나는 다른 이성과의 관계에서 보다 자연스럽게 행동할 것이다.
- 나는 내가 가까이 하고 싶은 사람과 보다 가까워질 수 있도록 시도할 것이다.
- 나는 보다 더 충실한 삶을 살기 위해 노력할 것이다.
- 나는 과거의 실패나 실수에 대해서 더 이상 신경쓰지 않을 것이다.
- 나는 의심과 두려움을 더 이상 허용하지 않을 것이다.
- 나는 현실적인 목표를 수립하기 위하여 최선을 다해 노력할 것이다.
- 나는 나 자신을 위해 최선을 다하는 삶을 살도록 노력할 것이다.
- 나는 다른 사람이 나에 대해 어떻게 평가하든 구애받지 않을 것이다.
- 나는 나의 행동이나 결정, 감정 등에 대하여 스스로 책임질 것이다.
- 나는 나의 성취, 장점 등에 대하여 스스로를 충분히 인정할 것이다.
- 나는 남으로부터 인정받고자 신경쓰지 않을 것이다.
- 나는 다른 사람에게 부탁할 것이 있으면 그렇게 하겠다.
- 나는 나에게 꼭 필요한 일을 위하여 최선을 다하겠다.

이상과 같은 긍정적인 내용물을 매일 반복하여 외우도록 한다. 그리고 필요하다면 내용을 복사하여 반복하여 읽도록 한다.

제2단계 : 이상에서 "…하겠다"고 한 내용을 "…할(될) 수 있다"로 바꾸도록 한다. 예를 들면 "나는 자신있는 사람이 될 것이다"는 "나는 자신있는 사람이 될 수 있다"로 바꾸면 된다.

제3단계 : 이상의 내용물을 "…이(하)다"로 바꾸도록 한다. 예를 들면, "나는 자신있는 사람이 될 수 있다"는 "나는 자신있는 사람이다"로 바꾸면 된다.

4. 아동 최면 기법

① 준비 단계

래포를 형성한다. 래포 형성을 위해서는 '가족그림 그리기'를 활용할 수 있다. 가족그림을 통해서 아동의 가족 내에서의 위치나 관계 등을 짐작할 수 있고 아동은 이를 통해 자기를 표현하기가 쉽다. 자신 속에 있는 감정들이 무엇인지 물어 보고 말하게 한다. 우선순위를 정하여 가장 우선되는 것부터 표현해 보게 한다.

② 유도 과정

주기적으로 움직이는 물체를 응시하도록 한다(예 : 손가락, 시계추, 펜듈럼 등). 단, 이때 머리를 흔들지 못하도록 하고 눈만 움직이게 한다. 잠시 후에 눈을 깜박이고 피로함을 느끼게 되면 눈을 감도록 한다. 눈꺼풀을 부드럽게 만지면서 그곳에 냄새가 나지 않고 인체에 무해한 본드(또는 풀) 칠하는 것을 상상하게 한다. 이렇게 함으로써 아동은 눈을 뜨지 않고 끝까지 감게 된다. 그리고 간단히 눈을 뜰 수 있는지 시험해 본다. 강력한 본드임을 강조한다.

③ 심화 과정

- 엘리베이터 기법을 적용하되 지루함을 느끼지 않도록 5층 정도만 하도록 한다.
- 눈앞에 대형 화면의 TV와 함께 리모컨이 있다고 상상하게 하고 마음대로 좋아하는 프로그램(채널)을 선택하도록 한다. 그리고 장면이 떠오르는 내용을 설명하게 한다.
- 특별히 좋아하거나 존경하는 주인공을 떠올리게 하고 그를 자신의 의지 대상자로 삼게 하고 닻내리기를 시도한다.
- 아동으로 하여금 프로그램의 내용 속으로 들어가서 등장인물이 되도록 한다. 그리고 그가 어떻게 연기하고 행동하며 느끼는지 상상하게 하고 그 내용을 말하게 한다.

④ 연령퇴행

나이가 어릴수록 내적 자원상태를 경험하게 한다. 이를 위해 최근의 가장 행복했거나 즐거웠던 때를 떠올리게 하고 표현하게 하고, 최초의 경험으로 가서 그것을 재경험하게 한다. 불행한 경험 또는 느낌에 대해서 이야기하게 하고 최근의 것을 떠올리게 한다. 이후의 과정은 일반적인 최면 기법과 같은 요령으로 진행한다. 행복한 경험으로부터 시작해서 그것으로 끝을 내도록 한다.

⑤ 끝내기

일반적인 최면 기법과 같은 요령으로 끝을 내고 깨운다. 필요하다면 '마음의 스위치' 를 손바닥에 부착하게 하고 그 스위치로 감정을 조절하도록 조건화한다.

5. 안전장치

최면중에 심리적, 신체적 고통을 경험하는 수가 있는데, 때로는 그 고통의 정도가 커서 내담자가 견디기 어려워할 때도 있다. 이러한 경우를 대비하여 최면중에 사용할 안전장치를 마련하는 것이 좋다.

(1) 중단 신호

최면중에 내담자가 원치 않는 상황이 초래될 때는 언제라도 중단할 수 있음을 알려 주는 것이 필요하며, 그러한 의사를 알릴 때에는 중단 신호(stop sign)를 하게 한다. 신호의 요령은 오른쪽 엄지손가락이나 집게손가락과 같이 특정한 손가락을 정하고 그것을 들게 한다. 그러면 상담자는 내담자에게 중단의사를 확인하고 중단시키면 된다.

내담자가 견디기 어려운 고통 때문에 그만두고자 한다면 바로 최면에서 깨어나게 하기보다는 그러한 고통의 흔적을 털어 낸 후에 깨어나게 해야 한다. 그리고 일단 시작한 최면에서 웬만하면 고통스럽더라도 끝까지 가서 한 가지라도 해결을 볼 수 있도록 격려해 보는 것도 필요하다. 그러나 내담자가 진정으로 중단하기를 원한다면 의사를 존중해 주어야 한다.

(2) 마음의 스위치 활용

다음과 같이 마음의 스위치를 활용하여 감정을 통제할 수 있게 한다.

> 당신 손에 눈금이 있는 스위치가 달려 있다고 상상하세요. 그리고 당신이 가진 감정의 강도가 얼마인지 느껴 보세요. 이제 그 스위치를 돌림으로써 감정의 강도가 줄어들 수가 있을 것입니다. 10에서 1까지 거꾸로 세어 내려가는 동안에 당신의 감정이 조금씩 감소되어 가는 것을 느끼게 될 것입니다. 그리고 마지막으로 그 감정이 사라지는 것을 느끼게 될 것입니다. 감정이 사라지고 0이 되면 손가락을 드세요. 그러면 이번에는 다시 감정을 증가시키게 될 것입니다. 다시 숫자를 세어 올라가겠습니다. 그러면 감정의 강도가 점점 증가되는 것을 느끼세요.

(3) 극한 감정상태 또는 고통의 경험상태에서 벗어나기

내담자가 극한 감정상태에 있거나 고통의 경험이 심할 때는 일단 그 상태에서 벗어나도록 하는 것이 좋다. 이를 위한 방법과 절차는 다음과 같다:

우선 다음과 같이 말한다.

> 당신의 몸에서 빠져 나오세요. 그리고 위(천장)에서 당신을 바라본다고 생각하세요. 자, 빠져 나오세요! 빠져 나오세요! 당신이 고통을 느끼는 것을 바라보세요. 그리고 느껴 보세요.(필요하다면 "하나, 둘, 셋!" 하면서 "셋!"할 때 빠져 나오도록 하는 방법을 사용할 것)

그 다음에는 가운데 손가락으로 앞이마를 두드리며 다음과 같이 말한다.

> 고통아 물러가라! 물러가라! 썩 물러가라!

그리고는 선호 장소로 가게 한다.

곰인형을 가슴에 안겨 주고 꼭 껴안게 한 후 심호흡을 하면서 마음이 편안해지는 것을 느끼게 한다. 그리하여 내적 어린이자아가 편안히 휴식할 수 있도록 한다.

편안함을 느끼는 상태에서 내담자에게 다시 원래의 고통의 순간 또는 상황으로 되돌아갈 수 있겠는지 물어 보라. 그렇게 하겠다고 하면 조심스레 되돌아가게 한다. 필요하다면 이때 의지대상자와 함께 되돌아가도록 해도 좋다. 그러나 되돌아가기를 원치 않는다면 그것도 존중하고 긍정적 암시를 주고 깨우도록 한다.

6. 통증 통제 기법

(1) 일반적인 통증 통제

통증을 통제하기 위한 기법을 소개한다. 여기에서는 먼저 일반적인 통증 통제 기법을 제시한 후에 두통 통제 기법을 추가로 소개하고자 한다. 이 기법들은 타인최면이나 자기최면에 모두 적용될 수 있다.

먼저 충분한 이완을 유도하기 위하여 이완 기법을 적용한다. 어느 정도 이완상태가 조성되었다면 긍정적 상태와 연합하게 함으로써 통증을 보다 쉽게 극복할 수 있는 자원상태를 확보한다.

일반적인 통증 통제를 위한 유도문은 다음과 같다 :

이제 상상하세요. 당신의 몸 안에 퍼져 있는 신경조직을 상상해 보세요. 그리고 느끼세요. 당신의 몸 구석구석에 퍼져 있는 신경조직입니다. 색깔을 보고 느껴 보세요. 굵기를 보고 느끼세요. 그 신경조직은 당신에게 메시지를 전달하고 자극을 전합니다. 신경조직 내에서 전달되는 생리적 메시지, 자극을 느껴 보세요…. 신경조직 내에는 그러한 메시지와 자극의 전달을 차단할 수 있는 문이 있습니다. 이 문을 닫으면 메시지와 자극은 중단됩니다. 당신은 그 신경조직의 문을 닫음으로써 특정 자극을 차단할 수 있습니다. 당신이 원하지 않는 어떠한 자극이라도 차단할 수가 있습니다….

이제 당신의 몸이 점점 작아지는 것을 느끼십시오. 당신의 몸이 점점 작아집니다. 점점 작아집니다. 느끼세요. 당신의 몸이 개미보다 더 작아졌습니다. 그러한 당신의 몸을 보고 느껴 보세요. 당신은 그 작은 몸으로 입 속으로 들어간다고 느끼세요. 그리고 입 속으로 들어간 당신은 자신이 가고 싶은 신경조직 부위로 들어 가세요. 어디라도 좋습니다. 통증이 느껴지는 곳이 있으면 그곳으로 가세요. 그리고 집중하세요….

이제 모든 신경조직의 문을 닫으세요. 그러면 통증 부위의 신경으로 가는 연결 부분도 막힐 것입니다. 문을 닫으세요…. 그렇게 했다면 손가락을 들어 주세요…. 당신의 뇌는 달콤하고… 강력한 치유력을 가진 액체 성분인 엔돌핀을 생산할 것입니다. 엔돌핀의 달콤하고 향긋한 냄새를 맡아 보세요…. 너무 기분좋은 냄새입니다. 무지개와 같은 엔돌핀의 색깔을 보고 느끼세요. 선명한 색깔입니다. 너무도 아름답고 황홀합니다. 그 엔돌핀에서 나오는 강력한 치유 에너지를 또한 느끼세요. 당신의 뇌에서 분비된 엔돌핀이 신경통로를 타고 흘러가는 것을 느끼십시오…. 흘러가는 엔돌핀의 느낌, 부드럽게 흘러가는 엔돌핀의 흐름을 느끼세요…. 기분좋습니다.

엔돌핀이 신경통로를 지나면서 접착제가 되어 신경문들을 거치며 문을 막아 주고 폐쇄시킵니다. 꽉 닫혀 있는 신경문을 보고 느끼세요. 동시에 그 문으로 전달되던 자극들, 특히 당신이 원치 않는 자극이 차단됩니다…. 느끼세요…. 이제 당신은 처음의 통증 부위로 가세요. 그리고 그곳에서도 엔돌핀이 신경문을 접착제로 붙임으로써 더 이상 불쾌한 자극이 전달되지 않음을 느끼세요. 동시에 엔돌핀의 진한 향기가 온 신경조직으로 퍼져 나가는 것을 느끼세요. 당신의 신경조직이 엔돌핀의 진한 색깔로 변해 있고 진한 향기로 채워져 있는 것을 느끼세요.

이제 심호흡을 하세요. 심호흡을 하는 동안에 당신의 코로 목으로 가슴으로 따뜻한 바람이 불어온다고 느끼세요. 그 바람이 신경조직으로 들어와서 흘러가는 것을 느끼세요…. 굳게 닫혔던 신경문들이 따뜻한 바람의 힘으로 조금씩 조금씩 열리는 것을 보고 느끼세요…. 이제 신경문들이 다 열리고 그 열린 문 사이로 따뜻한 바람과 함께 엔돌핀이 흘러가는 것을 느끼세요. 아름다운 색깔의 엔돌핀이 진한 향기를 풍기면서 신경 조직내에 흘러 퍼져 나가는 것을 보고 느끼세요…. 아…. 기분좋습니다…. 편안합니다…. 이제는 당신의 몸이 편안해졌고 당신 또한 기분좋은 신체상태를 느낍니다…. 만끽하세요…. 당신은 이제 당신의 신체상태를 조절할 수 있습니다…. 당신의 잠재의식은 무한한 능력을 갖고 있습니다. 당신이 생각하고 느끼는 대로 잠재의식은 실행할 것입니다. 받아들이세요….

(2) 두통 통제 기법

두통은 특히 불안이나 긴장과 같은 심리상태에 의한 신경의 긴장, 수축에 의해 초래되는 현상이라고 할 수 있다. 따라서 최면에 의해서 신경의 긴장상태를 풀어 주면 두통을 극복할 수 있다.

두통 통제를 위해서는 먼저 내담자의 뒤에 서서 그의 어깨와 목 부위에 두 손을 놓고 세게 누르고 긴장하고 있는 근육을 느껴 보라. 그리고 아래와 같이 근육긴장의 이완 유도를 하는 동안에 서서히 손의 누름을 부드럽게 하라.

심호흡을 하세요. 심호흡을 하는 동안에 하늘의 뜨거운 태양의 열기가 당신의 코로 목으로 가슴으로 들어와서 따뜻한 온도가 되어 들어옵니다. 온몸이 따뜻한 태양의 온기로 인해 노곤하게 풀려 나가는 것을 느끼세요. 당신의 모든 근육이 서서히 풀리면서 이완되는 것을 느끼세요. 특히 머리 부분에서 딱딱하고 예리하여 바늘과 같던 근육이 우동과 같이 유연하게 풀려 나가는 것을 느끼세요. 그리고 태양의 온기로 인해 당신의 근육이 버터처럼 녹아 내리는 것을 느껴 보세요. 근육이 풀리고 몸이 이완되는 동안에 혈액이 자유롭게 흘러갑니다. 혈액의 흐름을 느껴 보세요. 피의 색깔을 보세요. 심호흡을 계속 하는 사이에 혈관을 타고 흐르는 피의 색깔이 점차로 더욱 선명한 붉은 색으로 바뀌는 것을 마음의 눈으로 보고 느끼세요. 당신의 머릿속으로 파고드는 붉은 색의 선명한 피의 흐름을 보고 느끼세요.

당신의 머리는 편안하게 이완되었습니다. 당신의 머리는 편안합니다. 이제 당신의 머리를 구속하던 걱정, 불안 등이 사라지고 당신은 자유로워졌습니다. 당신은 이제 자유입니다…. 심호흡을 계속하세요. 그렇게 심호흡을 하는 동안에 태양의 온기를 계속 받아들이고 느끼세요. 당신은 더욱 자유로움을 느낍니다. 더욱 편안함을 느낍니다. 당신은 심호흡하는 당신을 느낍니다. 그러한 당신의 느낌은 당신으로 하여금 더욱 편안함을 느끼게 합니다. 당신이 느끼는 편안함은 곧 머리를 더욱 맑게 합니다. 머리가 맑아지고 개운해지고 시원해집니다. 당신이 심호흡을 할 때, 태양의 온기를 느낄 때, 근육은 풀리고, 머리가 맑아지고 시원해집니다…. 심호흡을 하는 당신은 머리가 시원합니다. 머리가 맑습니다…. 이제 온 마음이 편안하여 행복합니다. 느끼고 경험하세요.

당신의 행복함으로 인해 당신은 이제 한 마리의 새가 되어 하늘로… 하늘로… 훨훨 날아가는 것을 느끼세요. 한 마리의 새가 되어 당신은 훨훨 날아갑니다…. 느끼세요…. 당신이 훨훨 날아갈수록 당신의 편안함은 더욱 오래 갈 것입니다. 당신의 행복함은 계속될 것입니다. 멀리 멀리 훨훨 날아가세요….

마무리할 때는 반드시 긍정적 암시를 주는 것을 잊어서는 안 된다. 긍정적 암시의 예로서 "깨어난 후에는 머리가 맑고 시원하고 몸과 마음이 가볍다"와 같은 암시를 줄 수 있다. 충분한 마무리 작업이 이루어진 후에 깨우도록 한다.

부 록

부록 1. 감각유형 검사

다음 각 문항을 읽고 자신에게 해당하는 정도에 따라 4점에서 1점까지 보기와 같이 점수를 부여하시오.

4— 자기에게 가장 크게 해당하는 경우
1— 자기에게 가장 적게 해당하거나 자기와 관계 없는 경우

1. 내가 중요한 결정을 할 때 나에게 가장 영향을 미치는 것은 다음과 같은 것이다.
   ____ 직관적인 느낌
   ____ 다른 사람들이 하는 말
   ____ 전체적인 일의 모습과 조화
   ____ 면밀한 검토와 연구

2. 다른 사람과 논쟁을 벌일 때 내가 가장 민감하게 반응하는 부분은 다음과 같다.
   ___ 상대방의 목소리 톤
   ___ 상대방이 논쟁하는 모습
   ___ 상대방의 논쟁 내용
   ___ 상대방의 진실된 감정

3. 나는 평소와 다른 심리상태가 될 때 다음과 같은 것이 바뀌는 경향이 있다.
   ___ 옷차림새나 화장
   ___ 감정의 표현
   ___ 언어나 용어
   ___ 목소리 상태

4. 나는 다음과 같은 것을 하기가 가장 쉽다.
   ___ 음질 좋은 오디오를 켜 놓고 음악을 듣기
   ___ 관심 있는 주제와 관련하여 논리적으로 생각하기
   ___ 가장 안락하게 느껴지는 가구를 고르기
   ___ 색상이 잘 어울리는 디자인을 고르기

5. 나를 가장 잘 나타내는 것은 다음과 같다.
   ___ 나는 주변의 소음에 민감하다.
   ___ 나는 어떤 사실이나 자료를 분석할 때 논리성을 따진다.
   ___ 나는 옷의 촉감에 매우 민감한 편이다.
   ___ 나는 실내의 가구배치나 색상에 민감한 편이다

6. 사람들이 나를 가장 잘 알려면 다음과 같이 하는 것이 좋다.
   ___ 내가 느끼는 것을 경험하기
   ___ 나의 관점과 함께 하면서 보기
   ___ 내가 무슨 말을 하며 또 표현을 어떻게 하는지 주의 깊게 들어보기

___ 내가 하고자 하거나 말하는 것의 의미에 관심갖기

7. 나는 다음과 같이 하는 것을 좋아한다.
___ 다른 사람들이 말하는 것을 듣기
___ 계획을 세울 때 전체적인 모습을 먼저 그려보기
___ 정보나 자료가 있을 때 논리적 체계를 세우고 정리하기
___ 사람을 처음 만날 때 그에 대한 느낌을 중시하기

8. 나로 말할 것 같으면,
___ 나의 눈으로 보고 확인하기 전에는 잘 믿지 않는 경향이 있다.
___ 상대방이 애절한 목소리로 부탁을 해 오면 거절하지 못한다.
___ 나의 느낌으로 옳다고 여겨지면 이유를 따지지 않고 믿고 받아들인다.
___ 이치에 맞고 합리적이면 나는 받아들인다.

9. 나는 스트레스를 받으면,
___ 음악을 듣는다.
___ 책을 읽고 사색을 한다.
___ 편안하게 누워서 휴식을 취한다.
___ 좋은 경치를 배경으로 하는 영화나 그림을 본다.

10. 나는 처음 본 사람이라도 다음과 같은 식으로 그를 기억해 낼 수 있다.
___ 얼굴 모습이나 옷차림새
___ 목소리
___ 그에 대한 느낌
___ 그의 직업이나 하는 일이 무엇일까 생각해 보기

〈채점 및 해석〉

1. 문제지의 각 문항에 답한 네 개의 점수들을 문항별로 아래 표의 빈 칸에 옮겨 쓰시오.

1	2	3	4	5	6	7	8	9	10
K( )	A( )	V( )	A( )	A( )	K( )	A( )	V( )	A( )	V( )
A( )	V( )	K( )	D( )	D( )	V( )	V( )	A( )	D( )	A( )
V( )	D( )	D( )	K( )	K( )	A( )	D( )	K( )	K( )	K( )
D( )	K( )	A( )	V( )	V( )	D( )	K( )	D( )	V( )	D( )

2. 위의 표에서 각 문항의 점수 앞에 기록된 기호에 해당하는 숫자를 아래 표의 해당하는 문항번호 및 기호가 교차하는 빈 칸에 옮겨 쓰시오. 그리고 각 기호별로 문항의 점수를 합하시오. 이때 네 개 기호의 문항별 총점이 100점이 되어야 한다.

	V	A	K	D
1				
2				
3				
4				
5				
6				
7				
8				
9				
10				
계				
	V	A	K	D

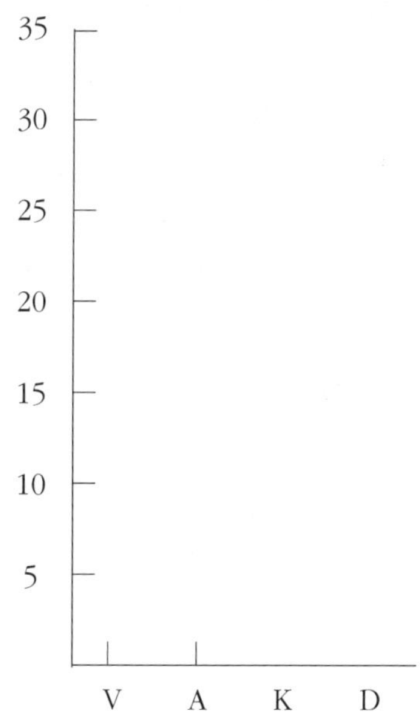

※ 검산 V + A + K + D = 100

전체 채점이 끝났으면 이번에는 각 기호별 점수에 기초하여 오른쪽과 같은 그래프용 도표 위에 꺾은선 그래프로 만들어 보시오.

〈각 감각유형에 따른 특징〉

시각기능(V : visual)

시각기능의 사람들은 눈을 위쪽으로 뜬 채, 머리와 몸을 세우는 경향이 있다. 그들은 깔끔하며 정리정돈을 잘한다. 그림이나 모습을 봄으로써 기억하며 소리에 대해서는 덜 민감하다. 마음이 집중하지 않는 경향이 있기에 언어적 지시사항을 제대로 기억하지 못하는 어려움을 겪는다. 어떤 일을 하더라도 그것이 어떻게 보이는지에 대해서 관심 갖는다. 외모도 중요하다.

청각기능(A :auditory)

청각기능의 사람들은 눈을 옆으로 움직이는 경향이 있다. 이들은 독백을 많이 하는 편이며(혼잣말을 하며 입술을 움직이기도 한다.) 소음에 민감하여 방해를 잘 받기도 한다. 한번 들었던 것은 잘 기억하며 음악을 좋아하며 전화로 수다떨기를 즐긴다. 가끔 남의 말을 들을 때 고개를 기울이는 경향이 있으며 상사에게 지시를 받을 때는 문서보다는 말로 듣기를 좋아한다. 특정한 목소리의 톤에 민감하게 반응한다. 목소리의 특성(고저, 음량, 음색 등)이 중요한 역할을 한다.

신체감각기능(K : kinesthetic)

신체감각기능의 사람들은 말을 천천히 하며 말하는 도중에 멈추기도 한다. 신체적 접촉을 좋아하며 다른 사람들과 가까이에서 얘기하는 경향이 있다. 실제로 행동을 하면서 기억하는 경향이 있다. 감을 잘 잡는다. 감정이 민감하며 느낌에 강하다.

내부 언어적 기능(AD: auditory digital)

내부 언어적 기능의 사람은 독백하는 버릇이 있다. 사리와 논리를 따지는 경향이 있다. 다른 표상체계의 특징의 일부를 보이기도 한다. 절차, 순서, 계열에 따른 사물의 이치를 중시한다. 단어나 용어를 중심으로 하는 언어에 민감하다. 정확한 언어를 구사하려 한다.

부록 2. 사전면접카드

날짜: 년 월 일

Ⅰ. 내담자 인적 사항

1. 이름 : 2. 성별 : 남 여

3. 생년월일 : 19 년 월 일(양력 음력) 4. 학력 :

5. 주소(우편번호 포함)와 전화번호
   자택 :
   직장 :

6. 종교 : (1) 입문 년도 : (2) 신앙의 계기 :

7. 직업 : (1) 직업에 대한 만족정도(1 : 불만족~5 : 만족) :
   (2) 이유 :

8. 결혼여부 : 결혼 미혼 이혼 별거 사별 기타 :

9. 원가족 관계(해당란에 0표) : 부모생존, 부(모) 별세, 외동, __형제(자매) 중 __째
   (1) 가장 좋아하는 식구 : 이유 :
   (2) 가장 덜 좋아하는(싫어하는) 식구 : 이유 :

10. 현가족 관계 : ______식구(명)
    (1) 배우자 나이 : (2) 자녀관계 : 남 여
    (3) 각 자녀의 연령 : 첫째 세, 둘째 세, 막내 세
    (4) 가장 좋아하는 식구 : 이유 :
    (5) 가장 덜 좋아하는(싫어하는) 식구 : 이유 :

11. 결혼배경(해당란에 0표) : 중매, 연애, 중매반 연애반
    (1) 결혼연령 : 세때 결혼
    (2) 결혼에 대한 만족도(1 : 불만족~5 : 만족) : 이유 :

12. 좋아하는 꽃, 향기

13. 좋아하는 활동이나 취미

14. 좋아하는 음식

15 좋아하거나 가고 싶으며, 가면 편안하게 느끼는 곳(지역 또는 장소)

16 좋아하거나 존경하는 인물(과거와 현재 포함)

17 좋아하는 주변의 사람(또는 친구)

Ⅱ. 상담내용

1. 도움받고 싶은 문제(해당란에 모두 0 표)
   (1) 정서문제
      ① 불안 ② 고독 ③ 사랑 ④ 미움 ⑤ 원한 ⑥ 분노
      ⑦ 자신감 결여 ⑧ 죄의식 ⑨ 의욕상실 ⑩ 우울 ⑪ 인내력 부족
      ⑫ 기타 :
   (2) 습관 또는 행동문제
      ① 알코올 ② 흡연 ③ 학습 ④ 섭식행동(식욕부진, 과식) ⑤ 불면 ⑥ 성문제
      ⑦ 기타 :
   (3) 인간관계
      ① 일반 ② 가족관계 ③ 부부관계 ④ 이성관계
      ⑤ 기타 :
   (4) 진로문제 :
   (5) 종교(신앙)문제 :
   (6) 신체건강
      ① 두통 ② 심장 ③ 위장 ④ 호흡 ⑤ 목 ⑥ 허리
      ⑦ 다리 ⑧ 어깨 ⑨ 목 ⑩ 눈 ⑪ 귀 ⑫ 비만
      ⑬ 기타 :
   (7) 기타

2. 도움받고 싶은 우선순위(최대 다섯 가지)

3. 각 문제를 경험한 처음 시기와 상황

4. 문제와 관련한 최근의 시기와 경험내용

5. 문제와 관련하여 과거에 상담 또는 치료받은 경력

6. 상담을 신청하게 된 동기(배경)

7. 최면 · 치료에 대한 기대

8. 상담 후의 기대효과

9. 녹음 또는 녹화 : 허락함, 허락하지 않음

10. 기타 하고 싶은 말

부록 3. 상담 시작 전 숙지 사항

1. 최면에서는 의식이 살아 있기 때문에 최면중의 경험내용을 본인이 알 수 있다. 그리고 깨어난 후에도 그것을 그대로 모두 기억할 수 있다. → 그러나 오히려 이런 점 때문에 깨어난 후에 자기가 최면에 걸렸다는 사실을 인정하지 않으려는 경향이 있다.

2. 개인과 환경에 따라 최면에 잘 걸리지 않을 수도 있다. 최면을 한 번 시도하여 잘 되지 않을 때는 두 번, 세 번에 걸친 시도를 해 볼 수도 있겠지만 그래도 되지 않을 때는 다음 기회로 미루는 것이 바람직하다. 다시 말해서 최면을 건다고 해서 무조건 최면에 걸리는 것은 아니다. 기본적으로 최면에 걸리겠다는 자신의 동기가 있어야 한다. 그러나 반드시 최면에 들어가야 한다는 강박적인 생각은 오히려 바람직하지 못하며, 노력하면 할수록 최면이 더욱 잘 걸리지 않을 수도 있다. 그리고 혹시 최면에 잘 걸리지 않더라도 실망하거나 염려하지 않는 것이 중요하다. 실제로 한 번만에 최면에 잘 걸리지 않는 사람이 의외로 많기 때문에 실망하거나 염려하는 대신에 다음을 기약하는 것이 현명하다. 처음에 잘 안 되던 사람도 두 번째, 세 번째는 잘 될 수가 있다.

3. 개인차 때문에 최면시에 경험하는 구체적인 현상은 사람들마다 다르다. 시각적으로 무엇을 보거나 청각적으로 어떤 소리를 듣는 경우도 있다. 그리고 사람에 따라 '엄청난 경험' 또는 '드라마틱 경험' 을 하는 수도 있다. 그러나 전혀 그렇지 않고 별다른 시각적, 청각적 경험없이 그냥 '담담하게' 최면을 마치는 사람도 있다. 그러므로 최면에 대한 과잉기대를 하거나 과잉 두려움을 가질 필요가 없다.

4. 최면중에 뚜렷한 영상이 떠오르지 않더라도 크게 개의치 말 것이다. 막연한 '느낌' 에 주의를 할 필요가 있다. 이것이 "나의 생각이 아닌가?", "내가 그렇게 생각해서 그런 것이 아닐까?" 라는 생각으로 확신이 서지 않더라도 질문에 대해 성실히 대답을 해야 한다. "모르겠다", "막연하게 그냥 나의 생각인 것 같다", "영화나 책에서 본 장면 같기도 하고……" "내가 평소에 괜히 그렇게 생각해서 그런 것 같다" 라는 말도 해 주어야 한다. 막연한 느낌에도 주의하고 무시하지 말라.

5. 최면중에 자기가 감당하기 어려운 내용이 나오거나 경험되면 언제라도 최면을 그만둘 수 있다. 그럴 때는 그만두겠다고 알릴 필요가 있다.

6. 최면에 들어가기 전에 특별한 걱정거리가 있거나 신경 쓰이는 일이 있으면 미리 이야기를 하여 편한 마음으로 임해야 한다. 그 외에도 무엇이든 마음을 편하지 않게 하는 요소가 있거나 질문사항이 있으면 미리 알려야 한다. 그러한 것들이 모두 최면을 방해한다. 그리고 용변은 미리 보는 것이 좋다.

부록 4. 상담 종결 후 숙지 사항

1. 거의 대부분의 초기 최면 경험자들은 자신의 최면 경험을 믿지 못하는 경향이 있다. 아마 당신도 그 중 하나일 것이다. 그러므로 '나 혼자 잘 믿지 못하는 것이 아닌가' 하고 생각할 필요는 없다. 처음으로 하는 경험이기 때문에 잘 믿어지지 않을 수가 있다.

2. 그러나 시간이 지날수록 기억은 더 선명해지며 새로운 깨달음이 일어난다. 최면중에는 미처 보지 못했거나 느끼지 못했던 현상들에 대하여 시간이 지난 후에(짧게는 며칠 후 길게는 몇 개월 후) 생각이 나거나 느낌이 오거나 깨달음이 오는 수가 있다. 그리고 기억은 더욱 분명해지며 나중에는 확신으로 바뀐다. 그러므로 앞으로 자신의 느낌과 직관에 주의를 기울이도록 하라.

3. 처음으로 최면 경험을 하는 사람들은 대부분 다음과 같은 반응을 한다: "멍하다", "꿈을 꾼 것 같다", "한숨 잔 것 같다", "평소에 생각하던 모습(현상)들을 생각하거나 떠올린 것 같아 진짜 내가 최면에 걸렸었는지 의심스럽다".

4. 그러나 "한숨 잔 것 같다", "가슴이 시원하다", "뭔가 내 인생의 의문이 풀리는 것 같다", "세상이 새롭게 보인다", "시간이 너무 짧게 지난 것 같다" 라고 반응을 하는 사람도 있다. (2~3 시간의 최면 경험 후에 20분 정도밖에 시간이 지나지 않은 것으로 느끼는 경우가 많음)

5. 때로는 멀쩡하던 곳이 아프거나 아파 오는 경우도 있다. → 잠재적 열성 부위(언젠가는 아플 부분이 미리 드러남)

6. 비록 선뜻 믿음이 안 가더라도 일단은 자신의 경험을 신뢰하라. 그리고 그러한 신뢰의 바탕에서 깨달음을 얻도록 하라. 그것이 중요하다.

부록 5. 각종 간이최면검사

1. 간편 최면감수성 검사 - A형

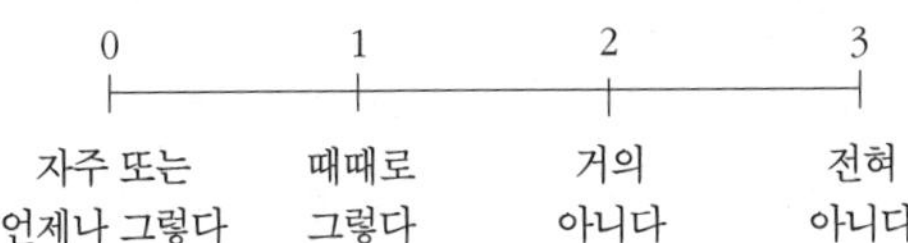

1. 당신은 TV 프로그램, 영화, 연극과 같은 것을 보면서 자신을 의식하지 못한 채 빠져드는 경험을 합니까? 0 1 2 3
2. 대화 도중에 상대방이 "도대체 무슨 생각을 하느냐?"고 묻는 일이 있습니까? 0 1 2 3
3. 다른 사람의 이야기를 듣거나 책을 읽을 때 깊이 빠져듭니까? 0 1 2 3
4. 빨간 신호등에 정지하여 신호대기를 하고 있을 때, 이미 신호가 바뀐 것도 모르고 있다고 빨리 가지 않는다고 갑자기 울리는 뒷차의 경적 소리 같은 것에 놀라는 일이 있습니까? 0 1 2 3
5. 과거에 이미 지나간 일인데도 마치 현실처럼 선명하게 회상하게 되는 일이 있습니까? 0 1 2 3
6. 어떤 사람이 아주 유창하게 또는 분위기 있게 말을 잘 하면 감동을 잘 받습니까? 0 1 2 3
7. 다른 사람의 부탁을 잘 거절하지 못하고 나중에 후회하게 되는 일이 있습니까? 0 1 2 3
8. 책이나 영화 같은 것을 보고 나서 시계를 봤는데 생각했던 것보다 시간이 훨씬 많이 지나갔다는 것을 알고 당황하거나 놀랐던 적이 있습니까? 0 1 2 3
9. 다른 사람이 당신에게 중요한 이야기를 했다고 하는데 당신 자신은 잘 기억하지 못할 때가 있습니까? 0 1 2 3
10. 처음에는 모르고 있다가 후에 우연히 상처를 발견하고서야 다쳤다는 것을 아는 때가 있습니까? 0 1 2 3

〈평가 기준〉

20~30점－최면에 걸릴 확률이 높다.

10~19점－중간정도의 가능성

10점 이하－낮은 가능성

10점 이하임에도 불구하고 어느 문항에든 2점이나 3점을 주었다면 총점이 암시하는 이상으로 잠재력이 있다고 볼 수 있다.

2. 간편 최면감수성 검사-B형

1. 당신이 좋아하는 탤런트나 가수의 얼굴을 어느 정도 분명하게 떠올릴 수 있는가?
   a. 아주 잘 b. 보통 정도로 c. 거의 잘 하지 못함
2. 당신은 지금 다이어트중이다. 그러나 할 일이 없어 심심해 하고 있는데 마침 당신이 좋아하는 아이스크림이 냉장고에 있다는 사실을 알았다면 어떻게 하겠는가?
   a. 그대로 둔다 b. 한 입 정도 먹는다 c. 다 먹는다
3. 기차를 타고 가는 느낌을 어느 정도 상상하고 느낄 수 있는가?
   a. 잘 b. 보통 c. 별로
4. 행복했던 지난 일을 어느 정도 선명하게 떠올리고 느낄 수 있을까?
   a. 잘 b. 보통 c. 별로
5. 윗사람이 친구들 앞에서 당신을 야단치고 있다. 이때 당신은 어떻게 할까?
   a. 끝까지 야단을 듣는다 b. 어느 정도는 듣는다 c. 듣지 않는다
6. 당신은 어느 정도 빨리 잠이 드는 편인가?
   a. 10분 정도 b. 30분 정도 c. 한 시간 정도 또는 그 이상
7. 만약 당신이 사랑에 빠졌다면 그 사랑의 이미지나 감정을 어느 정도 생생하게 느낄까?
   a. 아주 생생하다 b. 보통이다 c. 별로 생생하지 않다
8. 당신은 버스나 지하철에서 가장 마지막으로 내렸다. 마침 돈이 가득 든 지갑을 발견했다. 당신이 진정으로 정직한 사람이라면 그 지갑을 어떻게 처리하겠는가?
   a. 운전기사나 역무원에게 전달한다 b. 경찰에 신고한다
   c. 일단 갖고 갔다가 직접 주인을 찾아 준다
9. 평소에 공상이나 상상을 어느 정도 하는 편인가?
   a. 자주 b. 보통 c. 별로
10. 다른 사람에게 인정을 받거나 격려를 받아 기분 좋았던 순간을 생각한다면 그 일이 어느 정도 기억으로 살아날까?
   a. 아주 잘 b. 보통 c. 별로

〈평가 기준〉

a로 답한 문항의 숫자가 많을수록 최면감수성이 높다고 할 수 있다.

3. 간편 최면감수성 척도-C형

	0 전혀 아니다	1 거의 아니다	2 보통이다	3 약간 그렇다	4 언제나 그렇다
1. 나는 예민한 사람이다.	0	1	2	3	4
2. 나는 공상을 좋아한다.	0	1	2	3	4
3. 나는 자신을 고칠 수 있다고 믿는다.	0	1	2	3	4
4. 나는 남의 감화를 쉽게 받는다.	0	1	2	3	4
5. 나는 상상을 잘 하는 편이다.	0	1	2	3	4
6. 나는 영화를 보면 쉽게 감동하는 편이다.	0	1	2	3	4
7. 나는 문제가 생기면 쉽게 번민에 빠진다.	0	1	2	3	4
8. 나는 타인의 관심을 끌기 좋아한다.	0	1	2	3	4
9. 나는 누가 길을 물으면 잘 가르쳐 준다.	0	1	2	3	4
10. 나는 걱정이 많은 편이다.	0	1	2	3	4
11. 나는 어떤 것에 대한 공포증이 있다.	0	1	2	3	4
12. 나는 예능적인 일을 즐겨한다.	0	1	2	3	4
13. 나는 다투는 일을 싫어한다.	0	1	2	3	4
14. 나는 스스로 창조적이라고 믿는다.	0	1	2	3	4
15. 나는 충동적으로 결정을 내리는 편이다.	0	1	2	3	4
16. 나는 화사한 색깔을 좋아한다.	0	1	2	3	4
17. 나는 역정을 쉽게 내는 편이다.	0	1	2	3	4
18. 나는 질투를 잘하는 편이다.	0	1	2	3	4
19. 나는 쉽게 흥분을 한다.	0	1	2	3	4
20. 나는 겁이 많은 편이다.	0	1	2	3	4
21. 나는 남의 생각을 빨리 수용한다.	0	1	2	3	4
22. 나는 마음의 상처를 쉽게 받는 편이다.	0	1	2	3	4
23. 나는 명령에 잘 복종한다.	0	1	2	3	4
24. 나는 어두움을 싫어한다.	0	1	2	3	4
25. 나는 신경질적인 편이다.	0	1	2	3	4

〈평가 기준〉
0 ~18 최면감수성이 낮다. 따라서 최면에 걸리기 위해서는 훈련이 필요하다.
19~50 어느 정도 최면이 가능하다.
51~80 대체로 최면에 잘 걸린다.
81~100 최면에 아주 잘 걸린다.

부록 6. 최면 관련 단체와 학회목록

여기에 미국을 중심으로 한 세계적인 최면 관련 단체와 학회를 소개하고자 한다. 가능한 대로 최신의 정보를 주소, 전화번호를 중심으로 e-mail, 인터넷 웹사이트 등의 내용을 실었으니 참고하기 바란다. 특히 알려진 단체에 대해서는 별도의 소개문을 첨가하였다.

Psychological Hypnosis, APA

심리최면(Psychological Hypnosis)학회는 공식적인 명칭으로는 미국심리학회의 제30분과인 심리최면분과(Division 30 of the American Psychological Association)로서 기본적으로 APA의 회원을 대상으로 박사학위 수준의 학력조건을 갖춘 사람이 정회원이 될 수 있다. 구체적인 것은 다음의 2000년 현재 분과 회장인 Silva 박사에게 문의하거나 인터넷 웹사이트로 관련된 정보를 얻을 수 있다. 학술저널 Psychological Hypnosis를 발간하고 있다.

Christopher E. Silva, Ph.D., Dept. of Psychology, Dickinson College
POBox 1773, Carlisle, PA 17013-2896, USA
Tel : 717-245-1795
www.apa.org/divisions/div30
silva@dickinson.edu

Society for Clinical and Experimental Hypnosis

1949년에 설립된 국제적인 조직으로 간호사, 사회사업가, 치과의사, 심리학자, 정신의학자, 일반의사들로 구성되었다. 회원자격으로는 박사학위 소지자를 원칙으로 한다. 학술저널 International Journal of Clinical and Experimental Hypnosis를 발간한다.

2201 Haeder Rd., Pullman, WA 99163, USA
Tel : 509-332-7555, Fax : 509-332-5907
sceh@pullman.com

National Guild of Hypnotists

1951년에 설립된 비영리 교육단체로서 국제적으로 40여개국 6000여 명의 회원을 확보하고 있다. 학술저널 Journal of Hypnotism과 소식지 Hypno-Gram을 발간하고 있다.

Box 308, Merrimack, NH 03054-0308, USA
Tel : 603-429-9438, Fax : 603-424-8066
www.ngh.net
ngh@ngh.net

International Association of Hypno Analysis

영국에 본부를 두고 있는 이 학회는 특히 정신분석적인 최면을 전문으로 하는 단체로서 신경증적 장애와 정서적 문제들을 주로 취급한다. 통신교육과정도 두고 있으며 Analysis라는 공식 학술지를 발간하고 있다. 대표는 Neil French이다.

P.O. BOX 180, Bournemouth, Dorset, BH3 7YR, England
Tel : 44-1202-316496, 44-1202-318900
www.hypno-analysis.org
iah@hypno-analysis.org
100724.341@compuserve.com

National Board of Certified Clinical Hypnotherapist, Inc.

경력 1년 이상의 최면치료사 중에서 일정한 자격요건을 갖춘 자를 대상으로 협회 차원에서 다시 공인함으로써 최면치료자의 자질을 높이고 대외적 공신력을 높이기 위하여 설립된 전문 최면치료사 단체이다.

8750 Georgia Ave. Suite 142E., Silver Spring, MD 20910, USA
www.natboard.com
admin@natboard.com

American Board of Hypnotherapy

1982년에 A.M. Krasner 박사가 캘리포니아에서 California Council of Hypnotherapy란 이름으로 창설하였으나 2년 후에 현재의 이름으로 개명하였다. 미국 전역뿐만 아니라 세계적으로 권위 있는 최면단체로 성장하여 현재 세계적으로 4000여 명의 회원을 확보하고 있다.

16842 Von Karman Ave. Suite #475, Irvine, CA 92714, USA
Tel : 714-261-6400, 714-251-4632
www.hypnosis.com
aih@hypnosis.com

Association for Spirit Releasement Therapies

최면을 통한 영적 치료 특히 빙의(憑依)치료를 목적으로 하는 전문단체로서 창시자 William J. Baldwin 박사와 그의 부인 Judith A. Baldwin이 훈련과 교육을 맡고 있다.

Center for Human Relations
POBox 4061, Enterprise, FL 32725, USA
Tel : 407-322-2086
www.SpiritReleasement.org
doctorbill@aol.com

World Hypnosis Organization, Inc.

2521 W. Montrose Ave., Chicago, Ill. 60618 USA
Tel : (847) 455-3792, Fax : (847) 455-3866

American Institute of Hypnotherapy

세계 최대규모의 최면학교로 최면학사(Bachelor of Clinical Hypnotherapy), 최면박사(Doctor of Clinical Hypnotherapy)의 학위과정과 통신과정이 개설되어 있다.

16842 Von Karman Ave., Suite 475, Irvine, CA 92741. USA
Tel : 800-872-9996
www.aih.cc., www.hypnosis.com
aih@hypnosis.com

American Pacific University

최면학사, 최면박사(Doctor of Clinical Hypnotherapy/Ph.D. in Clinical Hypnotherapy)의 학위과정과 통신과정이 개설되어 있는 최면학교이다.

615 Piikoi St., Suite 501, Honolulu, Hawaii 96814, USA
Tel : 808-596-7765, 888-577-9278
www.hypnosis.com, www.ampac.edu
info@apu.org

American Hypnosis Training Academy

에릭슨 최면과 단기 해결치료를 위주로 최면교육과 훈련을 실시하는 교육기관이다.

8750 Georgia Ave., Suite 125E
Silver Spring, MD 20919, USA
Tel : 301-565-9179

Milton H. Erickson Foundation

에릭슨 박사를 추모하기 위하여 1979년에 설립된 재단으로 매년 관련 세미나와 워크숍을 개최하고 전문 학술 저널을 발간하고 있으며 미국 전역뿐만 아니라 국제적으로 에릭슨 최면을 보급하는 연구소를 두고 있다.

3606, North 24th St., Phoenix, AZ 85016, USA
Tel : 602-956-6196
www.erickson-foundation.org
office@erickson-foundation.org

Association for Past-Life Research and Therapies(International Association for Regression Research and Therapies)
전생치료와 전생 관련 연구를 목적으로 하여 1980년 창립된 세계 최대의 전생치료 및 관련 연구단체로서 Journal of Regression Therapy란 학술저널을 발간하고 해마다 연차대회와 워크숍을 개최하고 있다. 예전에는 괄호안과 같은 이름으로 불렀으나 2000년부터 현재의 이름으로 개명되었다.

P.O.Box 20151, Riverside, CA 92516, USA
Tel : 909-784-1570
www.IARRT.org
pastlife@empirenet.net

International Medical and Dental Hypnotherapy Association

4110 Edgeland, Suite 800, Royal Oaks, MI 48073-2251, USA
Tel : 248-549-5594

International Board for Regression Therapy
전생치료사와 전생연구가를 위한 국제적인 단체로서 특히 이 분야의 전문성을 고양하고 전문가 자격을 인준하고자 하는 목적으로 구성된 비영리기관이다.

Thelma Freedman, Ph.D.
9091 Beach Road, Canastota, NY 13032
Tel : 315-762-4453
www.IBRT.org
freedman@dreamscape.com

International Mind/Body Institute

8370 W. Cheyenne -109-12
Las Vegas, NV 89129-2174, USA

The Society for the Behavioral Pediatrics
소아과 의사를 위한 소아최면 워크숍을 주관하는 미국 소아과학회이다.

241 East Gravers Lane
Philadelphia, PA 19118, USA
Tel : 215-248-9168

British Hypnotherapy Association

67 Upper Berkeley St.
London W1H 7DH, Great Britain
Tel : 0171-723-4443

British Society of Medical and Dental Hypnosis

73 Ware Rd.
Hartford, Herts SG13 7ED, Great Britain
Tel : 0181-385-7575

British Society of Hypnotherapists

c/o 74 Halford Rd., London SW6 1JX, Great Britain
Tel : 0171-385-1166

Central Register of Advanced Hypnotherapists

28 Finsbury Park Rd., London N4,

Great Britain

National College of Hypnosis & Psychotherapy

National Register of Hypnotherapists and Psychoterapists
12 Cross St., Nelson, Lancs BB9 7EN,
Great Britain
Tel : 44-1282-699378

National Council of Psychotherapists & Hypnotherapy Register

46 Oxhey Rd., Oxhey, Watford, WD1 4QQ
Great Britain

American Association of Professional Hypnotherapists

POBox 29, Boones Mill, VA 24965, USA
Tel : 703-334-3035

American Guild of Hypnotherapists

2200 Veterans Bl., New Orleans,
LA 70062, USA

Wellness Institute

Heart-Centered Hypnotherapy Association
3716 274th Ave. SE, Issaquah, WA 98029,
USA
Tel : 206-391-9716, 800-326-4418
www.wellness-institute.org
heartcenter@wellness-institute.org

American Society of Clinical Hypnosis

2200 East Devon Ave., Suite 291
Des Plaines, IL 60018, USA
Tel : 708-297-3317

National Society of Hypnotherapists

2175 North West 86th, Suite 6A
Des Moines, Iowa 50325, USA
Tel : 515-270-2280

Academy of Scientific Hypnotherapy

POBox 12041, San Diego, CA 92112, USA
Tel : 619-427-6225

American Academy of Medical Hypnoanalysts

1007 1/2 W. Jefferson St., Joliet, Il 60435,
USA
Tel : 800-344-9766

American Council of Hypnotist Examiners

1147 East Broadway, Suite 340
Glendale, CA 91205, USA
Tel : 818-242-5378

참고문헌

고기홍(1999). 최면상담 모형에 관한 연구. **제주청소년연구 제4집**, 제주청소년 종합상담실, 24-58.

고무원(1972). 자율훈련법을 통한 퍼스내리티의 교정 효과에 관한 연구. 한국카운슬러협회 제7차 대회 발표 원고.

과학동아(1998). 최면, 무의식에 이르는 길. 과학**동아 5월호**, 156-169.

김남성(1974). 최면탈감법에 의한 카운슬링연구. 한국카운슬러 협회 제9차 대회 발표원고.

김남성(1982). 체계적 탈감법 강의. 한국카운슬러 협회 제17차 대회 발표 원고.

김도항(1998). **성적을 올리기 위한 CD**. 서울 : 대영에이브이.

김문주(1997). **마음을 다스리면 공부가 잘된다**. 서울 : 학지사.

김영국(1998). **최면술을 알면 인생이 바뀐다**. 서울 : 평단문화사.

김영국(1999a). **살빠지는 그림책**. 서울 : 정신세계사.

김영국(1999b). **담배끊는 그림책**. 서울 : 정신세계사.

김영국(1999c). **집중력을 키우는 그림책**. 서울 : 정신세계사.

김영우(1996). **전생여행**. 서울 : 정신세계사.

김영우(1998a). **우리는 영원히 헤어지지 않는다**. 서울 : 정신세계사.

김영우(1998b). **쾌청 365 : 행복한 수험생**(최면음악 CD 프로그램). 서울 : 정신세계사.

김영우(1999). '최면'으로 들여다 본 정신질환자의 내면. **신동아, 6월호**, 466-477.

김현택(1996). **심리학**. 서울 : 학지사.

남무환(1993). **신비한 초능력 최면술 이야기**. 서울 : 평단문화사.

능력개발실(1995). **초능력 자기 최면술**. 서울 : 서림문화사.

류한평 (1970). **자기최면**. 서울 : 한일출판사.

류한평(1982). **최면과학의 신비 : 초월적 잠재능력에 대한 탐구**. 서울 : 함랑사.

류한평(1984). **교육최면학**. 서울 : 도서출판 시온.

류한평(1993). **최면교실**. 서울 : 비즈니스아카데미.

류한평(1998a). **류한평박사의 최면비디오 · 오디오: 불면증 · 스트레스 해소**. 서울 : 비엠코리아.

류한평(1998b). **류한평박사의 최면비디오 · 오디오 : 학습능력과 집중력 · 시험잘치르기**. 서울 : 비엠코리아.

리더스다이제스트 편집부(1994). **초능력과 미스테리의 세계**. 서울 : 동아출판사.

박경규(1995). **건강과 음악치료**. 서울 : 빛샘.

배선영(1998). 성별, 외-내향성, 지적 효율성 및 종교의 유무에 따른 최면감수성에 관한 연구. 동아대학교 대학원 석사학위 논문.

변영돈(1987). 최면 : 개관. **을지의보, 10**, 3-10.

변영돈(1991). **행복하기엔 결코 늦지 않았습니다**.

서울 : 청림출판.

변영돈(1998a). **최면의학 입문**. 대한최면치료학회.

변영돈(1998b). 최면에서의 전생기억 생성에 관한 실험적 연구. 서울대학교 대학원 박사학위 논문.

변학봉(1971). **교육과 자기최면**. 서울 : 동도중학교

변학봉(1972a). **교육적 자기최면법**. 서울 : 학우사.

변학봉(1972b). **가이단스 카운슬링 사례연구집**. 서울특별시 교육연구원, 88-96.

변학봉(1972c). 최면적 방법을 이용한 상담활동. 한국카운슬러 협회 제7차대회 발표원고.

변학봉(1974). 일본 최면의학 심리학회에 다녀와서. **서울시 카운슬러 협회 회보, 제7호**.

서봉연 · 이관용(공역)(1984). **심리치료와 카운셀링 : 기법의 연구**(W.S. Sahakian, ed., Psychotherapy and Counseling: Studies in Technique), 서울 : 중앙적성출판사.

설기문(1994). 초월심리학의 성격과 적용에 관한 일고찰. **지도상담 제19집**, 계명대학교 학생생활연구소. 17-43.

설기문(1997a). **인관관계와 정신건강**. 서울 : 학지사

설기문(1997b). 최면 및 전생치료와 본성실현. 상담 및 심리치료학회 학술발표 원고. 고려대학교 (10. 18).

설기문(1998a). **최면과 전생퇴행**. 서울 : 정신세계사.

설기문(1998b). 교과를 통한 인성교육. 한국교육학회(편). **인성교육**. 서울 : 문음사, 239-266

설기문(1999). 최면에 대한 이해와 최면상담적 접근. **학생연구**, **제27집**. 동아대학교 학생생활 연구소. 105-128.

설기문(역)(2000). **NLP의 원리**. 서울 : 학지사 (J.O' connor & I. McDermott. Principles of NLP)

유동수(1974). 최면분석의 일예. 고려대학교 교육대학원 석사학위논문.

여영택(1984). **교육최면학**. 서울 : 도서출판 그루.

이균형(1986). AT와 암시학습에 의한 성격개선과 학습능률향상. 한국카운슬러협회 제21차 대회 발표 원고.

이균형(1987). 자율훈련과 심상연습에 의한 학습증진 방법. 한국카운슬러협회 제22차 대회 발표 원고.

이길범(1984). 최면 잔여암시가 체력에 미치는 영향. 석사학위논문, 한양대학교 교육대학원

이용 · 김기중(1984). 한국판 캘리포니아 심리검사 제작에 관한 연구. **학생연구, 19(2)**, 서울대학교 학생생활연구소, 19-51.

이유정(1997). 신경계의 구조와 기능. 이인혜 외. **정신생리학**, 서울 : 학지사.

이일남(역)(1994). **최면술**. 서울 : 태웅출판사.

이현수(역)(1995). **제이콥슨 박사의 긴장이완법**. 서울 : 학지사.

이형득 · 설기문(역)(1988). **참만남 집단의 원리**. 서울 : 형설출판사.

임성만(1984). 최면잔여암시가 800m 기록 및 심박수에 미치는 영향. 한양대학교 교육대학원 석사학위 논문.

전경구 · 김교헌(역)(1995). **신비로운 마음과 몸의 치유력**. 서울 : 학지사.

조선일보(2000). 가벼운 수술엔 마취보다 최면이 효과. 4월 29일자.

주간조선(2000). 최면으로 새로운 나를 만난다. **주간조선 1597호**, 54-58.

주부생활(1998). 병원이 포기한 병을 고친다. **주부생활 7월호**, 537-541.

중앙일보(1999). '머리속' 도 수사한다—최면수사

관 국내 도입. 1월 16일자.

최면술 연구회(1996). **최면술 이야기**, 서울 : 평단문화사.

최미례(1997). 바이오피드백의 임상적 적용. 이인혜 외. **정신생리학**. 서울 : 학지사.

최병철(1999). **음악치료학**. 서울 : 학지사.

최창국(1988). 최면 잔여암시가 체력요인에 미치는 효과에 관한 연구. 건국대학교 대학원 박사학위 논문.

치의신보(1999). 최면요법, 전신마취 치과 수술시 효과. 6월 29일자.

한겨레21(1999). 최면술로 범인 잡는다. **한겨레 21 252호**.

한국경제신문(1998). 최면은 훌륭한 정신치료법. 11월 3일자.

한국카운슬러협회(편)(1993). **한국카운슬링 30년**. 사단법인 한국카운슬러협회.

홍영의(역)(1995), **암시의 위력-최면술과 인간관계**. 서울 : 팬더북.

Ahsen, A. (1965). *Eidetic psychotherapy: A short introduction.* Lahore, Pakistan : Nai Mat Booat.

American Psychological Association, Division of Psychological Hypnosis (1993). Hypnosis. *Psychological Hypnosis, 2(3).*

Andreas, S., & Faulkner, C. (1994). *NLP : The new technology of achivement.* NY : William Morrow.

Arons, H. (1948). *New masters course in hypnotism.* NY : Powers Publishing.

Bagley, M. T., & Hess, K. K. (1984). *200 ways of using imagery in the classroom.* NY : Trillium Press

Baranowski, G. H. (1998). Susceptibility to hypnosis. *Journal of Hypnotism, 13(4). 27-30.*

Barber, J. (1991). *Accessing hypnotic responsiveness, theories of hypnosis.* N Y : Guilford Publishing.

Barber, T. K., Spanos, N., & Chaves, J. F. (1974). *Hypnotism, imagination and human potentialities.* NY : Pergamon Press.

Barber, T. X. (1969). Antisocial and criminal acts induced by hypnosis: A review of experimental and clinical findings. *Archives of General Psychiatry, 5,* 301-12.

Bates, B. L. (1994). Individual differences in response to hypnosis. In Rhue, J. W., Lynn, S. J., & Kirsch, I. (eds.). *Handbook of clinical hypnosis.* Washington. DC: American Psychological Association.

Bruno, F. J. (1977). *Human adjustment and personal growth : Seven pathways.* N Y : John Wiley & Sons.

Budzynski, T. (1981). Brain lateralization and rescripting. *Somatics, Spring/Summer,* 6-7.

Cautela, J. R. (1981). Covert conditioning. In Corsini, R. J. (ed.). *Handbook of innovative psychotherapies.* NY : Wiley.

Cooper, L. M. (1972). Hypnotic amnesia. In Fromm, E., and Shor, R.E. (eds.). *Hypnosis : Research developments and perspectives.* Chicago : Aldine-Atherton.

Corey, G. (1981). *Theory and practice of group counseling,* Monterey, CA : Brooks/Cole.

Corsini, R. J. (1984). *Current psychotherapies (3rd ed.).* Itasca, Ill. : F.E. Peacock Publishers.

Crawford, H. J., Gur, R. C., Skolnick, B., Gur, R. E., & Benson, D. M. (1993). Effects of hypnosis on regional cerebral blood flow during ischemic pain with and without suggested hypnotic analgesia. *International Journal of Psychophysiology, 15*, 181-195.

Dauw, D. C. (1980). *Increasing your self-esteem: How to feel better about yourself.* Prospect Heights, Ill. : Waveland Press.

Davis, L., & Husband, R. (1931). Study of hypnotic susceptibility in relationship to personality traits. *Journal of Abnormal and Social Psychology.*

Diamond, M. J. (1972). The use of observationally presented information to modify hypnotic suggestibility, *Journal of Abnormal Psychology*, 79, 174-180.

Dye, H. A. (1968). *Fundamental group procedures for counselors.* Boston : Mifflin.

Erickson, M. H. (1980). Hypnosis: A general review. In E.L. Rossie (ed.). *The collected papers of Milton H. Erickson on hypnosis(vol. 30).* NY : Irvington.

Field, P. (1965). An inventory scale of hypnotic depth. *International Journal of Clinical Experimental Hypnosis.*

Fine, L. J. (1979). Psychodrama, in R. *Corsini, Current Psychotherapis (2nd ed.),* Itasca, Ill. : F. E. Peacock, 428-459.

Gauld, A. (1992). *A history of hypnotism.* NY : Cambridge University Press.

Gawain, S. (1982). *The creative visualization workbook.* San Rafael, CA : New World Library.

Gawain, S. (1995). *Creative visualization.* San Rafael, CA : New World Library.

Goleman, D. (1995). *Emotional intelligence.* NY : Bantam Books.

Guiley, R. E. (1991). *Harper' s encyclopedia of mystical & paranormal experience.* NY : HarperCollins.

Gunnison, H. (1985). The uniqueness of similarities : Parallels of Milton H. Erickson and Carl Rogers. *The Journal of Counseling and Development, 63*(May), 561-563.

Gunnison, H. (1990). Hypnocounseling: Ericksonian hypnosis for counselors. *The Journal of Counseling and Development, 68* (March/April), 450-453.

Hilgard, E. R. (1965). *Hypnotic susceptibility.* NY : Harcourt, Brace, & World.

Hilgard, E. R. (1971). Hypnotic phenomena : The struggle for scientific acceptance, *American Scientist, 59* (Sep.-Oct.), 567-577.

Hilgard, E. R. (1974). Toward a neo-dissociation theory : Multiple cognitive controls in human functioning. *Perspective in Biology and Medicine*, 17, 301-316.

Hilgard, E. R. (1977). *Divided consciousness: Multiple controls in human thought and action.* NY : John Wiley & Sons.

Hilgard, E. R. (1984). Review of the collected papers of Milton H. Erickson on hypnosis. *International Journal of Clinical and Experimental Hypnosis 32,* 257-265.

Hilgard, E. R., & Hilgard, J. R. (1975). *Hypnosis in the relief of pain.* Los Altos, CA :

William Kaufman Publishing Co.

Hilgard, J. R. (1970). *Personality and hypnosis: A study of imaginative involvement.* Chicago : University of Chicago Press.

Hilgard, E. R., Atkinson, R. C., & Atkinson, R. L. (1979). *Introduction to psychology (7th ed.).* NY: Harcourt Brace Jovanovich.

Hilgard, E. R., Weitzenhoffer, A. M., Landes, J., & Moore, R. K. (1961). The distribution of susceptibility to hypnosis in a student population : A study using the Stanford Hypnotic Susceptibility Scale. *Psychological Monographs,* 75, No. 512.

Hood, R. W. Jr.(1973). *Hypnotic susceptibility and reported religious experience.* Chicago : Aldine Press.

Hull, C. L. (1933). *Hypnosis and suggestibility : An experimental approach.* NY : Appleton-Century Crofts.

Jacobs, J. (Ed.) (1996). *The encyclopedia of alternative medicine.* Boston, MA : Journey Editions.

Jacobson, E. (1938). *Progressive relaxation.* Chicago : University of Chicago Press.

LeCron, L. M. (1964). *Self-hypnotism : The technique and its use in daily living.* N Y : Penguin Books.

Luthe, W. (1969). *Autogenic therapy.* NY : Grune & Stratton.

Kim, W. (1969). A further study of Korean Shamanism and hypnosis. *American Journal of Clinical & Experimental Psychology, 11(3),* 183-190.

Kirsh, I. (1994). Cognitive-behavioral hypnotherapy, In Rhue, J. W., Lynn, S. J., & Kirsch, I. (eds.). *Handbook of clinical hypnosis.* Washington. D. C. : American Psychological Association.

Kirsch, I. (1995). Response expectancy as a determinant of experience and behaviour, *American Psychologist, 40,* 1189-1202.

Kirsch, I., & Lynn, S. J. (1995). The altered state of hypnosis. *American Psychologist, 50,* 846-858.

Kok, L. P.(1989). Hypnotic susceptibility in kavadi carriers in Singapore. *Annual Academy Medial Singapore, 18(6),* 655-657.

LeCron, L. M. (1964). *Self-hypnotism.* NY : Penguin Books.

LeCron, L., & Bordeaus, J. (1947). *Hypnotism today.* NY : Grune & Stratton.

Lefton, L. A. (1979). *Psychology.* Boston: Allyn and Bacon.

Lopez, F. G. (1987). Erickson and Rogers: The differences do make a difference. *The Journal of Counseling and Development, 65* (Jan.), 241-243.

Lynn, S. J. (1997). Automaticity and hypnosis : A sociocognitive account. *International Journal of Clinical and Experimental Hypnosis, 45,* 239-250.

McConkey, K., & Sheehan, P.W. (1976). Contrasting interpersonal orientation in hypnosis : Collaborative versus contractual modes of response. *Journal of Abnormal Psychology, 85,* 390-397.

Meichenbaum, D. (1977). *Cognitive-behavior modification : An integrative approach.* NY : Plenum.

Miller, N. (1985). Rx: Biofeedback. Psychology

Today, 19 (2), 54-59.

Morgan, A. H.(1973). The heritability of hypnotic susceptibility in twins. *Journal of Abnormal Psychology, 82,* 55-61.

Morgan, A., & Hilgard, E. (1973). The Stanford Hypnotic Clinical Scale for Adults. *The American Journal of Clinical Hypnosis.*

Morgan, L. B. and O' Neill, A. (1986). Ericksonian hypnosis : A Dialogue with Charles Citrenbaum, Mark King, and William Cohen. *The Journal of Counseling and Development, 65* (Oct.), 86-88.

Nash, M. (1987). What, if anything, is regressed about hypnotic age regression? A review of the empirical literature. *Psychological Bulletin, 102,* 42-52.

Neher, A. (1990). *The psychology of transcendence.* NY : Dover Publications, Inc.

Noll, G. A. & Watkins, J. T. (1974). Differences between persons seeking encounter group experiences and others on the Personal Orientation Inventory, *Journal of Counseling Psychology, 21,* 206-209.

Olness, K. (1993). Hynosis : The power of attention. in D. Goleman and J. Gurin (eds.). *Mind/body medicine : How to use your mind for better health.* Yonkers, NY : Consumer Reports Books, 277-290.

Orne, M. T. (1951). The mechanisms of hypnotic age regression : An experimental study. *Journal of Abnormal and Social Psychology,* 46, 213-225.

Orne, M. T. (1962). On the social psychology of the psychological experiment : With particular reference to demand characteristics and their implications. *American Psychologist, 17,* 776-83.

Ousby, W. J. (1990). *The theory and practice of hypnotism : Unlock abe full potential of your unconscious mind.* London : Thorsons.

Otani, A. (1989). Integrating Milton H. Erickson's hypnotherapeutic techniques into general counseling and psychotherapy. *The Journal of Counseling and Development, 63* (Nov. / Dec.), 203-207.

Palan, B. M., & Chandwani, S.(1986). Hypnotizability and performance at examination ; A correlative study. *Indian Journal of Physiology Pharmacol, Apr-Jun. 30(2),* 139-144.

Plotnik, R. (1999). *Introduction to psychology (5th ed.).* Belmont, CA : Wadsworth Publishling Co.

Prather, D. C. (1973). Promoted mental practice as a flight simulator. *Journal of Applied Psychology, 57,* 353-5.

Pulos, L. (1990). *Beyond hypnosis.* San Francisco, CA : Omega Press.

Rainville, P., Duncan, G. H., Price, D. D., Carrier, B., & Bushnell, M. C. (1997), Pain affect encoded in human anterior cingulate but not somatosensory cortex. *Science, 277,* 968-971,

Ray, W. J. (1997). EEG concomitants of hypnotic susceptibility. *International Journal of Clinical and Experimental Hypnosis, 45,* 301-313.

Reader's Digest (1993). *Family guide to*

natural medicine. Reader's Digest Association. NY : Pleasantville. 124.

Rhue, J. W., Lynn, S. J., & Kirsch, I. (eds.) (1994). *Handbook of clinical hypnosis.* Washington, DC: American Psychological Association.

Rossi, E. L. & Cheek D. B. (1994). *Mind-body therapy : Methods of ideodynamic healing in hypnosis.* NY : W.W. Norton & Company.

Sacerdote, P. (1981). Teaching self-hypnosis to adults. *International Journal of Clinical and Experimental Hypnosis. Vol. 29.*

Samuels, M., & Samuels, N. (1975). *Seeing with the minds' s eye.* NY : Random House Bookworks.

Sarbin, T. R. (1950). Contribution to role-taking theory : 1. Hypnotic behavior. *Psychological Review,* 57, 255-70.

Sarbin, T. R. (1956). Physiological effects of hypnotic stimulation. In Dorcus, R.M. (ed.). *Hypnosis and its therapeutic applications.* NY : McGraw-Hill.

Schultz, D. (1981). *A history of modern psychology (3rd ed.).* NY : Academic Press.

Scotton, B. W., Chinen, A. B. & Battista, J. R. (eds.) (1996). *Textbook of transpersonal psychiatry and psychololgy.* NY : Basic Books.

Sharp, F. A. (1980). Indirect hypnotic therapy. In R. Herink, *The psychotherapy handbook : The A to Z guide to more than 250 different therapies in use today.* NY : New American Library. 291-293.

Shealy, C. N.(Ed.) (1996). *The complete family guide to alternative medicine.* Rockport, MA : Element Books.

Shevrin, H. (1980). Glimpses of the unconscious. *Psychology Today.* 13, 128.

Shilling, D. (1996a). *50 activities for teaching emotional intelligence : Level I - elementary.* Spring Valley, CA: Innerchoice Publishing.

Shilling, D. (1996b). *50 activities for teaching emotional intelligence : Level II - middle school.* Spring Valley, CA : Innerchoice Publishing.

Shor,R. E. and Orne E. C. (1962). *Harvard Group Scale of Hypnotic Susceptibility Form A.* Palo Alto, CA : Consulting Press.

Shorr, J. E. (1974). *Psychotherapy through imagery.* NY : Intercontinental Medical Book Corp.

Spanos, N. P. (1994). Multiple identity enactments and multiple personality disorder : A sociocognitive-behavioral therapy in depression: Effects on pretreatment cognitive dysfunction and life stress. *Journal of Consulting and Clinical Psychology,* 65, 568-575.

Spiegel, H., & Greenleaf, M.(1992). Personality style and hypnotizability. *Psychiatry Medicine, 10(1),* 13-24.

Spiegel, H., & Spiegel, D. (1978). *Trance & treatment: Clinical uses of hypnosis.* NY : Basic Books.

Spiegel, H., & Spiegel, D. (1987) *Trance and treatment: Clinical uses of hypnosis.* Washington, D. C. : American Psychiatric Press.

Stampfl, T. G., & Levis, D. J. (1967). Essentials

of implosive therapy : A learning theory based on psychodynamic behavioral therapy. *Journal of Abnormal Psychology, 23*, 375-412.

Stevens, J. (1975). Hypnosis, intention, and wake-fullness, In John O. Stevens (1975). *Gestalt is*. Moab, UT : Real People Press, 247-257.

Stillerman, E. (1996). *The encyclopedia of bodywork*. NY : Facts On File.

Sutcliffe, J. P. (1961). "Credulous" and " skeptical" views of hypnotic phenomena : Experiments on esthesia, hallucination, and delusion. *Journal of Abnormal and Social Psychology, 62*, 189-200.

Tart, C. T. (ed.) (1975). *Transpersonal psychologies*. NY : Harper & Row.

Taylor, E. (1996). William James and transpersonal psychiatry, In Scotton, B.W., Chinen, A.B. & Battista, J.R. (eds.) *Textbook of transpersonal psychiatry and psycholoIgy*. NY : Basic Books.

Treppa, J. A., & Frickle. L. (1972). Effects of marathon group experience. *Journal of Counseling Psychology, 19*, 466-467.

Verhoef, M. J., & Sutherland, L.R. (1995). Alternative medicine and general practitioners : Opinions and behaviour. *Canada Family Physician, Jun 41*. 1005-11.

Wallace, B., Knight, T. A., & Garrett, J. B. (1976). Hypnotic susceptibility and frequency reports to illusory stimuli. *Journal of Abnormal Psychology, 85*, 558-563.

Weiten, W. (1986). *Psychology applied to modern life (2nd ed.)*. Monterey, CA : Brooks / Cole Publishing Co.

White, R. W. (1941). A preface to the theory of hypnotism. *American Journal of Clinical Hypnosis, 4(36)*. 477-505.

Wittmer, J., & Myrick, R. D. (1989). *The teacher as facilitator*. Minneapolis. MN : Educational Media Corporation.

Wolberg, L. R. (1948). *The principles of hypnotherapy*. New York : Grune & Stratton.

Wolpe, J. (1958). *Psychotherapy by reciprocal inhibition*. Stanford, CA : Stanford University Press.

찾아보기

인 명

내 용

저자 소개

설기문

경북대학교 교육학과
계명대학교 대학원 교육학과(상담심리 전공, 석사)
미국 United States International University 대학원(상담심리 전공, 박사)
동아대학교 교육학과 교수 역임
캐나다 University of Victoria 교육학과 객원교수 역임
미국 California State Polytechnic University, Pomona 심리학과 객원교수 역임
현재 동방대학원대학교 자연치유학과(NLP최면학 전공) 교수
설기문마음연구소 및 한국 NLP&최면아카데미 원장

〈자격사항〉

상담심리전문가(한국심리학회), 수련감독전문상담사(한국상담학회)
집단상담전문가(한국집단상담학회), 미국 최면치료전문가 및 트레이너
NLP 마스터 프랙티셔너 및 트레이너, 시간선치료 트레이너

〈저서 및 역서〉

최면과 전생퇴행(정신세계사), 최면의 세계(살림), NLP의 원리(학지사)
NLP와 건강(학지사), 자기혁신을 위한 NLP 파워(학지사), 멈출 수 없는 발걸음: 성공을 위한 NLP 산책(사이더스), 인간관계와 정신건강(학지사), 시간선치료(학지사), 두려움 극복을 위한 NLP전략(학지사), Yes, I Can: 나를 바꾸는 강력한 이미지 트레이닝(물병자리) 등 다수

홈페이지 www.nlp21.com
www.mindkorea.com
카페 http://cafe.daum.net/trancenet
이메일 kmseol@hanmail.net

최면과 최면치료

2000년 9월 10일 1판 1쇄 발행
2016년 8월 20일 1판 7쇄 발행

지은이 • 설 기 문
펴낸이 • 김 진 환
펴낸곳 • (주) 학지사
04031 서울특별시 마포구 양화로 15길 20 마인드월드빌딩 5층
대표전화 • 02) 330-5114　팩스 • 02) 324-2345
등록번호 • 제313-2006-000265호

홈페이지 • http://www.hakjisa.co.kr
페이스북 • https://www.facebook.com/hakjisa

ISBN 978-89-7548-482-7 93180

정가 **15,000**원